汽车技术精品著作系列

汽油发动机电控系统核心控制算法

胡云峰　宫洵　张琳　高金武　著

机械工业出版社

本书首先介绍了基于模型的控制系统设计概念和先进控制理论基础。在此基础上，聚焦汽油发动机的核心控制问题，重点阐述了气路系统控制、空燃比控制、怠速控制、轨压控制、温度跟踪控制及燃烧相位控制等核心系统的前沿控制算法。本书还给出了上述一系列控制算法的详细推导过程和相关应用案例。

本书可作为发动机控制技术领域的基础书籍，适合涉足汽车发动机控制领域的高校研究生或企业负责电控开发的技术人员阅读使用，也可作为有相关知识背景的从业人员的参考用书。

图书在版编目（CIP）数据

汽油发动机电控系统核心控制算法/胡云峰等著. —北京：机械工业出版社，2022.1
（汽车技术精品著作系列）
ISBN 978-7-111-63543-7

Ⅰ．①汽… Ⅱ．①胡… Ⅲ．①汽车—发动机—电气控制系统—算法—研究 Ⅳ．①U464.171

中国版本图书馆 CIP 数据核字（2022）第 024924 号

机械工业出版社（北京市百万庄大街 22 号　邮政编码 100037）
策划编辑：何士娟　　　　　责任编辑：何士娟　王　婕
责任校对：肖　琳　刘雅娜　封面设计：马精明
责任印制：李　昂
北京圣夫亚美印刷有限公司印刷
2022 年 4 月第 1 版第 1 次印刷
184mm×260mm・12.75 印张・4 插页・299 千字
0 001—1 000 册
标准书号：ISBN 978-7-111-63543-7
定价：138.00 元

电话服务　　　　　　　　　　网络服务
客服电话：010-88361066　　　机　工　官　网：www.cmpbook.com
　　　　　010-88379833　　　机　工　官　博：weibo.com/cmp1952
　　　　　010-68326294　　　金　书　网：www.golden-book.com
封底无防伪标均为盗版　　　　机工教育服务网：www.cmpedu.com

前　言

发动机电控技术是我国汽车产业由大转强的核心赋能技术。随着排放法规的日益严格，自主可控的发动机电控技术赋能新车满足法规上路、提升车辆能效和舒适度等性能。然而，我国自主品牌汽车发动机电控系统长期依赖国际供应商，陷入委托开发耗资巨大、技术升级受制于人的困局。技术的空心化折射出的正是基础研究的薄弱。

本书凝聚了著者团队在汽车发动机控制基础研究领域耕耘十余年的心得和体会，介绍了汽油发动机电控系统设计的基础理论，覆盖了气路系统控制、空燃比控制、怠速控制、轨压控制、温度跟踪控制及燃烧相位控制等核心系统的前沿控制算法。本书可作为发动机控制技术领域的基础书籍，适合涉足汽车发动机控制领域的高校研究生或企业负责电控开发的技术人员。我们期待能够与汽车控制领域的读者产生共鸣，为我国汽车电控技术自主研发能力的提升贡献一份绵薄之力。

在此感谢陈虹老师、王萍老师、孙耀老师、曲婷老师、林佳眉老师，他们就相关章节技术细节给予了富有启发性的建议。同时特别感谢刘奇芳老师和吉林大学控制科学与工程系汽车电子控制课题组的研究生们，他们为书稿的校对和整理付出了很多心血。

因著者水平所限，本书难免有不尽如人意之处，恳请广大读者不吝指正。

胡云峰

2021年10月

目 录

前言
第1章 概述 1
  1.1 引言 1
  1.2 基于模型的控制系统设计 2
    1.2.1 需求分析与控制方案 3
    1.2.2 模型建立 3
    1.2.3 控制算法设计 4
    1.2.4 控制性能验证 4
  1.3 非线性控制理论与方法 6
    1.3.1 反步法 6
    1.3.2 滑模控制 8
    1.3.3 反馈线性化 9
    1.3.4 三步法 11
  1.4 模型预测控制 14
    1.4.1 线性模型预测控制 16
    1.4.2 非线性模型预测控制 20
  1.5 汽油发动机的关键控制问题 22
第2章 涡轮增压汽油发动机气路系统控制算法设计 26
  2.1 引言 26
  2.2 涡轮增压气路系统建模 28
    2.2.1 涡轮增压气路系统子模型推导 29
    2.2.2 模型验证与动力学分析 35
    2.2.3 涡轮增压汽油机气路系统面向控制模型 38
  2.3 气路系统非线性双闭环控制 40
    2.3.1 双闭环气路控制器设计 40
    2.3.2 外环控制器设计 41
    2.3.3 内环控制器设计 41
    2.3.4 仿真验证与分析 44
  2.4 气路系统神经网络预测控制 49
    2.4.1 气路系统协调控制方案设计 49
    2.4.2 神经网络预测模型建立 50
    2.4.3 气路系统协调控制器设计 58
    2.4.4 目标函数优化求解 61
    2.4.5 仿真验证 66

第3章 汽油发动机稀薄燃烧模式下空燃比控制算法设计 ... 71
3.1 引言 ... 71
3.1.1 发动机稀薄燃烧技术 ... 71
3.1.2 空燃比控制研究现状 ... 73
3.2 空燃比控制的模型建立与分析 ... 74
3.2.1 双态进气歧管动态模型 ... 75
3.2.2 气缸新鲜空气量模型 ... 78
3.2.3 油路模型 ... 80
3.2.4 模型仿真验证及动力学分析 ... 81
3.3 基于模型预测控制的理想空燃比优化 ... 83
3.3.1 稀薄燃烧与 EGR 协同作用分析 ... 84
3.3.2 面向控制的 BP 神经网络模型建立 ... 86
3.3.3 基于模型预测控制的理想空燃比与 EGR 率优化 ... 88
3.3.4 非线性模型预测控制器仿真验证 ... 91
3.4 空燃比三步非线性跟踪控制器设计 ... 94
3.4.1 三步非线性跟踪控制器设计 ... 94
3.4.2 三步非线性控制器性能验证 ... 98
3.4.3 理想空燃比优化与跟踪控制联合仿真 ... 99

第4章 汽油发动机怠速控制算法设计 ... 102
4.1 引言 ... 102
4.2 汽油机怠速控制模型建立 ... 103
4.2.1 非线性平均值模型 ... 103
4.2.2 面向控制的简化模型 ... 104
4.3 基于最优控制理论的怠速控制及仿真分析 ... 105
4.3.1 基于节气门的怠速控制 ... 105
4.3.2 基于点火提前角的怠速控制 ... 108
4.3.3 联合点火角与节气门的怠速控制 ... 109
4.4 基于先进控制方法的怠速控制及仿真分析 ... 114
4.4.1 基于非线性三步法控制器的怠速控制 ... 114
4.4.2 基于自抗扰控制器的怠速控制 ... 119

第5章 汽油发动机高压共轨系统的轨压控制算法设计 ... 122
5.1 引言 ... 122
5.1.1 汽油缸内直喷技术 ... 122
5.1.2 共轨系统控制的研究现状 ... 124
5.2 共轨系统的控制需求 ... 124
5.3 共轨系统建模 ... 126
5.3.1 高压泵 ... 129
5.3.2 共轨管 ... 131

5.3.3 喷油器	131
5.4 三步法轨压控制设计	131
5.4.1 控制器推导	132
5.4.2 控制律的实现	135
5.4.3 鲁棒性分析及参数选取原则	137
5.5 仿真验证与分析	139
5.5.1 模型功能验证	139
5.5.2 控制器性能验证	141

第6章 汽油发动机冷却系统建模与温度跟踪控制算法设计 ... 143
6.1 引言 ... 143
    6.1.1 冷却系统面向控制的模型 ... 145
    6.1.2 冷却系统层面的控制 ... 145
    6.1.3 动力系统层面的控制 ... 146
6.2 汽油机冷却系统热力学建模 ... 146
    6.2.1 燃烧室对缸壁加热功率模型 ... 149
    6.2.2 缸壁/外壁与冷却液对流传热系数模型 ... 152
    6.2.3 散热器散热功率模型 ... 154
    6.2.4 热力学模型简化及验证 ... 158
6.3 基于单输入单输出模型的冷却液温度跟踪控制 ... 160
    6.3.1 面向控制的模型建立 ... 160
    6.3.2 扰动观测器及史密斯预估器设计 ... 162
    6.3.3 冷却液温度非线性跟踪控制器设计 ... 164
    6.3.4 仿真验证 ... 166
6.4 基于多输入单输出模型的冷却液温度跟踪控制 ... 169
    6.4.1 控制问题描述 ... 169
    6.4.2 基于模型预测控制的冷却液温度协调控制 ... 170
    6.4.3 仿真验证 ... 172

第7章 基于统计特性的汽油机燃烧相位控制算法设计 ... 174
7.1 引言 ... 174
7.2 LPP 信号分析与模型辨识 ... 175
    7.2.1 LPP 信号分析 ... 175
    7.2.2 模型辨识 ... 178
7.3 基于假设检验的 LPP 控制器设计 ... 182
    7.3.1 统计假设检验模块 ... 182
    7.3.2 统计决策模块 ... 185
    7.3.3 点火提前角控制器 ... 186
    7.3.4 试验验证分析 ... 188

参考文献 ... 195

第 1 章

概述

1.1 引言

汽车的发明与发展深刻地改变了人类的生活方式，汽车电子控制技术的应用使得汽车制造技术发生了重大变革。随着汽车智能化和网联化进程的不断推进，汽车电子占整车制造成本的比例越来越高，电控系统的开发流程也变得日益复杂，电子控制技术已经成为汽车性能提升的核心使能技术。据统计，90%汽车产品的创新是依靠电子控制技术实现的。

随着节能减排标准以及动力性和安全性要求的逐渐提高，新型执行器和动力源被不断应用于汽车系统，越来越多的电控新技术也不断地应用于汽车系统，如发动机系统中的缸内直喷、可变气门、排气再循环、可变几何涡轮增压；动力传动系统中的双离合器式自动变速器、带有变矩器的 9 速自动变速器、无级变速器、动力换档技术；底盘稳定性控制系统中的制动防抱死、驱动防滑、主动悬架、主动巡航、主动避障、横摆稳定性控制等。这些新技术的引入增加了控制自由度和动力学耦合的复杂程度，例如，各个方向上轮胎力特性之间的相互作用，致使地面车辆的转向系统和制动系统之间存在较强的耦合。新开发的控制系统需要与现有系统兼容，然而旧的系统往往只有程序代码文本，而且经过了很多轮的修改和补充，很难知道最初的设计目标和指标。多系统之间的强耦合使得系统的移植性降低，改动某一个部分的代码往往会给整个系统带来预想不到的连锁反应。系统间的动力学耦合使得电控系统的设计、标定与验证更加困难。

在强烈的市场需求促进下，汽车智能化和网联化使得汽车嵌入式代码量正逐年呈指数型增长（图 1-1）。可以看出从 2007—2013 年，汽车的总代码量翻了 10 倍。代码的指数型增长主要体现在用户需求的输入信号量呈指数型增长、控制系统解决方案的数量快速增长和系统间的耦合数量快速增长。

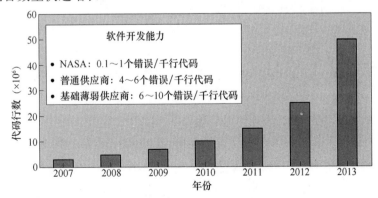

图 1-1　近年来汽车嵌入式代码行数

注：图片数据源自 SIEMENS。

对于一般供应商来说，每千行代码或多或少都会出现一些错误。例如，NASA 每千行代码会出现 0.1～1 个错误，一般供应商每千行代码会出现 4～6 个错误，基础薄弱的供应商每千行代码会出现 6～10 个错误。对于传统的开发模式，设计错误修复上的每一次拖延都会造成修复费用呈指数级增加。例如，开发早期引入的错误，如果到晚期才发现，则修复这类错误的费用最高。如图 1-2a 所示，随着开发的进行，在早期引入错误的概率比较大，然而在开发后期发现错误的概率也比较大。这对于开发是非常不利的，理想的情况如图 1-2b 所示。汽车嵌入式代码量指数型增长使得电控系统变得日益庞大，电控系统开发流程也变得更加复杂。

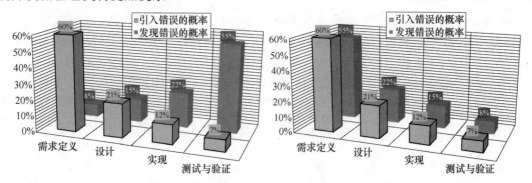

a）传统开发模式下引入错误和发现错误的概率　　　b）理想的设计方法中引入错误和发现错误的概率

图 1-2　不同开发方法下引入错误和发现错误的概率

如何更新升级汽车电控系统而不必增加过于昂贵的投入对汽车电控系统的开发流程提出了挑战。为此，各汽车厂商和研究机构展开了大量研究，控制领域和汽车工程领域的国际著名期刊都先后推出汽车控制方面的特刊，几乎相关的国际著名学术会议都设立了有关汽车控制的分会场。在这些论文和会场中，被反复提到的一项系统开发的核心技术就是基于模型的控制系统开发（Model-Based Design，MBD）。基于模型的电控系统开发是面向机电一体化产品的现代开发手段，在整个开发过程中以系统模型作为共同的对象，而非物理原型和文本，可以打破传统开发流程中由于领域和分工的不同形成的隔阂。基于模型的汽车电控系统设计在控制算法理论研究和系统设计之间构建了一个桥梁，有助于控制算法设计回到系统设计中，为实现将先进控制算法应用到工程系统提供了一个通用的设计框架。这种设计思路在加深研究人员对应用系统的理解的同时，也为工程应用人员提供了丰富的理论指导。它基于理论推导出参数的选取准则，可以大大减少控制器参数标定工作量。它已经逐渐成为满足"安全性、动力性、低成本、低油耗和低排放"等汽车电控系统开发的有效解决手段，也成为高等院校工程实践教育的一个重要组成部分。

1.2　基于模型的控制系统设计

基于模型的设计方法是一种基于具体数学模型解决具体问题的数学与计算机设计相结合的方法。它广泛应用于运动控制、工业装备、航空航天和汽车系统等领域，也是汽车电子控制中系统设计的发展趋势。基于模型的设计方法主要包括需求分析和性能描述、控制系统设计、模型建立、控制算法设计、控制性能验证等，其中，基于模型的思路贯穿整个

系统开发进程,即控制需求、设计和验证始终需要立足在系统模型上。基于模型的控制系统设计的主要目的是:

1)充分利用建立的模型使系统开发的风险降到最低。基于模型的控制系统开发更加透明,且各部分分工更加明确,从而改善系统开发的管理,降低风险。

2)充分利用具体的模型语言加强不同模块的交流沟通,使系统开发并行完成。标准化的系统描述和标准的模型语言,使得不同模块沟通没有较大的障碍,从而提高沟通效率。

3)充分利用精确的模型减小开发返工的代价,并提高和保证系统开发质量。在系统开发过程中,基于模型的控制系统设计可以在模型的基础上进行必要的前期返工,从而降低返工的代价,提高整个系统开发的质量。

4)充分利用模型缩短系统开发的总体周期,并降低开发费用。基于模型对系统进行完善,可以在开发前期将一些不必要的错误排除,同时提高每一步改善的可追溯性,从而有效缩短系统开发的总体周期和减少开发费用。

1.2.1 需求分析与控制方案

基于模型的设计在控制系统开发中要求不同的部门使用同一组模型,相应的控制问题有相同的数学语言,从而建立一个共同的交流框架。基于模型的方法为控制算法的理论研究和工程实现搭建了一个系统设计桥梁,使控制理论回到工程系统的层面,并将设计集中在系统的角度。整个设计过程以需求驱动,对于不同的控制任务,设计过程截然不同。在这个过程中,需要根据一些工程设计经验,将用户功能需求定义转化为设计的性能需求定义,即根据相应的限制和约束,将具体的功能需求转化为具体的控制性能指标(数学描述语言),为控制器设计提炼一个上层目标。整个设计过程离不开对控制需求的分析,不同的控制任务可能对应不同的系统输入和干扰量,因此设计的控制系统也不相同。在控制系统设计过程中,需要根据控制性能指标选择执行器和传感器,进行控制方案的设计,此时需要尽可能多地考虑系统存在的干扰,以达到抑制更多干扰、增强系统鲁棒性的目的,使得系统的控制效果更好。通常情况下,需要先将系统的控制框图画出,然后通过分析系统前向通道和反馈通道所受的干扰,去分析设计系统的鲁棒性能。从系统设计框图中可以明确系统的被控输出、控制输入、扰动以及中间重要的系统状态,同时能够看出干扰对控制输出性能影响的强弱程度,为后续的建模和算法设计提供依据。

1.2.2 模型建立

对于基于模型的设计,建模是一个关键环节。汽车系统的模型可以有很多种形式,从建模方式上来讲可分为物理机理模型和辨识模型。物理机理模型主要是依据现有的定理定律如牛顿第一定律、牛顿第二定律、能量守恒定律、基尔霍夫定律、理想气体方程等建立的模型,可以大大减少数据量。辨识模型主要是根据从实际得到的与过程有关的数据进行数理统计分析,按误差最小原则归纳出该过程各参数和变量之间的数学关系式。一般建模过程需要进行参数辨识,可以保证整个模型不发生大的偏差。然而在很多应用实例中,物理模型和辨识模型往往同时存在于一个"灰箱"模型(被称为数据和机理混合模型)中。该模型在包括物理机理的同时也包含一些经验模型,如经验图表。在汽车控制系统建模时,一个必须要考虑的问题就是车辆系统是一个高度非线性(比如发动机特性、行驶阻力、执行机构特性等）、高度不确定（比如车辆质量、坡度、液压油油温等）的动力学系统，由于各系统间的耦合，新参数的控制输入影响着多个系统输出。

基于模型的控制系统设计开发中存在两个模型：一个是面向控制器设计的模型；一个是面向控制器验证的模型。面向控制的模型主要用于控制器设计，包括通常的传递函数和状态空间方程等。这个模型是仿真模型的高度简化，体现了动态系统的基本模态，忽略了系统动态特性中过于细致的高频部分。同一系统由于控制需求不同，建立的面向控制的模型也可能不同。汽车系统中，简单的系统特性可以通过经验公式进行拟合，但是一些非常复杂的系统特性很难通过具体的公式进行拟合，建立的模型不可能同实际系统完全一致，这就需要建立一个面向具体实际问题的模型，期间可以进行简化与假设，比如，在研究传动系的时候，将发动机动力学模型用 MAP 表进行表示。这种情况下，通常用机理和数据混合的方式对模型进行描述，但这种描述会引入数据 MAP 表，无疑给基于控制理论的算法设计带来了新的挑战。

建立面向控制器验证模型的目的是高保真地再现真实的被控对象，往往比面向控制的模型更复杂。模型的仿真步长一般也比较短，通常小于 1ms，但是如果考虑液压系统等高度动态系统的特性，那么仿真步长可能会小于 0.1ms。仿真模型可以用于离线环境下的控制算法测试，也可以与真实电子控制单元（Electronic Control Unit，ECU）和执行器一起构成硬件在环（Hardware-in-the-Loop，HiL）系统进行电控单元的测试。它的建立一般可借助一些商用开发软件完成。值得强调的是，如果面向控制器验证的模型和实际系统精度高度一致，那么在模型校验时调整的参数就可以直接用于实际系统或者稍作调整后使用。

模型建立完成后，需要验证模型的精度。面向控制的模型高度简化，不可避免地存在模型误差，可能与实际系统有一定距离，因此在对面向控制的模型进行校验时应当重点关注系统的主要模态。面向控制器验证的模型要与实际车辆数据进行对比：在工况一致、相同输入的前提下，比较实车和模型的输出，其主要目的是高保真地再现真实的被控对象。

1.2.3 控制算法设计

在汽车控制单元中，用于控制任务的计算资源还不足 40%，为了降低实现成本和计算代价，汽车工程中多采用查表和计算量较小的 PI/PID 算法。目前，复杂的控制系统的工程实现主要采用前馈和基于 MAP 的 PI/PID 反馈控制，通常情况下还要加上特定工况下的控制量修正。随着基于模型的设计在汽车系统中的应用，许多先进控制理论与方法开始受到汽车控制领域关注，如鲁棒控制、自抗扰控制、滑模控制以及模型预测控制等。这就需要根据系统的具体需求，结合系统特点，选择合适的控制算法，利用面向控制器设计的模型进行控制算法设计。

当然，控制算法设计不仅仅是设计一个合理的控制器，其实还应当包括基于模型的控制器参数整定规律的获取，如基于模型的标定（Model-Based Calibration，MBC）。对于一个特定的汽车系统，即使控制算法采用传统的 PI/PID，也可以在基于模型的基础上得到 PI 的参数整定规律，利用这个规律指导实践，缩短标定周期。

1.2.4 控制性能验证

在汽车系统控制算法开发过程中，不同领域（如动力传动、底盘、电子系统）的研发人员需要打破控制和系统分离对待、分别研究的分工隔阂，对问题和方案拥有共同的、全面的理解，使得控制器的测试能够得到较为全面的性能评价，只有这样才利于获取合理的控制器设计方案。控制器性能的评估是整个控制系统设计的重要阶段，因为控制结果可以直接反映出系统设计是否满足最初的控制需求和控制性能要求。同时，基于模型的控制系统测试（尤其是硬件在环测试）可以方便地重复提供各种工况下的测试，也可以提供台架和实车很难实现的极限工况下的测试，降低了测试的成本和周期。

基于模型控制系统的控制性能测试分为两个阶段，如图 1-3 所示，首先是离线验证阶段，在该阶段可以校验控制方案是否合理、控制器实现逻辑是否正确以及功能是否满足要求。离线仿真是基于仿真模型验证控制算法的一种手段，也就是通常意义上的软件在环（Software-in-the-Loop，SiL）测试，仿真模型和控制器在 PC 上运行不具有实时性。这个阶段是将设计的控制器和搭建的仿真模型进行联合，进行控制器参数的调整和控制性能的初步评价。通过联合仿真得到多组控制参数下的控制结果，对比得到较优性能的一组控制参数。需要说明的是，目前这种获得控制参数的思路可以通过自动调用仿真模型和优化算法实现标定的自动化，以达到降低标定成本和周期的目的。

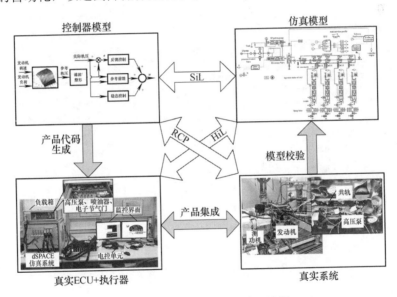

图 1-3 基于模型的系统验证过程

离线仿真测试之后是实时验证阶段。实时验证阶段包括快速原型（Rapid Control Prototyping，RCP）、硬件在环试验和产品集成测试。

1）快速原型就是利用快速实时工具（如 dSPACE 公司的 Micro AutoBox）将 SiL 阶段标定后的控制器与实物相连接，通过实物测试进行控制器参数标定。这些早期的功能测试可以提前测试控制器性能并进行高效率的控制器参数标定，此外还可以大幅降低软件故障率。

2）硬件在环试验需要将设定好的控制器模型转换为实际 ECU 的软件代码。为了保证转换代码的质量，使得代码占用硬件资源尽可能少，转化代码的过程需要考虑代码计算次序对精度的影响，还要对模型的每个参数的范围、精度以及分配字符类型进行定义，即根据参数范围和精度给每个参数分配不同的硬件资源。代码转化完成后，将其下载到 ECU 中与仿真模型或半实物仿真模型连接，进行 ECU 测试。

3）为了进一步对所开发控制系统的可靠性和有效性进行测试，通常在完成硬件在环试验后进行台架或实车试验验证。多数情况下，在这一步，所有控制系统已经可以集成运行起来，而且这一步的测试和标定需要专用的方法和工具，整个过程称为产品集成测试。

1.3 非线性控制理论与方法

汽车发动机系统是典型的机电液耦合系统，随着基于模型的控制不断深入，越来越多的控制方法被引入研究。为了更好地方便读者理解，本节将后续涉及相关控制方法的基本理论做一些简要概述。

1.3.1 反步法

反步法（Back-stepping）作为一种严格按照李雅普诺夫（Lyapunov）函数来推导控制律的控制器设计方法，可以得到在李雅普诺夫意义下的保证系统全局稳定的控制律。

考虑目标系统形如

$$\dot{\eta} = f(\eta) + g(\eta)\xi \tag{1-1a}$$

$$\dot{\xi} = u \tag{1-1b}$$

式中，$[\eta,\xi]^T$ 为系统状态；$u \in R$，为系统控制输入；函数 $f: D \to R^n$ 和函数 $g: D \to R^n$ 在包含原点以及 $f(0)=0$ 的定义域 $D \subset R^n$ 上是光滑可微的（或者某阶导数存在即可），并且 f 和 g 均为已知函数。

目标便是设计出状态反馈控制律来稳定原点（$\xi=0, \eta=0$）。

可以考虑将系统分解为方程（1-1a）和方程（1-1b）两部分组成级联系统，设方程（1-1a）可通过状态反馈控制律 $\xi = \phi(\eta)$ 及 $\phi(0)=0$ 达到稳定，也就是说式（1-2）具有原点稳定性

$$\dot{\eta} = f(\eta) + g(\eta)\phi(\eta) \tag{1-2}$$

假设已知 Lyapunov 函数 $V(\eta)$ 是光滑正定的，同时满足

$$\frac{\partial V}{\partial \eta}[f(\eta) + g(\eta)\phi(\eta)] \leq -W(\eta), \quad \forall \eta \in D \tag{1-3}$$

式中，$W(\eta)$ 为正定。

按如下方式进行变换：首先将方程（1-1a）右边两项分别加减一项 $g(\eta)\phi(\eta)$，则目标系统化为

$$\dot{\eta} = [f(\eta) + g(\eta)\phi(\eta)] + g(\eta)[\xi - \phi(\eta)] \tag{1-4a}$$

$$\dot{\xi} = u \tag{1-4b}$$

定义 z 为

$$z = \xi - \phi(\eta) \tag{1-5}$$

这样目标系统变为

$$\dot{\eta} = [f(\eta) + g(\eta)\phi(\eta)] + g(\eta)z \tag{1-6a}$$

$$\dot{z} = u - \dot{\phi} \tag{1-6b}$$

定义 $v = u - \dot{\phi}$,则目标系统的级联形式为

$$\dot{\eta} = [f(\eta) + g(\eta)\ \phi(\eta)] + g(\eta)z \tag{1-7a}$$

$$\dot{z} = v \tag{1-7b}$$

这样就与系统（1-1）所描述的目标系统的表达形式非常相似了。不同的是系统描述部分在输入为零时在原点具有渐进稳定性,而这个特点同样适用于 v 的设计。为使整个系统稳定,选取

$$V_c(\eta,\ \xi) = V(\eta) + \frac{1}{2}z^2$$

作为备选 Lyapunov 函数,得到

$$\dot{V}_c = \frac{\partial V}{\partial \eta}[f(\eta) + g(\eta)\ \phi(\eta)] + \frac{\partial V}{\partial \eta}g(\eta)z + zv \leqslant -W(\eta) + \frac{\partial V}{\partial \eta}g(\eta)z + zv$$

选择

$$v = -\frac{\partial V}{\partial \eta}g(\eta) - kz, k > 0$$

可得到

$$\dot{V}_c = -W(\eta) - kz^2$$

这样,原点（$\eta = 0, z = 0$）是渐进稳定的。而 $\phi(0) = 0$,进而得到原点（$\eta = 0, \xi = 0$）也是渐进稳定的,将 v、z、$\dot{\phi}$ 代入后得到状态反馈控制律为

$$u = \frac{\partial \phi}{\partial \eta}[f(\eta) + g(\eta)\ \xi] - \frac{\partial V}{\partial \eta}g(\eta) - k[\xi - \phi(\eta)] \tag{1-8}$$

在所有假设都成立的情况下,并且 $V(\eta)$ 是径向无界的,则原点是全局渐进稳定的。进而得到下述定理:

定理 1.1 考虑系统（1-1）,设 $\phi(\eta)$ 是方程（1-1a）的稳定状态反馈控制律,且 $\phi(0) = 0$,对于某个正定函数 $W(\eta)$,$V(\eta)$ 是满足方程（1-2）的 Lyapunov 函数。则状态反馈控制律（1-8）可稳定系统（1-1）的原点,其中 $V(\eta) + [\xi - \phi(\eta)]^2/2$ 为系统的 Lyapunov 函数。此外,如果所有假设都全局成立,且 $V(\eta)$ 径向无界,则原点是全局渐进稳定的。

现在考察目标系统（1-1）更普遍的形式

$$\dot{\eta} = f(\eta) + g(\eta)\xi \tag{1-9a}$$

$$\dot{\xi} = f_a(\eta,\ \xi) + g_a(\eta,\ \xi)u \tag{1-9b}$$

式中,f_a、g_a 均为光滑的。

如果在讨论的区域内 $g_a(\eta,\ \xi) \neq 0$,设 $u_a = f_a(\eta,\ \xi) + g_a(\eta,\ \xi)u$,则输入变为

$$u = \frac{1}{g_a(\eta,\ \xi)}[u_a - f_a(\eta,\ \xi)] \tag{1-10}$$

这样一来，方程（1-9b）简化为积分器形式 $\dot{\xi}=u_a$。因此，如果存在着一个稳定状态反馈控制律 $\phi(\eta)$ 及 Lyapunov 函数 $V(\eta)$，使方程（1-9a）满足上述条件，则由定理及方程（1-10）可得到整个系统（1-9）的稳定状态反馈控制律为

$$u=\frac{1}{g_a(\eta,\ \xi)}\left\{\frac{\partial\phi}{\partial\eta}[f(\eta)+g(\eta)\ \xi]-\frac{\partial V}{\partial\eta}g(\eta)-k[\xi-\phi(\eta)]-f_a(\eta,\ \xi)\right\},\ k>0 \quad (1-11)$$

Lyapunov 函数为

$$V_c(\eta,\ \xi)=V(\eta)+\frac{1}{2}[\xi-\phi(\eta)]^2 \quad (1-12)$$

1.3.2 滑模控制

滑模控制（Sliding Mode Control，SMC）是一种非线性控制策略，由于其可根据系统当前的状态不断切换控制量，因此也称变结构控制。该控制方法可实现在有限时间内将系统状态驱动到滑动状态后沿着预先设定的滑模面运动到平衡点的目的，系统的性能完全由滑模面决定，与被控对象参数和扰动无关。滑模控制器的设计思想为：设计一个控制器，将从任意一点出发的状态轨线通过控制作用拉到滑模面上，然后沿着此滑模面滑动到原点。该运动过程分为两个阶段：

1）到达运动阶段。系统由状态空间任一点向滑模面趋近，目的是使系统尽快收敛到滑模面上。

2）滑模运动阶段。系统在状态空间里沿着滑模面上运动，此时控制的目的是保持在滑模面上。

为了使系统稳定并获得一定的动态性，通过设计滑模面和到达段的控制律，可以直接设计系统性能。在滑模控制的设计中，也主要分为两步：首先寻求合适的切换函数 $s(x)$，使系统的状态轨迹到达滑模面上时具有滑动模态和期望的动态特性；然后设计滑模控制律 $u(x)$，令系统能够在有限时间内到达滑模面，且一旦达到，就会沿着滑模面保持运动，满足到达性和跟踪性。

考虑二阶系统

$$\begin{aligned}\dot{x}_1&=x_2\\ \dot{x}_2&=h(x)+g(x)u\end{aligned} \quad (1-13)$$

式中，h 和 g 为未知非线性函数，且对任意 x 有 $g(x)\geq g_0>0$。

若状态空间存在一个超平面，即所谓的滑模面 $s(x)=0$，将状态空间分成 $s>0$ 和 $s<0$ 两部分，且 $s=0$ 两侧的双轨线都引向 $s=0$。

设计滑模面为

$$s=a_1x_1+x_2=0 \quad (1-14)$$

选择 $a_1>0$ 以保证当 t 趋于无穷时，$x(t)$ 趋近于 0。由于在滑模面上系统的运动受 $\dot{x}_1=-a_1x_1$ 的控制，与 h 和 g 无关，因此收敛速度可通过 a_1 的选择控制。此时的设计问题就是设计如下形式的控制律把轨线切换并保持在滑模面 $s=0$ 上。

$$u = \begin{cases} u^+(x), & s(x) > 0 \\ u^-(x), & s(x) < 0 \end{cases} \quad (1\text{-}15)$$

式中，$u^+(x) \neq u^-(x)$。

下面针对二阶系统选取的滑模函数（1-14）进行控制器设计，变量 s 满足方程

$$\dot{s} = a_1 x_2 + h(x) + g(x) u \quad (1\text{-}16)$$

假设对于某个已知函数 $\rho(x)$，h 和 g 满足不等式

$$\left| \frac{a_1 x_2 + h(x)}{g(x)} \right| \leqslant \rho(x), \ \forall x \in R^2 \quad (1\text{-}17)$$

将 $V = \frac{1}{2} s^2$ 作为方程 $\dot{s}$ 的备选 Lyapunov 函数，有

$$\dot{V} = s\dot{s} = s[a_1 x_2 + h(x)] + g(x) su \leqslant g(x)|s|\rho(x) + g(x)|s|u \quad (1\text{-}18)$$

取

$$u = -\beta(x) \ \text{sgn}(s) \quad (1\text{-}19)$$

式中，$\beta(x) \geqslant \rho(x) + \beta_0$，$\beta_0 > 0$，且

$$\text{sgn}(s) = \begin{cases} 1, & s > 0 \\ 0, & s = 0 \\ -1, & s < 0 \end{cases} \quad (1\text{-}20)$$

则

$$\dot{V} \leqslant g(x)|s|\rho(x) - g(x)[\rho(x) + \beta_0] s\text{sgn}(s) = -g(x) \beta_0 |s| \leqslant -g_0 \beta_0 |s| \quad (1\text{-}21)$$

根据比较引理可知，轨线在有限时间内可到达滑模面 $s=0$，且由上述不等式（1-21）可知，轨线一旦到达滑模面将不再离开。

由于滑动模态的设计，面对一定系统扰动或者变化，滑模控制具有较强的鲁棒性能和抗干扰能力。但是系统在滑模面上实际运动时，由于惯性、切换滞后等因素会导致系统的轨迹不可能完全保持在面上，而是在附近来回抖动，这种高频抖振现象的发生也是该控制方法的一大缺陷，带来误差大、能量消耗严重、对系统激起振荡等有害问题的产生，因此如何消除抖振也是滑模控制器设计的难点。

1.3.3 反馈线性化

考虑单输入系统

$$\dot{x} = f(x) + g(x) u \quad (1\text{-}22)$$

其中 f 和 g 在定义域 $D \subset R^n$ 上足够光滑，如果存在一个足够光滑的函数 $h: D \to R$，使得系统

$$\dot{x} = f(x) + g(x)\,u$$
$$y = h(x) \quad (1\text{-}23)$$

在区域 $D_0 \subset D$ 上相对阶为 n，则系统（1-22）是可反馈线性化的。

这一结论的解释如下：相对阶为 n 的系统，其标准型可简化为

$$\dot{z} = A_c z + B_c \gamma(x)[u - \alpha(x)]$$
$$y = c_c z \quad (1\text{-}24)$$

因为

$$\dot{z} = \frac{\partial T}{\partial x}\dot{x}$$

所以等式

$$A_c T(x) + B_c \gamma(x)[u - \alpha(x)] = \frac{\partial T}{\partial x}[f(x) + g(x)u] \quad (1\text{-}25)$$

在所讨论的定义域内对于所有 x 和 u 都成立。取 $u=0$，则上式可分解为两个方程

$$\frac{\partial T}{\partial x}f(x) = A_c T(x) - B_c \gamma(x)\alpha(x) \quad (1\text{-}26a)$$

$$\frac{\partial T}{\partial x}g(x) = B_c \gamma(x) \quad (1\text{-}26b)$$

方程（1-26a）等价于

$$\frac{\partial T_1}{\partial x}f(x) = T_2(x)$$
$$\frac{\partial T_2}{\partial x}f(x) = T_3(x)$$
$$\vdots \quad (1\text{-}27)$$
$$\frac{\partial T_{n-1}}{\partial x}f(x) = T_n(x)$$
$$\frac{\partial T_n}{\partial x}f(x) = -\alpha(x)\gamma(x)$$

方程（1-26b）等价于

$$\frac{\partial T_1}{\partial x}g(x) = 0$$
$$\frac{\partial T_2}{\partial x}g(x) = 0$$
$$\vdots$$
$$\frac{\partial T_{n-1}}{\partial x}f(x) = 0$$
$$\frac{\partial T_n}{\partial x}f(x) = \gamma(x) \neq 0$$

令 $h(x) = T_1(x)$，可以看出

$$T_{i+1}(x) = L_f T_i(x) = L_f^i h(x), \quad i = 1, 2, \cdots, n-1 \tag{1-28}$$

$h(x)$ 满足偏微分方程

$$L_g L_f^{i-1} h(x) = 0, \quad i = 1, 2, \cdots, n-1 \tag{1-29}$$

其约束条件为

$$L_g L_f^{n-1} h(x) \neq 0 \tag{1-30}$$

α 和 γ 由下式给出

$$\gamma(x) = L_g L_f^{n-1} h(x), \quad \alpha(x) = -\frac{L_f^n h(x)}{L_g L_f^{n-1} h(x)}$$

总之，当且仅当存在函数 $h(x)$，使系统（1-23）的相对阶为 n，或 h 满足约束条件为式（1-30）的偏微分方程（1-29），则系统（1-22）是可反馈线性化的。

1.3.4 三步法

三步法也是一种基于模型的设计方法，主要用于系统的跟踪控制问题，其设计思路来源于工程中常采用的控制结构（前馈加 PID 反馈控制），三步法的设计过程由三部分组成。出于不同的控制目的，分三步推导完成，同时其特定的设计过程使得推导简单明了，所得控制律结构层次清晰。以常用的二阶单输入单输出非线性仿射系统为例介绍其设计过程，考虑如下形式的非线性系统

$$\dot{x}_1 = f_1(x_1) + g_1(x_1) x_2 \tag{1-31a}$$

$$\dot{x}_2 = f_2(x) + g_2(x) u \tag{1-31b}$$

式中，x_1、x_2、u 分别为系统的状态和输入；y 为系统的输出，$y = x_1$。

假设 $f_1(x_1)$、$f_2(x)$、$g_1(x)$ 和 $g_2(x)$ 是在定义域 $D \subset R^2$ 内充分光滑的非线性函数，并且满足 $g_1(x) \neq 0$ 和 $g_2(x) \neq 0$。我们的目标是设计一个反馈控制律 u，使得输出 y 渐近跟踪一个参考信号 y^*，其中对于非常值参考 $y^*(t)$，其导数直到 $\ddot{y}^*$ 对于 $t \geq 0$ 都是有界的，且二阶导 $\ddot{y}^*$ 是 t 的分段连续函数；信号 y^*、$\dot{y}^*$、$\ddot{y}^*$ 可在线获得。

与一阶系统不同，二阶系统在设计控制器之前，首先要重新整理系统模型，通过对输出 y 求二阶导数可以得到系统输出与输入之间的直接关系，即

$$\begin{aligned}
\ddot{y} &= \frac{\partial f_1(x_1)}{\partial x_1} \dot{x}_1 + \frac{\partial g_1(x_1)}{\partial x_1} x_2 \dot{x}_1 + g_1(x_1) \dot{x}_2 \\
&= \left(\frac{\partial f_1(x_1)}{\partial x_1} + \frac{\partial g_1(x_1)}{\partial x_1} x_2 \right) \dot{y} + g_1(x_1) f_2(x) + g_1(x_1) g_2(x) u
\end{aligned} \tag{1-32}$$

其中 x 包含 x_1, x_2，且 $\dot{y} = \dot{x}_1$ 被部分代入，式（1-32）是非线性系统的一种新的模型描述形式，是用于三步法推导控制器的模型。为了使推导过程书写简便，记 $\dfrac{\partial f_1(x_1)}{\partial x_1} + \dfrac{\partial g_1(x_1)}{\partial x_1} x_2 =: A(x)$，$g_1(x_1) g_2(x) =: B(x)$。具体步骤如下。

（1）稳态控制

假设系统的输出达到稳态，即令 $\dot{y} = 0$ 和 $\ddot{y} = 0$，可以得到系统即式（1-32）的稳态控制律为

$$u_s(x) = -\dfrac{f_2(x)}{g_2(x)} \tag{1-33}$$

这是一个类稳态控制，对比系统（1-31）可以看出，稳态控制主要反映了系统 x_2 的本质动力学。

（2）参考动态前馈控制

如果参考值是变化的，将控制律 $u = u_s(x) + u_f$ 代入式（1-32），则系统可写为

$$\ddot{y} = A(x)\,\dot{y} + B(x)\,u_f \tag{1-34}$$

令 $\ddot{y} = \ddot{y}^*$ 和 $\dot{y} = \dot{y}^*$，则参考前馈为

$$u_f = \dfrac{1}{B(x)}\ddot{y}^* - \dfrac{A(x)}{B(x)}\dot{y}^* =: u_f(x, \dot{y}^*, \ddot{y}^*) \tag{1-35}$$

可见，由于系统的阶次提高，参考前馈所包含的参考动态信息也相应增加，同时前馈的增益与系统的状态相关，表明系统参考值变化的影响不同。

（3）误差反馈控制

反馈控制能够进一步提高控制系统的控制性能，并提高对扰动和不确定性的鲁棒性能。定义系统跟踪误差为 $e_1 := y^* - y$，结合前两步设计的结果，设待确定的反馈控制量是 u_e，那么闭环误差系统能写成

$$\ddot{e}_1 = A(x)\,\dot{e}_1 - B(x)\,u_e \tag{1-36}$$

定义 $e_2 = \dot{e}_1$，误差系统重新整理为

$$\dot{e}_1 = e_2 \tag{1-37a}$$

$$\dot{e}_2 = A(x)\,e_2 - B(x)\,u_e \tag{1-37b}$$

式中，$B(x) \neq 0$。

对于串级非线性误差系统（1-37），可以采用多种不同的设计方法，使误差 $e_1 \to 0$，系统渐近稳定，这里选择 Back-stepping 方法确定控制律。首先将 e_2 看成是 e_1 子系统的虚拟控制输入，对子系统 e_1 定义李雅普诺夫函数为 $V_1 = \dfrac{1}{2}e_1^2$，对其求导可得

$$\dot{V}_1 = e_1 \dot{e}_1 = e_1 e_2 \tag{1-38}$$

选择如下简单形式的虚拟控制输入

$$e_2^* = -k_1 e_1 \qquad (1\text{-}39)$$

式中，$k_1 > 0$。

对于 $e_2 = e_2^*$，则有

$$\dot{V}_1 = -k_1 e_1^2 \qquad (1\text{-}40a)$$

$$\dot{e}_1 = -k_1 e_1 \qquad (1\text{-}40b)$$

此时 V_1 负定，但事实上，$e_2 = e_2^*$，此时需要通过控制使得 $e_2 \to e_2^*$ 来保证 e_1 系统的稳定。因此定义新误差 $e_3 = e_2^* - e_2$，那么上述方程组（1-40）就变为

$$\dot{V}_1 = -k_1 e_1^2 - e_1 e_3 \qquad (1\text{-}41a)$$

$$\dot{e}_1 = -k_1 e_1 - e_3 \qquad (1\text{-}41b)$$

如果误差 e_3 趋于零，则 $e_2 \to e_2^*$，那么 e_1 子系统能够渐近稳定。进一步，结合方程（1-39）、方程（1-37）以及 $e_2 = \dot{e}_1$，可以得到误差 e_3 的方程为

$$\begin{aligned}\dot{e}_3 &= \dot{e}_2^* - \dot{e}_2 = -k_1 \dot{e}_1 - A(x) e_2 + B(x) u_e \\ &= -[k_1 + A(x)]\dot{e}_1 + B(x) u_e\end{aligned} \qquad (1\text{-}42)$$

定义第二个李雅普诺夫函数 $V_2 = V_1 + \dfrac{1}{2} e_3^2$，并应用式（1-41a）和式（1-42），求导 V_2 可得

$$\begin{aligned}\dot{V}_2 &= \dot{V}_1 + e_3 \dot{e}_3 = -k_1 e_1^2 - e_1 e_3 + e_3 \{-[k_1 + A(x)]\dot{e}_1 + B(x) u_e\} \\ &= -k_1 e_1^2 + e_3 \{-e_1 - [k_1 + A(x)]\dot{e}_1 + B(x) u_e\}\end{aligned} \qquad (1\text{-}43)$$

为了保证 V_2 负定，选择控制律为如下形式

$$u_e = \frac{1}{B(x)} e_1 + \frac{k_1 + A(x)}{B(x)} \dot{e}_1 - \frac{k_2}{B(x)} e_3 \qquad (1\text{-}44)$$

式中，$k_1 > 0; k_2 > 0$。

此时

$$\dot{V}_2 = -k_1 e_1^2 - k_2 e_3^2 \leqslant 0 \qquad (1\text{-}45)$$

式（1-45）表明误差系统（1-37）是渐近稳定的。结合前面的推导结果，去掉中间变量 e_3、$\dot{e}_3$，将 u_e 重新整理为

$$u_e = \frac{1 + k_1 k_2}{B(x)} e_1 + \frac{k_1 + k_2 + A(x)}{B(x)} \dot{e}_1 \qquad (1\text{-}46)$$

显然，从结果可以看出，u_e 对应一个非线性 PD 控制器。其比例和微分环节的增益不

是由 k_1、k_2 参数单一决定的固定增益,而是依赖于系统状态。结合前面两步的推导结果,即式(1-33)和式(1-35),可将总的控制律简写为

$$u = u_s(x) + u_f(x, \dot{y}^*, \ddot{y}^*) + f_P(x) e_1 + f_D(x) \dot{e}_1 \tag{1-47}$$

其中,

$$u_s(x) = -\frac{f_2(x)}{g_2(x)} \tag{1-48a}$$

$$u_f(x, \dot{y}^*, \ddot{y}^*) = \frac{1}{B(x)} \ddot{y}^* - \frac{A(x)}{B(x)} \dot{y}^* \tag{1-48b}$$

$$f_P(x) = \frac{1 + k_1 k_2}{B(x)} \tag{1-48c}$$

$$f_D(x) = \frac{k_1 + k_2 + A(x)}{B(x)} \tag{1-48d}$$

到此为止,二阶非线性系统的三步法的推导过程完成,并且相应三部分的控制律也已确定,结合以上推导作如下几点说明:

1)从 u_f 和 u_e 确定的过程来看,它们均是在前一步或是前两步控制律被确定的基础上推导的,这也就说明三步设计的顺序不能颠倒。

2)最后的控制律由稳态控制、前馈控制和 PD 反馈控制共同构成,通过不同的设计方法得到的反馈控制律的形式可能不同,但鉴于 PID 控制器在工程实际中广泛使用的背景,这里设计成 PD 结构的目的也是要与实际保持一致,从而便于工程实现。

3)为了避免增益的形式过于复杂不易于实现,可以采用虚拟标定(仿真模型离线标定控制器增益的方式)减少通过试验标定获取控制器参数的工作量。

4)除了反馈控制的增益是状态依赖之外,参考前馈的增益也是随着状态的变化而变化的。这对运行工况复杂多变的系统而言,如果系统状态信息均可获得,则能够极大地提高控制系统的鲁棒性。

1.4 模型预测控制

模型预测控制(Model Predictive Control,MPC)又称为滚动时域控制或后退时域控制,是近年来被广泛关注的一种针对约束系统的反馈控制策略。其机理可描述为:在每一个采样时刻,将系统测量值作为预测系统未来状态的初始条件,结合系统预测模型,预测系统未来动态,根据优化问题目标函数及系统约束,在线求解有限时域开环优化问题,得到有限时域内的最优控制序列,将控制序列第一个元素作用于系统,在下一采样时刻重复此过程,从而实现滚动优化,如图 1-4 所示。

模型预测控制的"滚动时域优化"基本思想主要体现在:将有限时域内最优控制序列的第一个作用于系统,下一时刻重复此过程。这样的控制结构可以利用在每一采样时刻读取的包含系统外部干扰以及模型误差信息的测量值求解优化问题的解,从而改善因为模型精度不够或外部干扰影响导致的系统性能变差甚至失稳的情况。

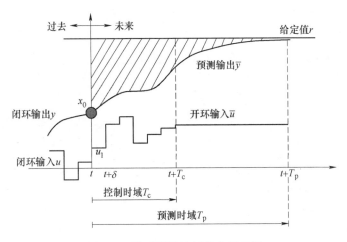

图 1-4 模型预测控制基本原理图

模型预测控制有以下 5 个基本特点。

（1）基于模型的预测

模型预测控制中，模型的作用是根据系统当前信息以及未来控制输入，预测系统未来输出值，因此将这样的模型称为预测模型。对于预测模型来说，我们关注的是其预测系统未来动态的功能，而非模型的形式，目前常用的预测模型包括：状态空间模型、传递函数模型、阶跃响应模型、脉冲响应模型、人工神经网络模型等。由于利用模型预测控制来解决优化问题，对预测模型的结构没有严格的要求和限定，因此利用此优化算法求解，在系统建模时有很大的自由度。

（2）采用滚动优化策略

由于有限时域预测及模型不确定性和外部干扰的影响，将每一采样时刻优化解的第一个分量作用于系统，而非将某时刻的最优解序列直接作用于系统。因此随着时间的推移，预测时域也一直向前推移，也就是说此优化是反复在线滚动完成而不是一步优化求解得到的。这样的滚动优化的方式可以兼顾补偿外部干扰和模型不确定因素所带来的影响，让优化过程一直建立在系统实际运行状态的基础上，在复杂的非线性以及时变的实际系统应用中，更为可靠有效。

（3）具有前馈-反馈控制结构

由于模型预测控制优化问题的解是当前测量值的函数，可以看出其控制律为反馈控制律，而且预测控制中可以包含基于未来参考输入和可测干扰的前馈补偿，以及基于测量值的反馈补偿。因此说模型预测控制具有前馈-反馈控制结构，这也是其能得到很好的控制效果的原因。

（4）可显式和主动处理约束

模型预测控制是在设计控制器时，通过约束条件形式将满足时域范围的约束条件需求直接表达，不需做任何变换。这样表达的优点是可以让控制系统充分利用其允许控制，最大限度地提高控制性能。而且由于预测模型的存在，可以主动调节控制动作使系统一直运行于满足约束的区间内。

（5）具有可扩展性

基于模型预测控制的原理，结合实际问题，模型预测控制并非必须采用二次型或正定的目标函数，同时预测模型及目标函数在优化过程中也不一定是不变的。比如说可以通过将执行机构和传感器故障表达为不同的预测模型，在线计算时切换不同的预测模型实现系统容错预测控制。

近些年，针对模型预测控制计算量大的问题，有一系列基于算法层面的研究。目前预测控制研究的目标和发展方向是在实际应用中，针对控制需求，发展有理论保证同时满足实时性要求和应用环境的高效算法，将其应用于模型预测控制中。

1.4.1 线性模型预测控制

在线性模型预测控制（Linear Model Predictive Control，LMPC）中，考虑线性离散时间系统的状态空间模型如下

$$x(k+1) = \boldsymbol{A}x(k) + \boldsymbol{B}_u u(k) + \boldsymbol{B}_d d(k) \tag{1-49a}$$

$$y_c(k) = \boldsymbol{C}_c x(k) \tag{1-49b}$$

$$y_b(k) = \boldsymbol{C}_b x(k) \tag{1-49c}$$

式中，k 为当前时刻；$x(k) \in \mathbb{R}^{n_x}$ 为状态变量；$u(k) \in \mathbb{R}^{n_u}$ 为控制输入变量；$y_c(k) \in \mathbb{R}^{n_c}$ 和 $y_b(k) \in \mathbb{R}^{n_b}$ 为被控输出变量和约束输出变量；$d(k) \in \mathbb{R}^{n_d}$ 为可以测量的外部干扰变量；$\boldsymbol{A}$、$\boldsymbol{B}_u$、$\boldsymbol{B}_d$、$\boldsymbol{C}_c$ 和 $\boldsymbol{C}_b$ 为相应维数的系统矩阵。

定义控制时域为 m，预测时域为 p，一般控制时域不大于预测时域，即 $m \leqslant p$。由于模型（1-49）是线性的，因此可以推导出预测方程的显式表达式。为了引入积分以减少或消除静态误差，采用如下的增量模型进行预测方程的推导

$$\Delta x(k+1) = \boldsymbol{A}\Delta x(k) + \boldsymbol{B}_u \Delta u(k) + \boldsymbol{B}_d \Delta d(k) \tag{1-50a}$$

$$y_c(k) = \boldsymbol{C}_c \Delta x(k) + y_c(k-1) \tag{1-50b}$$

$$y_b(k) = \boldsymbol{C}_b \Delta x(k) + y_b(k-1) \tag{1-50c}$$

式中，$\Delta x(k) \in \mathbb{R}^{n_x}$ 为状态增量，$\Delta x(k) = x(k) - x(k-1)$；$\Delta u(k) \in \mathbb{R}^{n_u}$ 为控制输入增量，$\Delta u(k) = u(k) - u(k-1)$；$\Delta d(k) \in \mathbb{R}^{n_d}$ 为可以测量的外部干扰增量，$\Delta d(k) = d(k) - d(k-1)$。

定义 p 步被控预测输出、约束预测输出和 m 步控制输入如下

$$\boldsymbol{Y}_{p,c}(k+1|k) = \begin{bmatrix} y_c(k+1|k) \\ y_c(k+2|k) \\ \vdots \\ y_c(k+p|k) \end{bmatrix}_{p \times 1}, \quad \boldsymbol{Y}_{p,b}(k+1|k) \triangleq \begin{bmatrix} y_b(k+1|k) \\ y_b(k+2|k) \\ \vdots \\ y_b(k+p|k) \end{bmatrix}_{p \times 1} \tag{1-51}$$

$$\Delta U(k) = \begin{bmatrix} \Delta u(k) \\ \Delta u(k+1) \\ \vdots \\ \Delta u(k+m-1) \end{bmatrix}_{m \times 1} \quad (1\text{-}52)$$

式中，$k+1|k$ 为 k 时刻对 $k+1$ 时刻的预测，符号"|"后面的 k 表示当前时刻为 k。

因此，可以推导出系统未来 p 步被控输出和约束输出的预测方程为

$$Y_{p,c}(k+1|k) = S_{x,c}\Delta x(k) + I_c y_c(k) + S_{u,c}\Delta U(k) + S_{d,c}\Delta d(k) \quad (1\text{-}53\text{a})$$

$$Y_{p,b}(k+1|k) = S_{x,b}\Delta x(k) + I_b y_b(k) + S_{u,b}\Delta U(k) + S_{d,b}\Delta d(k) \quad (1\text{-}53\text{b})$$

式中，$S_{x,c}$、I_c、$S_{u,c}$、$S_{d,c}$、$S_{x,b}$、I_b、$S_{u,b}$、$S_{d,b}$ 为相应维数的系统预测矩阵。

我们考虑的控制目标是使得被控输出 y_c 跟踪给定的参考输入 r，同时，系统的控制量、控制增量和输出量满足下面的约束条件

$$u_{\min}(k) \leqslant u(k) \leqslant u_{\max}(k), \forall k \geqslant 0 \quad (1\text{-}54\text{a})$$

$$\Delta u_{\min}(k) \leqslant \Delta u(k) \leqslant \Delta u_{\max}(k), \forall k \geqslant 0 \quad (1\text{-}54\text{b})$$

$$y_{\min}(k) \leqslant y_b(k) \leqslant y_{\max}(k), \forall k \geqslant 0 \quad (1\text{-}54\text{c})$$

其中 $\Delta u(k) = u(k) - u(k-1)$，控制量和控制增量的约束一般来源于执行机构的饱和和执行机构的动作不允许过大，输出量的约束一般是为了安全生产要求某个状态如温度或压力不超过极限值，或是为了限制一些变量不得高于一定的阈值。假设系统的全部状态是可以测量的，在 k 时刻，以测量值 $x(k)$、$y_c(k)$、$y_b(k)$ 作为预测系统未来动态的初始条件。根据预测控制的基本原理，约束 MPC 的优化问题可描述为

$$\min_{\Delta U(k)} J[x(k), \Delta U(k)]$$

满足系统方程（$i = 0, 1, \cdots, p$）

$$\Delta x(k+i+1|k) = A\Delta x(k+i|k) + B_u \Delta u(k+i) + B_d \Delta d(k+i) \quad (1\text{-}55\text{a})$$

$$\Delta x(k|k) = \Delta x(k) \quad (1\text{-}55\text{b})$$

$$y_c(k+i|k) = C_c \Delta x(k+i|k) + y_c(k+i-1|k), \quad i \geqslant 1 \quad (1\text{-}55\text{c})$$

$$y_c(k|k) = y_c(k) \quad (1\text{-}55\text{d})$$

$$y_b(k+i|k) = C_b \Delta x(k+i|k) + y_c(k+i-1|k), i \geqslant 1 \quad (1\text{-}55\text{e})$$

$$y_b(k|k) = y_b(k) \quad (1\text{-}55\text{f})$$

及系统约束

$$u_{\min}(k+i) \leqslant u(k+i) \leqslant u_{\max}(k+i), i=0,1,\cdots,m-1 \quad (1\text{-}56a)$$

$$\Delta u_{\min}(k+i) \leqslant \Delta u(k+i) \leqslant \Delta u_{\max}(k+i), i=0,1,\cdots,m-1 \quad (1\text{-}56b)$$

$$y_{\min}(k+i) \leqslant y_b(k+i) \leqslant y_{\max}(k+i), i=1,\cdots,p \quad (1\text{-}56c)$$

其中

$$J[x(k),\Delta U(k)] = \left\| \boldsymbol{\Gamma}_y \left[\boldsymbol{Y}_{p,c}(k+1|k) - \boldsymbol{R}(k+1) \right] \right\|^2 + \left\| \boldsymbol{\Gamma}_u \Delta \boldsymbol{U}(k) \right\|^2 \quad (1\text{-}57)$$

上述优化问题中，$\boldsymbol{R}(k+1)$ 是给定的控制输出参考序列，定义为

$$\boldsymbol{R}(k+1) = \begin{bmatrix} r(k+1) \\ r(k+2) \\ \vdots \\ r(k+p) \end{bmatrix}_{p\times 1} \quad (1\text{-}58)$$

控制量增量序列 $\Delta U(k)$ 是约束优化问题的独立变量，$\boldsymbol{\Gamma}_y$ 和 $\boldsymbol{\Gamma}_u$ 是对称正定加权矩阵，定义为

$$\boldsymbol{\Gamma}_y = \mathrm{diag}\{\Gamma_{y,1}, \Gamma_{y,2}, \cdots, \Gamma_{y,p}\}_{p\times p}$$

$$\boldsymbol{\Gamma}_u = \mathrm{diag}\{\Gamma_{u,1}, \Gamma_{u,2}, \cdots, \Gamma_{u,m}\}_{m\times m}$$

式中，$\Gamma_{y,i}$ 为预测时刻 i 对预测被控输出误差的加权因子，加权因子越大，表明我们期望对应的控制输出越接近给定的参考输入；$\Gamma_{u,i}$ 为预测时刻 i 对控制增量的加权因子，控制加权因子越大，表明我们期望对应的控制动作变化越小。

因此，在进行控制器设计时，需要通过调节上述两个参数来满足系统控制要求。

由于约束条件（1-56）的存在，上述优化问题（1-55a）一般求解不出解析解，因此，需要采用数值优化方法求解约束优化问题（1-55a）。因为目标函数是二次型的，预测模型和系统约束条件是线性的，所以问题（1-55a）可以转换成如下形式的二次规划（Quadratic Programming，QP）问题进行求解：

$$\min_{\Delta U(k)} \Delta \boldsymbol{U}(k)^{\mathrm{T}} \boldsymbol{H} \Delta \boldsymbol{U}(k) - \boldsymbol{G}(k+1|k)^{\mathrm{T}} \Delta \boldsymbol{U}(k) \quad (1\text{-}59a)$$

$$\boldsymbol{C}_u \Delta \boldsymbol{U}(k) \geqslant \boldsymbol{b}(k+1|k) \quad (1\text{-}59b)$$

其中

$$\boldsymbol{H} = \boldsymbol{S}_{u,c}^{\mathrm{T}} \boldsymbol{\Gamma}_y^{\mathrm{T}} \boldsymbol{\Gamma}_y \boldsymbol{S}_{u,c} + \boldsymbol{\Gamma}_u^{\mathrm{T}} \boldsymbol{\Gamma}_u \quad (1\text{-}60a)$$

$$\boldsymbol{G}(k+1|k) = 2\boldsymbol{S}_{u,c}^{\mathrm{T}} \boldsymbol{\Gamma}_y^{\mathrm{T}} \boldsymbol{\Gamma}_y \boldsymbol{E}_p(k+1|k) \quad (1\text{-}60b)$$

$$E_p(k+1|k) = R(k+1) - S_{x,c}\Delta x(k) - I_c y_c(k) - S_{d,c}\Delta d(k) \tag{1-60c}$$

$$C_u = \begin{bmatrix} -T^\mathrm{T} & T^\mathrm{T} & -L^\mathrm{T} & L^\mathrm{T} & -S_{u,b}^\mathrm{T} & S_{u,b}^\mathrm{T} \end{bmatrix}_{(4m+2p)\times 1}^\mathrm{T} \tag{1-60d}$$

$$b(k+1|k) = \begin{bmatrix} -\Delta u_{\max}(k) \\ \vdots \\ -\Delta u_{\max}(k+m-1) \\ \Delta u_{\min}(k) \\ \vdots \\ \Delta u_{\min}(k+m-1) \\ u(k-1) - u_{\max}(k) \\ \vdots \\ u(k-1) - u_{\max}(k+m-1) \\ u_{\min}(k) - u(k-1) \\ \vdots \\ u_{\min}(k+m-1) - u(k-1) \\ \left(S_{x,b}\Delta x(k) + I_b y_b(k) + S_{d,b}\Delta d(k)\right) - Y_{\max}(k+1) \\ -\left(S_{x,b}\Delta x(k) + I_b y_b(k) + S_{d,b}\Delta d(k)\right) + Y_{\min}(k+1) \end{bmatrix}_{(4m+2p)\times 1} \tag{1-60e}$$

式（1-60）中

$$T = \begin{bmatrix} I_{n_u\times n_u} & 0 & \cdots & 0 \\ 0 & I_{n_u\times n_u} & \cdots & 0 \\ \vdots & \vdots & & \vdots \\ 0 & 0 & \cdots & I_{n_u\times n_u} \end{bmatrix}_{m\times m}, \quad L = \begin{bmatrix} I_{n_u\times n_u} & 0 & \cdots & 0 \\ I_{n_u\times n_u} & I_{n_u\times n_u} & \cdots & 0 \\ \vdots & \vdots & & \vdots \\ I_{n_u\times n_u} & I_{n_u\times n_u} & \cdots & I_{n_u\times n_u} \end{bmatrix}_{m\times m}$$

$$Y_{\min}(k+1) = \begin{bmatrix} y_{\min}(k+1) \\ y_{\min}(k+2) \\ \vdots \\ y_{\min}(k+p) \end{bmatrix}_{p\times 1}, \quad Y_{\max}(k+1) = \begin{bmatrix} y_{\max}(k+1) \\ y_{\max}(k+2) \\ \vdots \\ y_{\max}(k+p) \end{bmatrix}_{p\times 1}$$

模型预测控制优化问题到二次规划问题的具体转换推导过程可参见相关文献，这里不再赘述。

模型预测控制算法在线的计算量主要体现在求解有不等式约束的二次规划问题中，由于我们选取的加权矩阵$\mathit{\Gamma}_y>0$、$\mathit{\Gamma}_u>0$，根据式（1-60a）知$H>0$，因此，QP 问题即式（1-59）有解。通过优化算法求解，将得到的最优解记为$\Delta U^*(k)$。根据模型预测控制的基本原理，将得到的开环控制序列的第一步作用于被控系统。在下一个采样时刻，用新的测量值刷新约束优化问题（1-55a）即 QP 问题，并重新求解。因此，约束 MPC 的闭环控制律定义为

$$\Delta u(k) = \begin{bmatrix} I_{n_u\times n_u} & 0 & \cdots & 0 \end{bmatrix} \Delta U^*(k) \tag{1-61}$$

由式（1-59）可知，如果 k 固定，则 $G(k+1|k)$ 和 $b(k)$ 是常数，省略掉 k 并分别简记为 g 和 b，同时将独立变量 $\Delta U(k)$ 用 z 替代，记 $h(z)=b-C_u z \leqslant 0$，则 QP 问题可以改写为二次规划问题

$$\min_{z} f(z) = \frac{1}{2} z^T H z + g^T z \tag{1-62a}$$

$$h(z) \leqslant 0 \tag{1-62b}$$

1.4.2 非线性模型预测控制

尽管线性化模型被广泛用于控制系统的设计，但是，随着被控系统越来越复杂，大部分的实际系统存在固有的强非线性特性。在这种情况下，用基于线性化模型的控制系统设计方法往往不能得到好的性能，甚至影响闭环系统的稳定性，线性模型预测控制已不能够满足复杂系统的非线性动态特性。因此，在控制系统设计时，不仅需要考虑系统约束条件，还需要考虑系统的非线性特性。下面给出非线性模型预测控制（Nonlinear Model Predictive Control，NMPC）的约束优化问题的数学描述。

考虑采用如下离散时间模型描述非线性系统

$$x(k+1) = f[x(k), u(k)], k \geqslant 0 \tag{1-63a}$$

$$y_c(k) = g_c[x(k), u(k)] \tag{1-63b}$$

$$y_b(k) = g_b[x(k), u(k)] \tag{1-63c}$$

式中，$x(k) \in \mathbb{R}^{n_x}$ 为状态变量；$u(k) \in \mathbb{R}^{n_u}$ 为控制输入变量；$y_c(k) \in \mathbb{R}^{n_c}$ 为控制输出变量；$y_b(k) \in \mathbb{R}^{n_b}$ 为约束输出变量。

控制量和控制增量约束以及输出约束为

$$u_{\min} \leqslant u(k) \leqslant u_{\max}, \forall k \geqslant 0 \tag{1-64a}$$

$$\Delta u_{\min} \leqslant \Delta u(k) \leqslant \Delta u_{\max}, \forall k \geqslant 0 \tag{1-64b}$$

$$y_{\min}(k) \leqslant y_b(k) \leqslant y_{\max}(k), \forall k \geqslant 0 \tag{1-64c}$$

控制量和控制增量约束一般来源于执行器的饱和，通常上下限为常数。

由于非线性模型预测控制的预测模型是非线性的，因此，不能同线性模型预测控制一样离线推导出预测方程。非线性模型预测控制在每个采样时刻除了需要在线优化求解，还需要通过求解系统状态方程在线预测系统未来动态。因此，NMPC 的在线计算负担远大于 LMPC 的在线计算负担。

同样，本节考虑的控制目标是希望被控输出跟踪参考输入，同时满足系统约束式（1-64）。假设系统的全部状态是可以测量的，在 k 时刻，以测量值 $x(k)$ 作为预测系统未来动态的初始条件，根据模型预测控制的基本原理，基于离散非线性模型的 NMPC 优化问题可以描述为

问题 1.1

$$\min_{\boldsymbol{U}_k} J[x(k), \boldsymbol{U}_k] \tag{1-65}$$

满足系统状态方程

$$\bar{x}(k+i+1) = f[\bar{x}(k+i), \bar{u}(k+i)], 0 \leq i \leq N_p, \bar{x}(k) = x(k) \tag{1-66a}$$

$$\bar{y}_c(k+i) = g_c[\bar{x}(k+i), \bar{u}(k+i)] \tag{1-66b}$$

$$\bar{y}_b(k+i) = g_b[\bar{x}(k+i), \bar{u}(k+i)] \tag{1-66c}$$

及系统约束条件

$$u_{\min} \leq \bar{u}(k+i) \leq u_{\max}, 0 \leq i < N_c \tag{1-67a}$$

$$\Delta u_{\min} \leq \Delta \bar{u}(k+i) \leq \Delta u_{\max} \tag{1-67b}$$

$$y_{\min}(k+i) \leq \bar{y}_b(k+i) \leq y_{\max}(k+i), 0 \leq i \leq N_p \tag{1-67c}$$

$$\Delta \bar{u}(k+i) = \bar{u}(k+i) - \bar{u}(k+i-1) \tag{1-67d}$$

$$\Delta \bar{u}(k+i) = 0, \ N_c \leq i < N_p \tag{1-67e}$$

其中，目标函数为

$$J[x(k), \boldsymbol{U}_k] = \sum_{i=1}^{N_p} \| \bar{y}_c(k+i) - r(k+i) \|_{\boldsymbol{Q}}^2 + \sum_{i=0}^{N_c-1} \| \Delta \bar{u}(k+i) \|_{\boldsymbol{S}}^2 \tag{1-68}$$

式（1-65）~式（1-68）中，N_p 和 N_c 分别为预测时域和控制时域，且满足 $N_c \leq N_p$；$r(\cdot)$ 为期望的控制输出即参考输入；$\boldsymbol{Q}$、$\boldsymbol{S}$ 为对称正定加权矩阵，可以通过调节这两个参数来满足期望的系统控制性能；$\bar{y}_c(\cdot)$ 和 $\bar{y}_b(\cdot)$ 为预测的控制输出和约束输出，通过系统模型式（1-66）预测计算得到；$x(k)$ 为当前时刻系统测量状态值，作为预测模型式（1-66）的初始条件，即预测系统未来动态的起点。

应该注意到，由于存在模型不确定性或外部干扰，预测的系统变量值与实际的系统变量值是不同的，即使是没有模型不确定性和外部干扰，由于采用有限时域，预测的系统变量值与实际的系统变量值也可能是不同的。因此，为了明确这样的不同，我们在优化问题的描述中将预测系统的变量上面加了"‾"。约束条件（1-67e）表示在控制时域之外，控制量保持不变。$\bar{u}(\cdot)$ 表示预测的控制输入，定义为

$$\bar{u}(k+i) = \bar{u}_i, \ i = 0, 1, \cdots, N_c - 1 \tag{1-69}$$

式中，$\bar{u}_0, \cdots, \bar{u}_{N_c-1}$ 构成了优化问题的独立变量，记为 $\boldsymbol{U}_k$。

$$U_k = \begin{bmatrix} \bar{u}_0 \\ \bar{u}_1 \\ \vdots \\ \bar{u}_{N_c-1} \end{bmatrix} \quad (1\text{-}70)$$

优化问题 1.1 是一类非线性规划问题，通常需要求解 HJB（Hamilton-Jacobi-Bellman）方程，但是对于有约束的非线性系统，无法通过直接求取系统的 HJB 方程获得其精确解析解，即这类问题的解析解一般是不存在的，因此需要采用数值求解方法。通过非线性优化求解算法，可以求解出约束优化问题 1.1 的最优解，记为

$$U_k^* = \begin{bmatrix} \bar{u}_0^* \\ \bar{u}_1^* \\ \vdots \\ \bar{u}_{N_c-1}^* \end{bmatrix} \quad (1\text{-}71)$$

根据模型预测控制的基本原理，优化解的第一个元素作用于系统，即定义当前时刻的控制量为

$$u(k) = \bar{u}_0^* \quad (1\text{-}72)$$

非线性模型预测控制的约束优化问题 1.1 可以简记为如下一般非线性优化问题的表达形式

$$\min_z f(z) \quad (1\text{-}73a)$$

$$h(z) \leq 0 \quad (1\text{-}73b)$$

式中，$f(z)$ 为优化问题 1.1 中的目标函数 J。

由式（1-62）和式（1-73）可知，模型预测控制的二次规划问题和非线性规划问题都可以简记为

问题 1.2

$$\min_z f(z) \quad (1\text{-}74a)$$

$$满足 \quad h_i(z) \leq 0, \quad i \in I = \{1, \cdots, l\} \quad (1\text{-}74b)$$

式中，$f(z)$ 为式（1-62a）或者是优化问题 1.1 中的目标函数 J，同时也是粒子群算法中的适应度函数；l 为约束条件的个数；h_i 为对应的第 i 个约束条件。

约束条件式（1-74b）的表达形式没有限制，例如，如果 $h_i(z) > 0$，则可表示为 $-h_i(z) \leq 0$；如果 $h_i(z) = 0$，则可表示为 $h_i(z) \leq 0$ 并且 $-h_i(z) \leq 0$。

1.5 汽油发动机的关键控制问题

汽车发动机动力总成系统主要由发动机、离合器和变速器组成，是汽车的核心部分。其中汽车发动机（又称为内燃机）是由曲柄连杆机构、配气机构、燃料供给系、润滑系、冷却系、点火系和起动系组成，如图 1-5 所示。发动机通过在密封气缸内燃烧而产生热能，

高温高压气体（气体膨胀）作用于活塞顶部推动活塞做往复直线运动，通过连杆、曲轴飞轮机构对外输出机械能。其性能指标主要有动力性指标、经济性指标、排放指标、可靠性指标和耐久性指标。

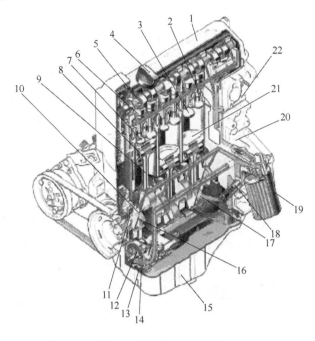

图1-5　发动机基本构造

1—气门室罩　2—气门导管　3—排气门　4—机油加注口　5—凸轮轴　6—挺柱　7—进气门　8—活塞销
9—连杆　10—曲轴油道　11—曲轴链轮　12—机油泵　13—机油泵链轮　14—链条　15—油底壳
16—曲轴主轴颈　17—曲轴连杆轴颈　18—机油限压阀　19—机油滤清器
20—气缸体　21—活塞　22—气缸盖

20世纪60年代，随着汽车数量与日俱增，尾气对大气的污染日益严重，美、日及欧洲各国相继制定了较为严格的汽车排放法规，限制尾气中CO、HC和NO_x等有害物质的排放量。20世纪70年代初，受到能源危机冲击的影响，各国又制定了相应的油耗法规。这些法规的出现，使汽车工业面临着既要保证发动机的动力需求，又要降低发动机燃油消耗，而且还要满足排放法规的严峻局面。传统的机械式化油器和分电器点火系统已经难以胜任，采用传统的常规方法改进也无能为力，必须寻找更加先进的技术途径才能奏效。到20世纪70年代后期，电子工业又有了长足的进步，特别是集成电路、大规模集成电路、超大规模集成电路和计算机技术的发展，汽车发动机控制的研究也起始于这个时期，采用电子控制的初衷是提高车辆的燃油经济性、动力性以及降低排放。由于发动机控制系统直接决定着汽车的整车性能，因此，发动机控制得到广大学者的普遍关注，并取得了大量的成果。发动机控制系统是由多个子控制模块构成的复杂系统，如图1-6所示。系统开发过程中涉及的主要控制技术包括：①空燃比控制；②电子节气门控制；③怠速控制；④点火正时控制；⑤爆燃检测与控制；⑥车载诊断系统（OBD）与安全性诊断、标定。除了以上提到的控制模块外，还存在传感器信号处理、轨压控制、进气量计算、喷油量控制及排放后处理等控制模块。

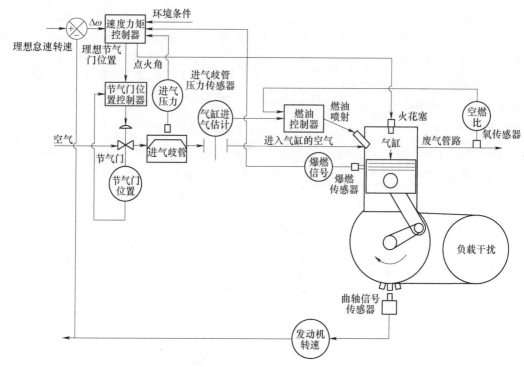

图 1-6 发动机控制系统

随着消费者对发动机性能的要求越来越高，新技术和新设计不断应用于发动机，如采用电子节气门和氧传感器等控制进入气缸的空气量，实现空燃比的精确控制；采用内部或者外部电控排气再循环系统（EGR）来降低排放，减小汽油机爆燃发生概率；采用涡轮增压技术、可变凸轮轴技术和可变进气道技术来改善发动机的进气与排气，提高发动机的燃油经济性和动力性能，以及采用效率更高的发动机和缸内直喷技术等，这使得发动机机械结构和电控系统的复杂性大大提高。传统发动机运行时，作为控制参数的气缸进气量、最佳点火角和喷油量都被认为是控制指令而直接执行，当各种可能互相矛盾的需求（包括驾驶员转矩需求、辅助设备转矩需求和子系统转矩需求等）同时出现时，彼此之间很难协调，且对于新增的附加功能或扩展功能，发动机控制的一些设定位需要重新校验与标定，控制算法需要修改，使得传统的发动机控制系统可扩展性低，灵活性差。由于市场需要，发动机控制系统、变速器和车辆动态控制系统需要集成化设计，这就迫切需要产生一种新的发动机控制体系来解决上述问题对发动机工作带来的影响。在这种情况下，德国博世（Bosch）公司率先提出了基于转矩的发动机控制体系，并在ME7 汽油发动机管理系统上得到成功应用，接着英国 Ricardo 公司将之应用于 BWM540的 4.4L 8 缸汽油机控制。如图 1-7 所示，这种以转矩需求为中心的发动机控制思想使得汽车在运行过程中，能够综合考虑驾驶员和车辆运行的转矩需求，然后协调这些相互冲突的转矩需求，进行转矩协调和优先级判断及执行器输入优化；发动机管理系统根据最终得到的转矩计算出所需的进气量、点火角和空燃比，并且通过气路控制、点火角控制及燃油控制等来实现需求的功率和转矩输出，从而确保发动机在各个情况下能够实现排放和油耗的优化，可以很好地协调相互冲突的发动机转矩需求，同时满足排放法规及油耗法规的限制，这已经成为发动机控制系统设计的发展趋势。

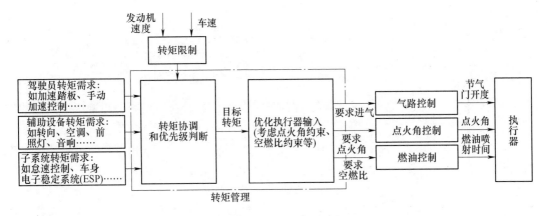

图 1-7　以转矩需求为中心的发动机控制结构示意图

第 2 章

涡轮增压汽油发动机气路系统控制算法设计

本章针对涡轮增压汽油机输出转矩瞬态响应差的问题，首先根据涡轮增压汽油机的结构特性和工作原理，完成仿真模型搭建，并对其进行简化分析得出面向控制模型。接着基于解耦控制策略，提出增压压力双闭环非线性控制方案，并通过联合仿真验证了该控制方案的有效性。然后为了简化面向控制模型结构及减少数据标定，利用神经网络来学习模型得到预测方程，模型验证结果表明了神经网络预测方程的动态性能和预测精度满足控制器设计需求。再将此预测方程用于模型预测控制器设计，完成涡轮增压汽油机气路系统的耦合约束控制。最后通过仿真验证了控制系统的有效性和可靠性。

2.1 引言

涡轮增压技术作为一种先进的内燃机辅助技术已得到广泛的应用，其控制问题也成为发动机电控技术的研究热点。涡轮增压技术通过压缩机将空气压缩进气缸内，以此来提高进气量，从而提高发动机的输出转矩。而进气量的增加使气缸内的燃烧更为充分，从而降低发动机的油耗和污染物的排放。而且涡轮增压是靠回收废气的能量来推动涡轮增压器做功，无需额外的动力源，且体积较小、机械传动装置相对简单，因此在国内外汽车行业均得到了极为广泛的研究与应用，涡轮增压器实物图如图 2-1 所示。

图 2-1 涡轮增压器实物图

涡轮增压技术具有节能环保、小型化、可补偿高原功率等众多优势，但涡轮增压技术在提升发动机性能的同时，也存在易爆燃、热负荷大、时滞等问题，上述问题对涡轮增压汽油机气路系统控制也提出了新的需求。

针对汽油发动机控制，博世公司率先提出了以转矩为中心的协调控制系统，其控制思想为：根据实时的驾驶员需求和车辆行驶工况，通过控制单元的协调控制，使发动机在达到期望的驾驶员需求转矩的条件下能够实现最优的动力性和经济性。

本节以四缸四冲程涡轮增压汽油机为例，气路系统结构简图如图 2-2 所示。搭载了涡轮增压器的汽油机以转矩为中心的控制方案可整体概括为：首先，根据汽车加速踏板的位置计算得出驾驶员需求转矩；然后，基于不同的发动机转速，采用 MAP 查表法将驾驶员需求转矩转化为期望的进气歧管压力和增压压力，并通过控制节气门开度和旁通阀开度来达到期望的进气歧管压力和增压压力。涡轮增压汽油机最常用的气路系统控制算法为 PID（Proportional Integral Derivative）控制，PID 控制无需系统的内部结构，具有算法简单、易于工程实现等优点。但 PID 控制仅适用于线性系统或近似线性系统，对于强非线性或大惯性系统而言，PID 控制容易产生超调，调节过程缓慢，且无法有效处理系统约束。为了提高涡轮增压汽油机的输出性能，各研究机构和车企正致力于开发基于模型的先进气路控制系统。基于已有研究成果，我们可以将涡轮增压汽油机气路系统先进控制策略归结为两类——解耦控制和协调控制。

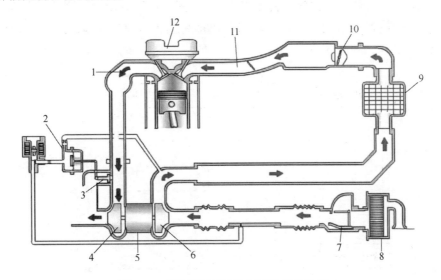

图 2-2　涡轮增压汽油机气路系统结构图

1—排气歧管　2—废气旁通阀控制装置　3—废气旁通阀　4—涡轮机叶轮　5—增压器　6—压缩机叶轮
7—空气流量计　8—空气滤清器　9—中冷器　10—节气门　11—进气歧管　12—气缸

在实际的工程应用中，目前使用最广泛的气路系统控制方案是解耦控制方案。文献[11]将非线性气路模型在多个工况点进行线性化处理，并基于解耦控制方案控制节气门和旁通阀来分别跟踪期望的进气歧管压力和增压压力。文献[12]采用切换 T-S（Takagi-Sugeno）模糊算法对涡轮增压汽油机进行建模，得到多个线性子模型，并在此基础上设计了切换 T-S 控制器和规则鲁棒 H∞控制器。文献[13]将内模控制的线性时不变（Linear Time Invariant，LTI）工具扩充到非线性系统的类线性参数时不变（Quasi-Linear Parameter Varying，Quasi-LPV）工具，再利用 Quasi-LPV 工具建立涡轮增压汽油机模型的逆模型，实现非线性内模控制器的设计，完成增压压力的跟踪控制。解耦控制方法将双输入双输出系统转变为两个单输入单输出系统，使得控制器的设计更为简单直观。但这种方案忽略了进气部分与排气部分的耦合作用，在系统的实际运行过程中，两个控制器存在相互干扰现象，给系统带来了不稳定因素。涡轮增压汽油机进气部分和排气部分的耦合性使得节气门和旁通阀的动作存在相互影响，因此，气路系统的协调控制方案是未来的发展趋势。文献[14]将气路系统模型在某个工况点线性化，并基于此模型设计了预测控制器，从而实现涡轮增压汽油机节气门与旁通阀的协调控制，使进入气缸的空气流量和增压压力具有了良好的跟踪效果。文献[15]通过系统的输入输出数据来辨识系统，得到涡轮增压汽油机的线性模型，进而基于此辨识模型设计预测控制器来协调控制节气门与旁通阀。协调控制方法能更好地处理系统的耦合特征，但该方法大大增加了控制器的设计难度。

2.2 涡轮增压气路系统建模

发动机气路模型是指从外界大气到进入气缸整个过程的机理和数学描述,即建立气路内空气动力学的数学方程。本章被控对象为1.8L的四缸涡轮增压汽油机,其信号流图如图2-3所示,主要参数的物理含义见表2-1。从图中可以看出,涡轮增压汽油机主要包括气路模型和油路模型两部分,而汽油机的喷油量由进气量决定,所以假定油路部分已处于理想控制状态。

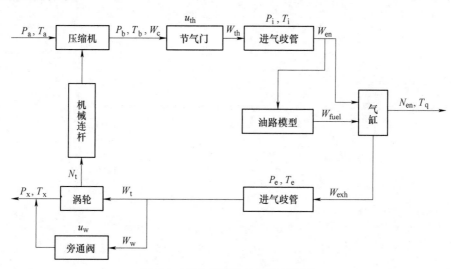

图 2-3 涡轮增压汽油机信号流图

表 2-1 涡轮增压汽油机气路系统模型参数物理描述

参数符号	物理意义	参数符号	物理意义
W_c	通过压缩机的质量流量/(kg/s)	W_{th}	通过节气门的质量流量/(kg/s)
W_{en}	进入气缸的质量流量/(kg/s)	W_{fuel}	喷油的质量流量/(kg/s)
W_{exh}	排出气缸的废气质量流量/(kg/s)	W_t	通过涡轮的质量流量/(kg/s)
W_w	通过旁通阀的质量流量/(kg/s)	N	发动机转速/(r/min)
T_q	发动机输出转矩/(N·m)	N_t	涡轮转速/(r/min)
P_b	增压压力/Pa	R	理想气体常数/[J/(mol·K)]
T_b	压缩机内温度/K	V_b	压缩机内腔等效体积/L
$W_{c,cor}$	校正后的压缩机质量流量/(kg/s)	$N_{t,cor}$	校正后的涡轮转速/(r/min)
T_a	大气温度/K	P_a	大气压力/Pa
T_{st}	参考温度/K	P_{st}	参考压力/Pa
c_p	比定压热容/[J/(kg·K)]	η_c	压缩机等熵效率
ψ_c	空气质量流量系数/(kg/s)	Π_t	节气门前后压强比

（续）

参数符号	物理意义	参数符号	物理意义
T_b	节气门阀门处气体温度/K	u_{th}	节气门开度（%）
C_q	空气流量系数	$\phi(\Pi_t)$	气体流动参数
I_t	机械连杆转动惯量/(kg·m²)	P_i	进气歧管压强/Pa
V_i	进气歧管体积/L	T_i	进气歧管温度/K
V_{en}	发动机的总排量/L	η_{en}	发动机的容积效率
λ	气缸的空燃比	W_e	排气歧管内部废气质量流量/(kg/s)
T_e	排气歧管温度/K	V_e	排气歧管内体积/L
Π_w	旁通阀前后压强比	T_e	旁通阀处气体温度/K
u_w	旁通阀开度（%）	C_{qt}	废气流量系数
$\phi(\Pi_w)$	废气流动参数	γ_e	废气绝热系数
$W_{t,cor}$	校正涡轮废气质量流量/(kg/s)	$N_{tt,cor}$	校正涡轮转速/(r/min)
P_x	涡轮出口压力/Pa	Pow_t	涡轮释放功率/W
$c_{p,e}$	废气比定压热容/[J/(kg·K)]	η_t	涡轮等熵效率

根据模块化设计思想将发动机气路系统分为 7 个子模型，分别为：压缩机、节气门、进气歧管、气缸、排气歧管、带旁通阀的涡轮和机械连杆，结合机理分析与工程中常用的 MAP 标定，推导出控制领域常用的微分方程与代数方程来对发动机动态特性进行表达，分别对每个子模型的数学模型进行了精确推导，接着对该模型进行了简化整理，推导出四阶面向控制模型。

2.2.1 涡轮增压气路系统子模型推导

1. 压缩机模型

该模型描述了空气经过压缩机加压进入进气道的气体流动过程。在此过程中，压缩机叶轮旋转所需的功由同轴相连的涡轮产生。压缩机的信号传递过程如图 2-4 所示，主要需推导出增压压力、压缩机流量和压缩机吸收效率的数学表达式。

图 2-4 压缩机的信号传递过程

压缩机可看作带有容积的腔体，设压缩机进口的空气质量流量为 W_c，而压缩机出口的空气质量流量与通过节气门的空气质量流量 W_{th} 相同，则根据质量守恒定律和理想气体方程推导得出增压压力 P_b 的微分表达式为

$$\frac{dP_b}{dt} = \frac{RT_b}{V_b}(W_c - W_{th}) \tag{2-1}$$

式中，R 为理想气体常数[J/(mol·K)]；T_b 为压缩机内温度（K）；V_b 为压缩机内腔等效体积（L）。

压缩机质量流量模型一般采用 MAP 标定或参数拟合方式来建立，本章选取参数拟合方式。为了应对发动机所处外界环境发生的变化，一般采用压缩机进口压力和温度来对压缩机质量流量 W_c 和涡轮转速 N_t 进行校正，校正后的压缩机质量流量 $W_{c,cor}$ 和涡轮转速 $N_{t,cor}$ 为

$$W_{c,cor} = W_c \sqrt{\frac{T_a}{T_{st}}} \frac{P_{st}}{P_a}, \quad N_{t,cor} = N_t \sqrt{\frac{T_{st}}{T_a}} \tag{2-2}$$

式中，T_a、P_a 分别为大气温度和压力；T_{st}、P_{st} 分别为参考温度和压力。

由压缩机的工作特性可知，校正后的压缩机质量流量可通过与增压压力和校正后的涡轮转速相关的函数来表达，通过拟合方式，可得校正后的压缩机质量流量 $W_{c,cor}$ 为

$$W_{c,cor} = f_c(P_b, N_{t,cor}) = \alpha_1 + \alpha_2 N_{t,cor} + \alpha_3 P_b + \alpha_4 N_{t,cor}^2 + \alpha_5 N_{t,cor} P_b + \alpha_6 P_b^2 \tag{2-3}$$

式中，$\alpha_1 \sim \alpha_6$ 为拟合参数。

假设空气的比定压热容 c_p 为定值，根据热力学第一定律，压缩机吸收功率计算公式为

$$Pow_c = c_p T_a W_c \frac{1}{\eta_c} \psi_c \tag{2-4}$$

式中，η_c 为压缩机等熵效率，与校正的涡轮转速和压缩机质量流量有关，以查找 MAP 的形式给出，$\eta_c = f_{\eta c}(N_{t,cor}, W_{c,cor})$；$\psi_c$ 为空气质量流量系数，可通过式（2-5）计算得出。

$$\psi_c = \left(\frac{P_b}{P_a}\right)^{\frac{(\gamma-1)}{\gamma}} - 1 \tag{2-5}$$

式中，γ 为空气绝热系数。

2. 节气门模型

节气门模型主要用于描述空气流过节气门的流动特性，其作用是通过调节阀门开度来控制流过节气门的空气质量流量 W_{th}，从而达到控制进入气缸的空气量的目的。节气门的信号传递如图 2-5 所示。在建模时，节气门通常可等效为一个可调节横截面积大小的标准节流孔口模型，通过阀门的气体质量流量主要与阀门前后的压强比 $\Pi_t = \frac{P_i}{P_b}$、阀门处气体温度 T_b 和 u_{th} 有关，则通过节气门的空气质量流量 W_{th} 可通过如下公式计算：

$$W_{th} = \frac{f_{th}[\text{sat}(0, u_{th}, 100)]}{\sqrt{T_b}} C_q P_b \phi(\Pi_t) \tag{2-6}$$

式中，C_q 为空气流量系数；$f_{th}[\text{sat}(0, u_{th}, 100)]$ 为孔口的有效流通面积，它由节气门开度

大小决定，可通过查找 MAP 得到，其中 sat(0, u_{th}, 100) 表示节气门开度 u_{th} 的取值范围为 [0，100]。

图 2-5　节气门的信号传递

函数 $\phi(\Pi_t)$ 是气体流动参数，它描述了阀门前后压强差对通过阀门气体流量的影响。当气体流速低于音速时，$\phi(\Pi_t)$ 为与阀门前后压强比 Π_t 有关的函数；当气体流速高于音速时，$\phi(\Pi_t)$ 变为一个定值。首先，定义空气临界压力比为

$$P_{cr} = \left(\frac{2}{\gamma+1}\right)^{\frac{\gamma-1}{\gamma}} \tag{2-7}$$

则空气流动参数 $\phi(\Pi_t)$ 可表示为

$$\phi(\Pi_t) = \begin{cases} \sqrt{\dfrac{2\gamma}{R(\gamma-1)}\left[(\Pi_t)^{\frac{2}{\gamma}} - (\Pi_t)^{\frac{\gamma+1}{\gamma}}\right]}, & \Pi_t > P_{cr} \\ \sqrt{\dfrac{\gamma}{R}\left(\dfrac{2}{\gamma+1}\right)^{\frac{\gamma+1}{\gamma-1}}}, & \Pi_t \leqslant P_{cr} \end{cases} \tag{2-8}$$

3. 进气歧管动力学模型

该模型描述了具有固定体积的腔室内气体状态的动力学变化过程，进气歧管的信号传递如图 2-6 所示，进入进气歧管的空气质量与通过节气门的质量流量 W_{th} 相同，流出进气歧管的气体将直接进入气缸内。设进入气缸的空气质量为 W_{en}，根据质量守恒定律，进气歧管内的空气质量流量 W_i 可表示为

$$W_i = W_{en} - W_{th} \tag{2-9}$$

由理想气体状态方程可求得进气歧管内的空气量 m_i 的表达式为

$$m_i = \frac{P_i V_i}{R T_i} \tag{2-10}$$

式中，P_i、V_i、T_i 分别为进气歧管的压强、体积和温度。

对式（2-10）求导可得

$$W_i = \frac{V_i}{R T_i}\dot{P}_i + \frac{V_i P_i}{R T_i^2}\dot{T}_i \tag{2-11}$$

在发动机的实际工作过程中，进气歧管的温度是一个慢变状态量，在对模型简化过程中可以忽略不计，则可将式（2-11）中的第二项省去。将式（2-9）代入式（2-11），整理可得进气歧管压力的微分表达式如下：

$$\frac{dP_i}{dt} = \frac{RT_i}{V_i}(W_{th} - W_{en}) \tag{2-12}$$

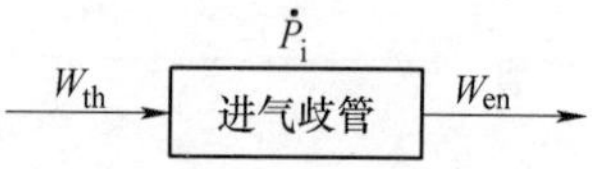

图 2-6 进气歧管的信号传递

4. 气缸模型

该模型描述了空气和燃油在气缸内燃烧做功,推动活塞直线往复运动输出功率的过程。这里我们着重关注气缸的气路系统相关模型的建立。气缸气路系统的信号传递如图 2-7 所示,需要建立进入气缸的空气质量流量模型和排出气缸的废气质量流量模型。

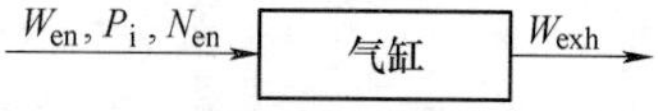

图 2-7 气缸气路系统的信号传递

空气经由进气歧管直接进入气缸,而发动机曲轴的转速决定了气缸一次循环工况所需的时间,所以进入气缸的空气质量流量可由进气歧管状态和发动机转速共同决定。一般情况下,发动机可以被看作定容积的泵,典型的进入气缸的空气质量流量计算公式如下:

$$W_{en} = \frac{\eta_{en} V_{en}}{120 RT_i} NP_i \tag{2-13}$$

式中,V_{en} 为发动机的总排量;η_{en} 为发动机的容积效率,它是与发动机转速和进气歧管压力有关的函数,可通过查找 MAP 得到。

由质量守恒定律可知,排出气缸的废气量为进入气缸的空气量和喷油量的总和。设定气缸的空燃比为 λ,基于平均值建模思想,则排出气缸的废气质量流量可表示为

$$W_{exh} = W_{en} \frac{1+\lambda}{\lambda} \tag{2-14}$$

在汽油发动机的实际运行过程中,一般通过喷油控制将发动机的空燃比控制在最佳状态,即 $\lambda = 14.7$。

5. 排气歧管模型

该模型描述了排气歧管内气体状态的变化过程。排气歧管的信号传递如图 2-8 所示,流入排气歧管的废气质量流量与排出气缸的废气质量流量相同,流出排气歧管的废气质量流量为通过涡轮的废气质量流量 W_t 和旁通阀的废气质量流量 W_w 之和。根据质量守恒定理,可得排气歧管内部的废气质量流量 W_e 为

$$W_e = W_{exh} - W_t - W_w \tag{2-15}$$

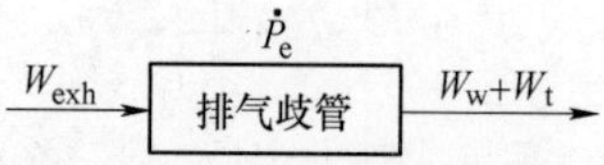

图 2-8 排气歧管的信号传递

忽略短时间内排气歧管温度变化的影响,可得排气歧管压力的微分方程如下:

$$\frac{dP_e}{dt} = \frac{RT_e}{V_e}(W_{exh} - W_t - W_w) \tag{2-16}$$

式中，T_e、V_e 分别为排气歧管的温度和内体积。

6. 带有旁通阀的涡轮模型

该模型模拟了废气在通过旁通阀和涡轮叶轮过程中各个参量的动力学变化状态。带有旁通阀的涡轮信号传递如图 2-9 所示，涡轮依靠回收废气能量来产生动力高速旋转，而旁通阀的开度可用于调节回收废气能量的多少，从而决定了涡轮转速。带有旁通阀的涡轮模型主要包括旁通阀和涡轮两部分数学模型的推导。

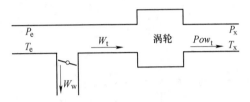

图 2-9 带有旁通阀的涡轮信号传递

与节气门数学模型推导过程类似，旁通阀也可等效为可调节横截面积大小的标准节流孔口。通过旁通阀的废气质量流量 W_w 由阀门前后的压强比 Π_w、阀门处气体温度 T_e 和阀门开度 u_w 共同决定，则其计算公式为

$$W_w = \frac{f_w[\text{sat}(0, u_w, 100)]}{\sqrt{T_e}} C_{qt} P_e \phi(\Pi_w) \tag{2-17}$$

式中，C_{qt} 为废气流量系数；$\phi(\Pi_w)$ 为废气流动参数；$f_w[\text{sat}(0, u_w, 100)]$ 为旁通阀的有效流通面积（m^2），它可通过式（2-18）计算，其中 $\text{sat}(0, u_w, 100)$ 表示旁通阀开度 u_w 的取值范围为 [0，100]。

$$f_w[\text{sat}(0, u_w, 100)] = \left(500 - \frac{500u_w}{100}\right) \times 10^{-6} \tag{2-18}$$

定义废气的临界压力比为

$$P_{cre} = \left(\frac{2}{\gamma_e + 1}\right)^{\frac{\gamma_e - 1}{\gamma_e}} \tag{2-19}$$

式中，γ_e 为废气绝热系数。

那么，$\phi(\Pi_w)$ 可表示为

$$\phi(\Pi_w) = \begin{cases} \sqrt{\dfrac{2\gamma_e}{R(\gamma_e - 1)}\left[(\Pi_w)^{\frac{2}{\gamma_e}} - (\Pi_w)^{\frac{\gamma_e+1}{\gamma_e}}\right]}, & \Pi_w > P_{cre} \\ \sqrt{\dfrac{\gamma_c}{R}\left(\dfrac{2}{\gamma_e + 1}\right)^{\frac{\gamma_e+1}{\gamma_e-1}}}, & \Pi_w \leqslant P_{cre} \end{cases} \tag{2-20}$$

通过涡轮叶轮的废气质量流量与涡轮两端的压力和涡轮转速有关。为了排除发动机所处外界环境的影响,采用涡轮出口的压力和温度来对通过涡轮叶轮的废气质量流量和涡轮转速进行校正,则校正后的通过涡轮叶轮的废气质量流量 $W_{\mathrm{t,cor}}$ 和涡轮转速 $N_{\mathrm{tt,cor}}$ 可表示为

$$W_{\mathrm{t,cor}} = W_{\mathrm{t}}\frac{\sqrt{T_{\mathrm{e}}}}{P_{\mathrm{e}}}, \quad N_{\mathrm{tt,cor}} = \frac{N_{\mathrm{t}}}{\sqrt{T_{\mathrm{e}}}} \tag{2-21}$$

采用 MAP 标定的方式可得到校正后的通过涡轮叶轮的废气质量流量为

$$W_{\mathrm{t,cor}} = f_{\mathrm{t}}\left(\frac{P_{\mathrm{e}}}{P_{\mathrm{x}}}, \ N_{\mathrm{tt,cor}}\right) \tag{2-22}$$

式中, P_{x} 为涡轮出口压力。

综合式(2-21)与式(2-22)可得,通过涡轮叶轮的废气质量流量表达式为

$$W_{\mathrm{t}} = f_{\mathrm{t}}\left(\frac{P_{\mathrm{e}}}{P_{\mathrm{x}}}, \frac{N_{\mathrm{t}}}{\sqrt{T_{\mathrm{e}}}}\right)\frac{P_{\mathrm{e}}}{\sqrt{T_{\mathrm{e}}}} \tag{2-23}$$

根据热力学第一定律,涡轮释放功率 Pow_{t} 可通过下式计算:

$$Pow_{\mathrm{t}} = c_{\mathrm{p,e}} T_{\mathrm{e}} W_{\mathrm{t}} \eta_{\mathrm{t}} \psi_{\mathrm{t}} \tag{2-24}$$

式中, $c_{\mathrm{p,e}}$ 为废气比定压热容; η_{t} 为涡轮等熵效率,它由涡轮转速和涡轮两端的压力比决定,一般可通过查找 MAP 给出, $\eta_{\mathrm{t}} = f_{\eta_{\mathrm{t}}}\left(\frac{P_{\mathrm{e}}}{P_{\mathrm{x}}}, \frac{N_{\mathrm{t}}}{\sqrt{T_{\mathrm{e}}}}\right)$; ψ_{t} 为废气质量流量系数,可用式(2-25)计算。

$$\psi_{\mathrm{t}} = 1 - \left(\frac{P_{\mathrm{x}}}{P_{\mathrm{e}}}\right)^{\frac{(\gamma_{\mathrm{e}}-1)}{\gamma_{\mathrm{e}}}} \tag{2-25}$$

7. 机械连杆模型

该模型为涡轮与压缩机的刚性连接轴,用以描述能量传递过程。机械连杆的信号传递如图 2-10 所示。机械连杆通过吸收涡轮所释放的功率来带动压缩机高速旋转,从而将能量传递至压缩机。忽略摩擦的影响,根据旋转系统的牛顿第二定律和能量守恒定律,可以得到涡轮转速的状态方程为

$$\frac{\mathrm{d}N_{\mathrm{t}}}{\mathrm{d}t} = \frac{1}{I_{\mathrm{t}} N_{\mathrm{t}}}(Pow_{\mathrm{t}} - Pow_{\mathrm{c}}) \tag{2-26}$$

式中, I_{t} 为转动惯量(kg/m²)。

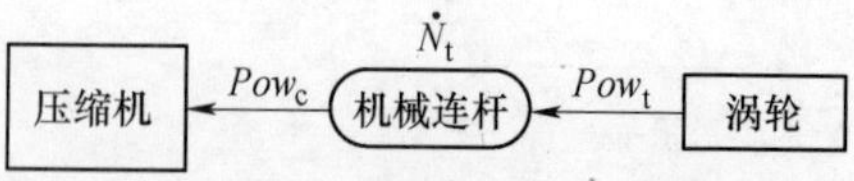

图 2-10 机械连杆的信号传递

2.2.2 模型验证与动力学分析

基于以上理论基础,根据涡轮增压汽油机的结构特性,在系统工程设计仿真平台 AMESim 软件的草图模式下完成子模型端口连接,最终构成完整的涡轮增压汽油机模型,如图 2-11 所示。在完成模型的搭建后,需对模型的参数进行匹配。匹配后的涡轮增压汽油机模型的基本参数见表 2-2,校正后的压缩机质量流量公式[式(2-3)]拟合参数见表 2-3,校正后的通过涡轮的废气质量流量 MAP 图如图 2-12 所示,涡轮等熵效率 MAP 图如图 2-13 所示。

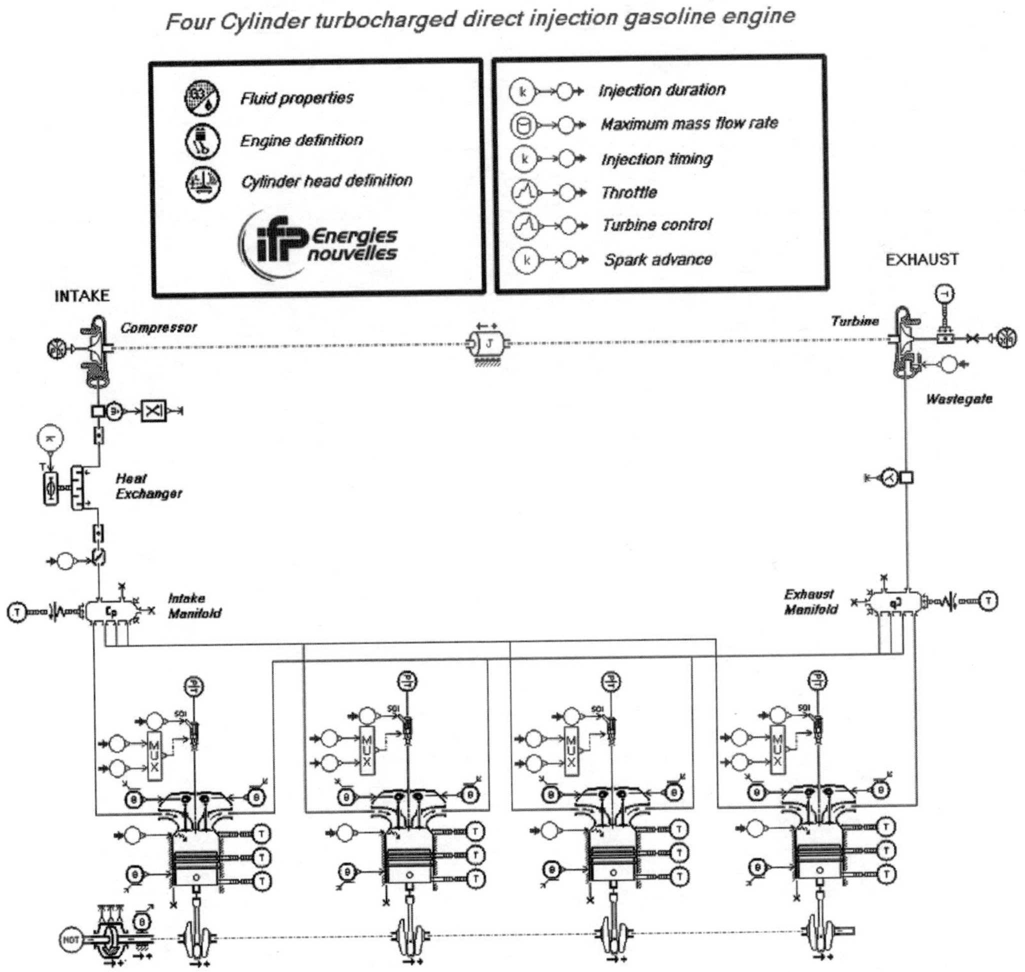

图 2-11 涡轮增压汽油机 AMESim 仿真模型

为了了解涡轮增压器对汽油发动机动力性的影响,在相同工况下对同排量的涡轮增压汽油机与自然吸气汽油机的外特性进行了对比。设定涡轮增压汽油机和自然吸气汽油机的节气门均为全开。为了防止气缸爆燃发生,限制涡轮增压汽油机的进气歧管压力最大值为 0.18MPa,此时旁通阀开度随发动机转速变化的曲线如图 2-14 所示。涡轮增压汽油机与自然吸气汽油机的输出转矩随发动机转速变化的对比曲线如图 2-15 所示,进气歧管压力随发动机转速变化的对比曲线如图 2-16 所示。

表 2-2　匹配后的涡轮增压汽油机模型的基本参数

参数	数值	参数	数值
压缩机叶轮半径/mm	50	压缩机扩散器直径/mm	30
节气门最大流通面积/mm²	850	进气歧管体积/L	1
气缸冲程长度/mm	83	缸径/mm	83
气缸压缩比	10:1	连杆长度/mm	150
排气歧管体积/L	1	旁通阀最大流通面积/mm²	500
涡轮叶轮半径/mm	45	机械连杆转动惯量/(kg·m²)	4×10⁻⁶

表 2-3　校正后的压缩机质量流量公式拟合参数

α_1	α_2	α_3	α_4	α_5	α_6
0.46	-2.71×10^{-6}	-2.65×10^{-6}	4.98×10^{-12}	3.82×10^{-11}	-1.57×10^{-11}

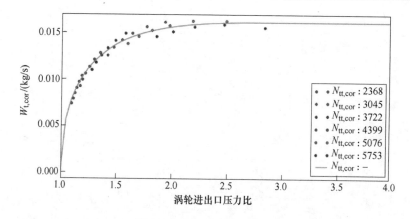

图 2-12　校正后的通过涡轮的废气质量流量 MAP 图（见彩插）

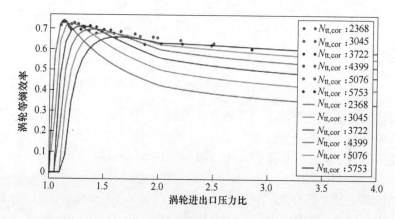

图 2-13　校正后的涡轮等熵效率 MAP 图（见彩插）

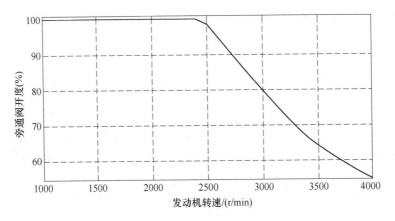

图 2-14　涡轮增压汽油机旁通阀开度随发动机转速变化的曲线

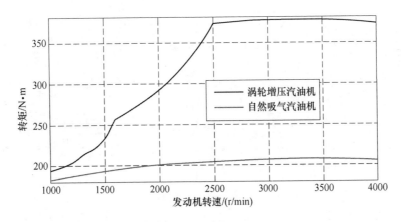

图 2-15　涡轮增压汽油机与自然吸气汽油机输出转矩对比曲线

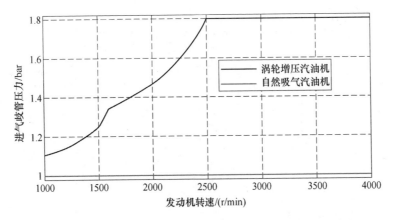

图 2-16　涡轮增压汽油机与自然吸气汽油机进气歧管压力对比曲线

注：1bar=0.1MPa。

由图 2-15 和图 2-16 可知，由于自然吸气汽油机的进气道直接与大气连接，进气歧管压力最大值低于大气压力 0.1MPa（即进气量受限），所以其输出转矩并不会随着发动机转速的改变而大幅变动，最大值为 207N·m；而涡轮增压汽油机可通过增压方式增大进气歧管压力（即增加进气量），虽然受限于气缸爆燃影响，但其输出转矩依然能得到大幅提升，最大值可达到 379N·m，比自然吸气汽油发动机提升了 83.1%。由此可见，与自然吸气汽油发动机相比，同排量的涡轮增压汽油机能够很好地提升发动机的输出转矩。

2.2.3 涡轮增压汽油机气路系统面向控制模型

为了推导出适用于控制器设计的面向控制模型，本节将对涡轮增压汽油机气路系统的数学模型进行整理和简化，将模型中容积效率、压缩机效率、压缩机质量流量等不易处理的非线性因素以工程中常用的 MAP 形式保留，得到机理/MAP 混合描述的四阶非线性状态空间方程。

将式（2-3）与式（2-6）代入式（2-1）中，整理可得增压压力的状态方程为

$$\frac{\mathrm{d}P_\mathrm{b}}{\mathrm{d}t} = a_1 + a_2 N_\mathrm{t} + a_3 P_\mathrm{b} + a_4 N_\mathrm{t}^2 + a_5 N_\mathrm{t} P_\mathrm{b} + a_6 P_\mathrm{b}^2 +$$
$$a_7 f_\mathrm{th}\left[\mathrm{sat}(0,\ u_\mathrm{th}, 100)\right]\phi(\Pi_\mathrm{t})\, P_\mathrm{b} \tag{2-27}$$

当大气环境稳定时，$a_1 \sim a_7$ 为常数，式（2-27）中的 $a_1 \sim a_7$ 可以表示为

$$a_1 = \frac{\alpha_1 RT_\mathrm{b} P_\mathrm{a}}{V_\mathrm{b} P_\mathrm{st}}\sqrt{\frac{T_\mathrm{st}}{T_\mathrm{a}}},\quad a_2 = \frac{\alpha_2 RT_\mathrm{b} P_\mathrm{a}}{V_\mathrm{b} P_\mathrm{st}}\frac{T_\mathrm{st}}{T_\mathrm{a}},\quad a_3 = \frac{\alpha_3 RT_\mathrm{b} P_\mathrm{a}}{V_\mathrm{b} P_\mathrm{st}}\sqrt{\frac{T_\mathrm{st}}{T_\mathrm{a}}}$$

$$a_4 = \frac{\alpha_4 RT_\mathrm{b} P_\mathrm{a} T_\mathrm{st}}{V_\mathrm{b} P_\mathrm{st} T_\mathrm{a}}\sqrt{\frac{T_\mathrm{st}}{T_\mathrm{a}}},\quad a_5 = \frac{\alpha_5 RT_\mathrm{b} P_\mathrm{a}}{V_\mathrm{b} P_\mathrm{st}}\frac{T_\mathrm{st}}{T_\mathrm{a}},\quad a_6 = \frac{\alpha_6 RT_\mathrm{b} P_\mathrm{a}}{V_\mathrm{b} P_\mathrm{st}}\sqrt{\frac{T_\mathrm{st}}{T_\mathrm{a}}} \tag{2-28}$$

$$a_7 = -\frac{RC_\mathrm{q}\sqrt{T_\mathrm{b}}}{V_\mathrm{b}}$$

将式（2-6）与式（2-13）代入式（2-12）中，整理可得进气歧管压力的状态方程表达式为

$$\frac{\mathrm{d}P_\mathrm{i}}{\mathrm{d}t} = \frac{RT_\mathrm{i} C_\mathrm{q} f_\mathrm{th}\left[\mathrm{sat}(0,\ u_\mathrm{th}, 100)\right]\phi(\Pi_\mathrm{t})}{V_\mathrm{i}\sqrt{T_\mathrm{b}}} P_\mathrm{b} - \frac{R\eta_\mathrm{en} V_\mathrm{en}}{120 V_\mathrm{i} R} N P_\mathrm{i} \tag{2-29}$$

将式（2-4）与式（2-24）代入式（2-26）中，整理可得涡轮转速的状态方程为

$$\frac{\mathrm{d}N_\mathrm{t}}{\mathrm{d}t} = b_1\left[1-\left(\frac{P_\mathrm{x}}{P_\mathrm{e}}\right)^{b_2}\right]\eta_\mathrm{t} f_\mathrm{t}\left(\frac{P_\mathrm{e}}{P_\mathrm{x}},\frac{N_\mathrm{t}}{\sqrt{T_\mathrm{e}}}\right)\frac{P_\mathrm{e}}{N_\mathrm{t}} +$$
$$b_3\frac{1}{\eta_\mathrm{c}}\left[\left(\frac{P_\mathrm{b}}{P_\mathrm{a}}\right)^{b_4}-1\right] f_\mathrm{c}(P_\mathrm{b}, N_\mathrm{t,cor})\frac{1}{N_\mathrm{t}} \tag{2-30}$$

其中，$b_1 \sim b_4$ 可用下式表示：

$$b_1 = \frac{c_{\mathrm{p,e}}\sqrt{T_\mathrm{e}}}{I_\mathrm{t}},\quad b_2 = \frac{\gamma_\mathrm{e}-1}{\gamma_\mathrm{e}}$$

$$b_3 = -\frac{c_\mathrm{p} T_\mathrm{a} P_\mathrm{a}\sqrt{T_\mathrm{st}}}{I_\mathrm{t}\sqrt{T_\mathrm{a}}},\quad b_4 = \frac{\gamma-1}{\gamma} \tag{2-31}$$

定义

$$f_1(P_b, N_t) = b_3 \frac{1}{\eta_c}\left[\left(\frac{P_b}{P_a}\right)^{b_4} - 1\right] f_c(P_b, N_{t,cor}) \frac{1}{N_t}$$

$$f_0(t) = b_1\left[1 - \left(\frac{P_x}{P_e}\right)^{b_2}\right]\eta_t f_t\left(\frac{P_e}{P_x}, \frac{N_t}{\sqrt{T_e}}\right)\frac{P_e}{N_t} - AP_e$$

（2-32）

则式（2-30）可以改写为

$$\dot{N}_t = f_1(P_b, N_t) + AP_e + f_0(t) \tag{2-33}$$

为了抑制建模误差和系统不确定性的影响，可将其包含在 $f_0(t)$ 中，采用观测器对 $f_0(t)$ 进行估计，观测器的具体设计过程将在下节介绍。

将式（2-14）、式（2-17）与式（2-23）代入式（2-16）中，整理可得排气歧管压力的状态方程为

$$\frac{dP_e}{dt} = c_1 \eta_{en} N P_i + c_2 f_t\left(\frac{P_e}{P_x}, \frac{N_t}{\sqrt{T_e}}\right)P_e + c_3 \phi(\Pi_w) P_e f_w[\text{sat}(0, u_w, 100)] \tag{2-34}$$

其中，$c_1 \sim c_3$ 可用下列各式表示：

$$c_1 = \frac{T_e \eta_{en} V_{en}(1+\lambda)}{120\lambda T_i V_e}, \quad c_2 = \frac{R\sqrt{T_e}}{V_e}, \quad c_3 = \frac{R\sqrt{T_e}}{V_e} C_{qt} \tag{2-35}$$

定义

$$f_2(N_t, P_e) = c_1 \eta_{en} N P_i + c_2 f_t\left(\frac{P_e}{P_x}, \frac{N_t}{\sqrt{T_e}}\right)P_e$$

$$g(P_e) = c_3 \phi(\Pi_w) P_e$$

$$\bar{u}_w = f_w[\text{sat}(0, u_w, 100)]$$

（2-36）

则式（2-34）可改写为

$$\dot{P}_e = f_2(N_t, P_e) + AP_e + g(P_e)\bar{u}_w \tag{2-37}$$

综上所述，由式（2-27）、式（2-29）、式（2-33）和式（2-38）可构成适用于控制器的四阶面向控制模型

$$\dot{P}_b = a_1 + a_2 N_t + a_3 P_b + a_4 N_t^2 + a_5 N_t P_b + a_6 P_b^2 + a_7 f_{th}[\text{sat}(0, u_{th}, 100)]\phi(\Pi_t) P_b$$

$$\dot{P}_i = \frac{RT_i C_q f_{th}[\text{sat}(0, u_{th}, 100)]\phi(\Pi_t)}{V_i \sqrt{T_b}} P_b - \frac{R\eta_{en} V_{en}}{120 V_i R} N P_i$$

$$\dot{N}_t = f_1(P_b, N_t) + AP_e + f_0(t)$$

$$\dot{P}_e = f_2(N_t, P_e) + g(P_e)\bar{u}_w$$

（2-38）

2.3 气路系统非线性双闭环控制

2.3.1 双闭环气路控制器设计

本章的发动机控制思想是以转矩需求为中心。这种发动机控制思想能够对车辆运行状态和驾驶员的转矩需求进行综合考虑,从而达到更高的燃油经济性和输出动力以及更低的排放。假设在过量空气系数恒定为 1 的情况下,当发动机转速固定时,汽油发动机的输出转矩由进入气缸的空气量决定,而进入气缸的空气量与进气歧管压力和增压压力相关,鉴于转矩建模复杂且测量不便,故将转矩跟踪转换为进气歧管压力和增压压力跟踪。对于气路系统而言,发动机转速是一个慢变的状态量,在控制系统设计时可被看作可测干扰量。

本章的第一种控制方案基于解耦控制思想:通过控制节气门来跟踪期望进气歧管压力,控制旁通阀来跟踪期望增压压力。由此将涡轮增压汽油机气路控制系统分为进气歧管压力控制器和增压压力控制器两部分,控制框图如图 2-17 所示。首先,根据不同的发动机转速 N,通过查找 MAP 将驾驶员需求转矩 T_q^* 转化为期望的进气歧管压力 P_i^* 和期望的增压压力 P_b^*,然后对两个压力控制器分别进行设计。

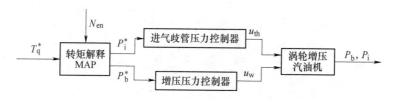

图 2-17 发动机转矩控制框图

由于进气歧管压力控制部分较为简单,所以直接采用 PID 控制器。由旁通阀到增压压力的结构图如图 2-18 所示,结合式(2-27)、式(2-33)和式(2-38)可知,旁通阀到增压压力的模型结构复杂、通道长、非线性强且惯性大,采用单闭环控制难以达到理想效果,因此,本节设计了基于 Back-stepping 控制的增压压力非线性双闭环控制器,控制框图如图 2-19 所示。此时,节气门开度和发动机转速均为可测干扰量。外环通过神经网络前馈加 PID 反馈控制得到期望涡轮转速 N_t^*,内环采用 Back-stepping 来控制旁通阀跟踪期望涡轮转速。下面对增压压力非线性双闭环控制进行详细介绍。

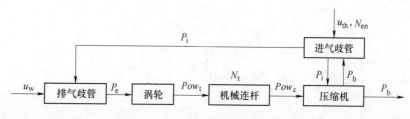

图 2-18 由旁通阀到增压压力结构图

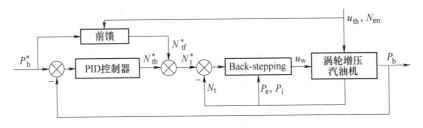

图 2-19 增压压力控制框图

2.3.2 外环控制器设计

增压压力控制的外环控制器主要包括神经网络前馈控制和 PID 反馈控制两部分。由式（2-27）与式（2-29）可知，在稳态工况下，$\dfrac{dP_b}{dt}=0$，$\dfrac{dP_i}{dt}=0$，此时涡轮转速可由增压压力、节气门开度和发动机转速三个变量确定，可采用神经网络学习的方式对其关系进行静态拟合。选取神经网络的输入为 P_b^*、发动机转速 N 和节气门开度 u_{th}，定义神经网络输入向量为

$$u_{nn}=\begin{bmatrix}P_b^*\\N\\u_{th}\end{bmatrix} \quad (2\text{-}39)$$

则可得出前馈控制器为

$$N_{tf}^*=f_{nn}(P_b^*,\ N,\ u_{th})=W_2 g(W_1 u_{nn}+b_1)+b_2 \quad (2\text{-}40)$$

式中，W_1 和 W_2 为神经网络权值矩阵；b_1 和 b_2 为神经网络阈值矩阵；$g(x)=1/(1+e^{-x})$ 为激励函数。

定义增压压力的跟踪误差为

$$e_p^*=P_b^*-P_b \quad (2\text{-}41)$$

则 PID 反馈控制器可表示为

$$N_{tb}^*=K_p e_p+K_i\int e_p dt+K_d\dfrac{de_p}{dt} \quad (2\text{-}42)$$

将神经网络前馈控制器与 PID 反馈控制器的输出相结合，可得期望涡轮转速 N_t^* 的表达式为

$$N_t^*=N_{tf}^*+N_{tb}^* \quad (2\text{-}43)$$

2.3.3 内环控制器设计

对于内环控制器设计，必须考虑到涡轮增压器与排气系统本身的结构特征和工作原理。由式（2-33）和式（2-38）可知，旁通阀到涡轮转速的数学模型是个具有大惯性环节的非线性复杂系统。而 Back-stepping 能有效地控制非线性系统，且能在控制器的设计过程中保

证系统的稳定性，因此本小节利用 Back-stepping 控制方法来解决涡轮转速跟踪控制问题。首先需建立被控对象的面向控制模型，结合式（2-33）和式（2-38），可构成由旁通阀到增压压力的二阶面向控制模型，定义状态变量 $x_1=N_t$、$x_2=P_e$，则二阶面向控制模型可表示为

$$\dot{x}_1 = f_1(P_b, x_1) + Ax_2 + f_0(t) \tag{2-44a}$$

$$\dot{x}_2 = f_2(x_1, x_2) + g(x_2)\bar{u}_w \tag{2-44b}$$

面向控制模型的建立和简化过程给模型带来了不准确性。为提高模型精度，将模型不确定性与系统扰动合成至不确定项 $f_0(t)$。扩张状态观测器（Extended State Observer，ESO）能对系统的不确定项进行精确估计，且设计过程简单，因此可直接采用 ESO 来估计不确定项 $f_0(t)$。

首先定义 $z_1=x_1$ 和扩张状态量 $z_2=f_0(t)$，则式（2-44a）可表示成如下状态空间方程

$$\begin{aligned}\dot{z}_1 &= f_1(P_b, z_1) + Ax_2 + z_2 \\ \dot{z}_2 &= h(t)\end{aligned} \tag{2-45}$$

式中，$h(t)$ 为系统的不确定变量，其值为不确定项 $f_0(t)$ 的导数。

然后定义估计偏差为 $\tilde{z}_1 = z_1 - \hat{z}_1$，为实现系统不确定项的估计与补偿，设计线性 ESO 的状态空间方程如下

$$\begin{aligned}\dot{\hat{z}}_1 &= f_1(P_b, \hat{z}_1) + Ax_2 + \hat{z}_2 + 2\lambda_o \tilde{z}_1 \\ \dot{\hat{z}}_2 &= \lambda_o^2 \tilde{z}_1\end{aligned} \tag{2-46}$$

其中观测增益 $[2\lambda_o \quad \lambda_o^2]$ 的设计方式能够保证 ESO 的收敛性，具体证明过程见文献[18]。

至此得到系统不确定项 $f_0(t)$ 的估计值为

$$\hat{f}_0(t) = \hat{z}_2 \tag{2-47}$$

结合式（2-44a）、式（2-44b）与不确定项估计值 $\hat{f}_0(t)$，可得由旁通阀到涡轮转速的面向控制模型为

$$\begin{aligned}\dot{x}_1 &= f_1(P_b, x_1) + Ax_2 + \hat{f}_0(t) \\ \dot{x}_2 &= f_2(x_1, x_2) + g(x_2)\bar{u}_w\end{aligned} \tag{2-48}$$

由旁通阀到涡轮转速的模型为一个二阶级联系统，我们采用 Back-stepping 控制算法设计涡轮转速跟踪控制器。定义涡轮转速的期望值为 $x_1^* = N_t^*$，跟踪误差为 $e_1 = x_1^* - x_1$，跟踪误差积分为 $\chi = \int e_1 dt$，对 e_1 求导可得

$$\dot{e}_1 = \dot{x}_1^* - f_1(P_b, x_1) - Ax_2 - \hat{f}_0(t) \tag{2-49}$$

为了使涡轮转速跟踪误差 e_1 达到渐进稳定，选取 x_2 作为虚拟控制输入，定义 Lyapunov 函数为

$$V_1 = \frac{k_1}{2}\chi^2 + \frac{1}{2}e_1^2 \tag{2-50}$$

其中 $k_1>0$，对其求导可得

$$\begin{aligned}\dot{V}_1 &= k_1\chi e_1 + e_1\dot{e}_1 \\ &= e_1\left[k_1\chi + \dot{x}_1^* - f_1(P_b, x_1) - Ax_2 - f_0(t)\right]\end{aligned} \tag{2-51}$$

在实际系统中有 $A \neq 0$，选取虚拟控制输入 x_{2d} 为

$$x_{2d} = \frac{1}{A}\left[k_1\chi + k_2 e_1 + \dot{x}_1^* - f_1(P_b, x_1) - \hat{f}_0(t)\right] \tag{2-52}$$

其中 $k_2>0$，当 $x_2 \triangleq x_{2d}$ 时，满足

$$\dot{V}_1 = -k_2 e_1^2 \leqslant 0 \tag{2-53}$$

当且仅当 $e_1=0$ 时，$\dot{V}_1=0$ 成立。

在控制系统实际运行过程中，$x_2 \neq x_{2d}$。为了保证 x_2 渐进稳定地收敛于 x_{2d}，定义一个新的虚拟跟踪误差 $e_2 = x_{2d} - x_2$，对其进行求导可得

$$\begin{aligned}\dot{e}_2 &= \dot{x}_{2d} - \dot{x}_2 \\ &= \dot{x}_{2d} - f_2(x_1, x_2) - g(x_2)\bar{u}_w\end{aligned} \tag{2-54}$$

为整个误差系统选取 Lyapunov 函数为

$$V_2 = V_1 + \frac{1}{2}e_2^2 \tag{2-55}$$

结合 $\dot{V}_1$，对其求导可得

$$\begin{aligned}\dot{V}_2 &= k_1\chi e_1 + e_1\dot{e}_1 + e_2\dot{e}_2 \\ &= e_1\left[k_1\chi + \dot{x}_1^* - f_1(P_b, x_1) - Ax_2 - \hat{f}_0(t)\right] + \\ &\quad e_2\left[\dot{x}_{2d} - f_2(x_1, x_2) - g(x_2)\bar{u}_w\right] \\ &= e_1\left[k_1\chi + \dot{x}_1^* - f_1(P_b, x_1) - Ax_{2d} - \hat{f}_0(t)\right] + \\ &\quad e_2\left[\dot{x}_{2d} - f_2(x_1, x_2) - g(x_2)\bar{u}_w + Ae_1\right] \\ &= -k_2 e_1^2 + e_2\left[\dot{x}_{2d} - f_2(x_1, x_2) - g(x_2)\bar{u}_w + Ae_1\right]\end{aligned} \tag{2-56}$$

其中 $g(x_2) \neq 0$，选取实际控制律 $\bar{u}_w$ 为

$$\bar{u}_w = \frac{1}{g(x_2)}\left[\dot{x}_{2d} - f_2(x_1, x_2) + Ae_1 + k_3 e_2\right] \tag{2-57}$$

当选取 $k_3>0$，此时有

$$\dot{V}_2 = -k_2 e_1^2 - k_3 e_2^2 \leqslant 0 \tag{2-58}$$

式（2-58）表明整个误差系统是渐进稳定系统。

由式（2-18）可反解出旁通阀开度为

$$u_w = \frac{100}{500}(500 - 10^6 \bar{u}_w)$$
$$= 100 - \frac{0.2 \times 10^6}{g(x_2)}[k_3 e_2 + Ae_1 + \dot{x}_{2d} - f_2(x_1, x_2)] \quad (2\text{-}59)$$

2.3.4 仿真验证与分析

在涡轮增压汽油机气路系统解耦控制方案的设计过程中，增压压力控制器与进气歧管压力控制器为两个相互独立的控制器，所以本节对增压压力控制系统和整体的气路控制系统分别进行仿真验证与分析。通过参数整定，Back-stepping 控制器的参数选定为 k_1=0.15、k_2=1、k_3=4；PID 控制器的参数选定为 k_p=0.6、k_i=0.1、k_d=0.0001。

1. 增压压力控制系统仿真验证与分析

本节首先对增压压力控制系统进行仿真验证，将分别验证和分析控制系统的阶跃响应性能、抗干扰性能和跟踪性能。

首先验证增压压力控制系统的阶跃响应性能，将本节提出的控制器（ND-Backstepping）与双闭环 PID 控制器和单闭环 PID 控制器进行对比分析。设定发动机转速为 3000r/min，整定双闭环 PID 控制器和单闭环 PID 控制器参数，使其具有最好的阶跃响应性能。在此工况下，三个控制系统的增压压力跟踪曲线如图 2-20 所示，蓝色实线为增压压力期望值，粉色虚线为双闭环 PID 控制系统输出的增压压力实际值，绿色虚线为单闭环 PID 控制系统输出的增压压力实际值，红色虚线为本节提出的控制系统输出的增压压力实际值；涡轮转速对比曲线如图 2-21 所示，黑色实线为双闭环 PID 外环输出的期望涡轮转速，绿色虚线为双闭环 PID 输出的实际涡轮转速，蓝色实线为本节提出的控制系统外环输出的期望涡轮转速，红色虚线为本节提出的控制系统的实际涡轮转速。沿用同一组的控制参数，将发动机转速设定为 2500r/min，在此工况下，三个控制系统的增压压力跟踪曲线如图 2-22 所示，蓝色实线为增压压力期望值，粉色虚线为双闭环 PID 控制系统输出的增压压力实际值，绿色虚线为单闭环 PID 控制系统输出的增压压力实际值，红色虚线为本节提出的控制系统输出的增压压力实际值；涡轮转速跟踪曲线如图 2-23 所示，黑色实线为双闭环 PID 外环输出的期望涡轮转速，绿色虚线为双闭环 PID 输出的实际涡轮转速，蓝色实线为本节提出控制系统外环输出的期望涡轮转速，红色虚线为本节提出的控制系统输出的实际涡轮转速。

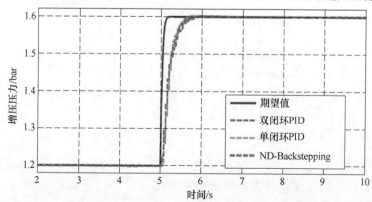

图 2-20 增压压力控制阶跃响应性能—3000r/min：增压压力跟踪曲线（见彩插）

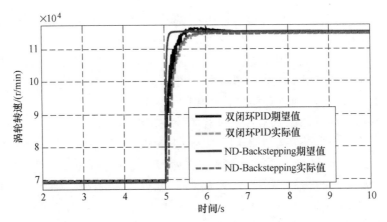

图 2-21 增压压力控制阶跃响应性能—3000r/min：涡轮转速跟踪曲线（见彩插）

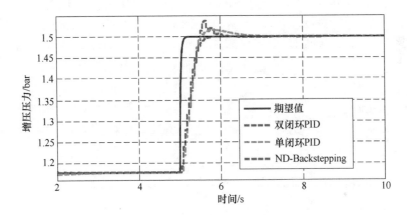

图 2-22 增压压力控制阶跃响应性能—2500r/min：增压压力跟踪曲线（见彩插）

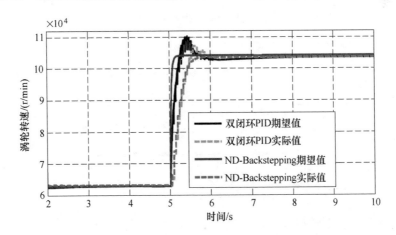

图 2-23 增压压力控制阶跃响应性能—2500r/min：涡轮转速跟踪曲线（见彩插）

从试验结果可以看出，在发动机转速为 3000r/min 时，三个控制器都能无超调地快速跟踪上期望值，且跟踪速度几乎一致。在工况改变，即发动机转速为 2500r/min 时，本节提出的控制系统依然可以无超调快速跟踪期望值，但双闭环 PID 控制系统和单闭环 PID 控制系统均产生了很大的超调。由此可以说明,针对涡轮增压汽油机气路系统,与双闭环 PID 控制系统和单闭环 PID 控制系统相比,本章提出的控制系统具有更好的控制效果。

在发动机的实际运行过程中,发动机转速随着工况的变化而变化。而在增压压力控制系统中,发动机转速被看作为可测干扰量,因此需对增压压力控制系统的抗干扰性能进行验证。此组试验结果将与双闭环 PID 控制器和单闭环 PID 控制器的试验结果进行对比分析,三个控制器的控制参数与阶跃响应性能试验的控制参数相同。

设定节气门为全开状态,期望增压压力为 0.14MPa,发动机转速在第 5s 时由 2500r/min 阶跃至 4500r/min。在此工况下所得到的增压压力和涡轮转速跟踪曲线如图 2-24 和图 2-25 所示。由图 2-24 和图 2-25 可以看出,在发动机转速的大幅突变下,本节提出的控制系统输出的增压压力扰动幅值小于 0.01MPa,调节时间少于 0.3s;双闭环 PID 控制系统输出的增压压力扰动幅值为 4kPa,调节时间超过 2s;单闭环 PID 控制系统输出的增压压力扰动幅值为 12kPa,调节时间超过 2s。由此可见,本节提出的增压压力非线性双闭环控制器能抑制发动机转速干扰,且抗干扰能力远远优于双闭环 PID 控制器和单闭环 PID 控制器。

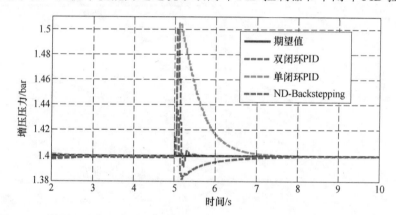

图 2-24 增压压力控制抗发动机转速干扰性能:增压压力跟踪曲线(见彩插)

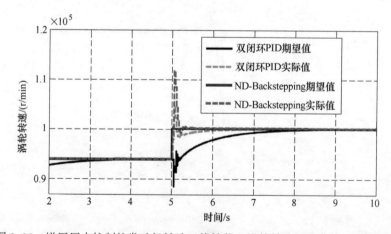

图 2-25 增压压力控制抗发动机转速干扰性能:涡轮转速跟踪曲线(见彩插)

增压压力控制器的核心控制目标为跟踪期望增压压力。设定发动机转速为定值 3000r/min,节气门开度为定值 100%;期望增压压力为连续的阶跃变化,其中既包含了正阶跃也包含了负阶跃。在此工况下所得到的增压压力跟踪曲线如图 2-26 所示，实线代表增压压力的期望值，虚线代表系统输出的增压压力实际值。涡轮转速跟踪曲线如图 2-27 所示，实线代表涡轮转速的期望值，虚线代表系统输出的涡轮转速实际值。

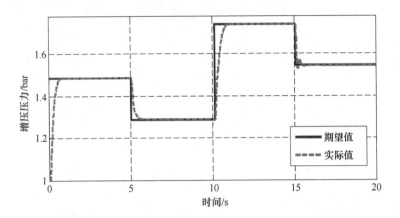

图 2-26　增压压力控制跟踪性能：增压压力跟踪曲线

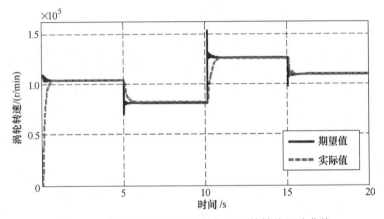

图 2-27　增压压力控制跟踪性能：涡轮转速跟踪曲线

从试验结果可以看出，增压压力控制器能有效跟踪期望增压压力，且内环 Back-stepping 控制器能很好地跟踪期望涡轮转速。除此之外，在期望增压压力发生阶跃变化时，系统实际输出的增压压力和涡轮转速均无超调产生，且上升时间均少于 1s。由此可见，本节所提出的增压压力非线性双闭环控制器的控制效果能很好地满足跟踪性能需求。

2. 气路控制系统仿真验证与分析

在本节所提出的气路系统解耦控制框架下，采取了进气歧管压力控制器和增压压力控制器分别独立设计的方案。但将两个控制器合在一起时，两个控制器之间存在相互影响，因此本组试验将对整个气路控制系统进行仿真验证与分析。设置发动机转速为定值 3000r/min，期望转矩为连续阶跃变化。

在此组仿真试验下得到的转矩跟踪曲线如图 2-28 所示，实线为驾驶员需求转矩，虚线为系统输出的实际转矩；进气歧管压力跟踪曲线如图 2-29 所示，实线为期望的进气歧管压力，虚线为系统输出的实际进气歧管压力；增压压力跟踪曲线如图 2-30 所示，实线为期望增压压力,虚线为系统输出的实际增压压力;涡轮转速的跟踪曲线如图 2-31 所示,实线为期望涡轮转速,虚线为系统输出的实际涡轮转速。从仿真结果可以看出,本节所提出的解耦控制系统能有效地跟踪驾驶员需求转矩、期望进气歧管压力、期望增压压力和涡轮转速。但是由于进气歧管压力控制器和增压压力控制器之间的相互影响,进气歧管压力和增压压力在 25~35s 内的跟踪存在静差。由此可见,解耦控制方案存在局限性。下一节将对涡轮增压汽油机气路系统的协调控制方案进行介绍。

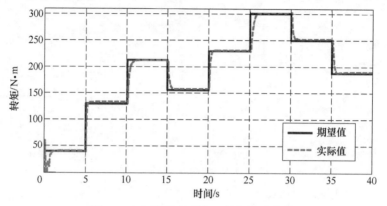

图 2-28　气路控制系统:转矩跟踪曲线

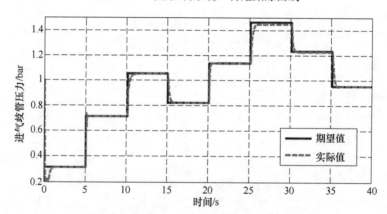

图 2-29　气路控制系统:进气歧管压力跟踪曲线

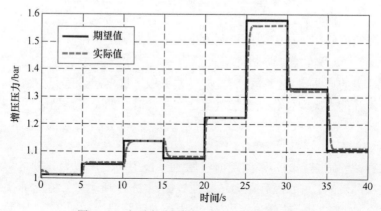

图 2-30　气路控制系统:增压压力跟踪曲线

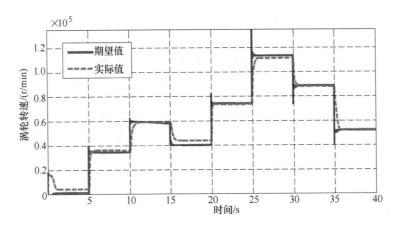

图 2-31 气路控制系统：涡轮转速跟踪曲线

2.4 气路系统神经网络预测控制

上一节介绍了涡轮增压汽油机气路系统的解耦控制方案，但由于解耦控制中相关联的控制器之间存在相互影响，无法实现整体的协调控制，且传统控制方法不能考虑系统约束。针对这些问题，本节设计了基于非线性神经网络预测控制的气路协调控制系统。首先采用神经网络学习方式来建立预测模型，相比于发动机传统的机理与 MAP 混合建模方法，神经网络建模的一个优点在于无需系统的内部结构和工作原理，而是通过输入输出数据来学习系统特征，进而得到能反映系统未来动态特性的预测模型。然后基于此神经网络预测模型设计了非线性预测控制器来协调控制节气门和旁通阀，在考虑约束的情况下达到对期望进气歧管压力和增压压力跟踪的目的，从而跟踪上驾驶员的转矩需求。接着设计了量子粒子群优化算法来求解非线性预测控制的目标函数。最后通过仿真试验验证了本节设计的气路协调控制系统的可靠性和有效性。

2.4.1 气路系统协调控制方案设计

本节的气路系统协调控制框图如图 2-32 所示。首先以发动机转矩需求为控制中心，根据不同的发动机转速 N，通过查找 MAP 将驾驶员需求转矩 T_q^* 转化为期望的进气歧管压力 P_i^* 和增压压力 P_b^*，然后基于协调控制思想调节节气门开度 u_{th} 和旁通阀开度 u_w 来跟踪两个期望压力。本节提出了基于非线性神经网络预测控制算法的气路系统协调控制方案，其每个控制时域内的运行过程可描述为：先根据涡轮增压汽油机系统的输入输出数据来调整神经网络（NN）预测模型的权值，通过在线求解的方式达到补偿系统参数时变的目的；然后基于上述预测模型，综合压力跟踪和系统约束等需求，通过模型预测（MPC）控制器求解出控制量节气门开度和旁通阀开度；最后将 MPC 控制器求解出的节气门开度和旁通阀开度作用于系统。

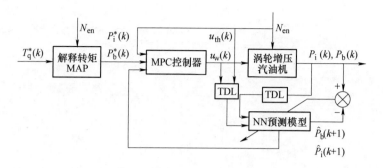

图 2-32　气路系统协调控制框图

2.4.2　神经网络预测模型建立

涡轮增压汽油机是一个非线性强且带有模型参数时变的复杂系统，采用机理建模方式对其建立预测模型工作量大、模型表达式复杂且模型精度不高。相对而言，处于"大数据"的今天，各种数据的获取更为容易。因此，本节采用可适用于实时控制的径向基函数（RBF）神经网络训练出适用于模型预测控制的预测模型。

1. RBF 神经网络预测模型

RBF 神经网络结构如图 2-33 所示。假设神经网络的输入量个数（输入层神经元个数）为 I，隐含层神经元个数为 H，神经网络输出量个数（输出层神经元个数）为 L。定义网络的输入向量为

$$\boldsymbol{x} = \begin{bmatrix} x_1 \\ x_2 \\ \vdots \\ x_I \end{bmatrix} \tag{2-60}$$

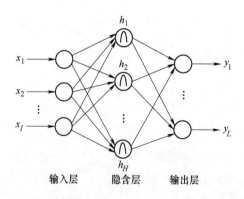

图 2-33　RBF 神经网络结构

定义 h_j 为隐含层第 j 个神经元的输出，由输入层到隐含层的非线性映射关系采用高斯基函数，这种函数对输入信号将在局部产生响应，即当输入信号靠近该函数中央范围时，隐含层节点将产生较大输出。则 h_j 可表示为

$$h_j = \exp\left(-\frac{\|\boldsymbol{x}-\boldsymbol{c}_j\|}{2b_j^2}\right) \tag{2-61}$$

式中，$\boldsymbol{c}_j = \begin{bmatrix} c_{j1} & c_{j2} & \cdots & c_{jI} \end{bmatrix}^{\mathrm{T}}$ 为第 j 个隐含层神经元中心向量。

高斯基函数的宽度向量可以表示为

$$\boldsymbol{b} = \begin{bmatrix} b_1 & b_2 & \cdots & b_H \end{bmatrix}^{\mathrm{T}} \tag{2-62}$$

RBF 神经网络由隐含层空间到输出层空间的变化是线性的，首先定义隐含层到输出层的权值矩阵为

$$\boldsymbol{W} = \begin{bmatrix} w_{11} & w_{12} & \cdots & w_{1H} \\ w_{21} & w_{22} & \cdots & w_{2H} \\ \vdots & \vdots & & \vdots \\ w_{L1} & w_{L2} & \cdots & w_{LH} \end{bmatrix} \tag{2-63}$$

定义网络的隐含层输出向量为

$$\boldsymbol{h} = \begin{bmatrix} h_1 \\ h_2 \\ \vdots \\ h_H \end{bmatrix} \tag{2-64}$$

输出层输出向量为

$$\boldsymbol{y} = \begin{bmatrix} y_1 \\ y_2 \\ \vdots \\ y_L \end{bmatrix} \tag{2-65}$$

则 RBF 神经网络的输出可以表示为

$$\boldsymbol{y} = \boldsymbol{W}\boldsymbol{h} = \boldsymbol{W}g(\boldsymbol{x}) \tag{2-66}$$

神经网络学习的主要指导方针是使神经网络输出能尽量地逼近系统实际输出，即总体样本误差最小。设训练集的样本有 N 个，则神经网络模型对所有样本的总误差函数可表示为

$$J = \frac{1}{2}\sum_{p=1}^{N}\sum_{k=1}^{L}(t_k^p - y_k^p)^2 \tag{2-67}$$

式中，t_k^p 为序号 p 样本的第 k 个神经网络输出的期望值；y_k^p 为序号 p 样本的第 k 个神经网络输出的实际值。

2. 神经网络离线学习

由于涡轮增压汽油机气路系统存在参数时变等问题，采用在线学习方式能够更好地提升预测模型精度。但如果在线学习 RBF 神经网络所有参数，则会大大增加系统的计算

负担,因此可将 RBF 神经网络的学习过程分为两个阶段:离线学习阶段和在线学习阶段。系统参数时变一般是一个慢变过程,会使系统的输出小幅度偏离原始模型。针对系统参数时变这一特性,如果能使神经网络预测模型在离线学习阶段尽可能逼近系统原始模型,则在线学习阶段只需具有小幅调整能力即可。而对于 RBF 神经网络来说,中心向量的求取一般采用 k-means 聚类方式,此部分所需计算量较多。在确定了中心向量和高斯基的宽度向量后,由隐含层到输出层的权值矩阵求取是一个线性的最优值求解问题,此部分所需计算量较小。因此,离线学习阶段的主要任务是选取合适的中心向量和高斯基的宽度向量,并使离线预测模型能尽可能地逼近原始系统。RBF 神经网络的离线学习过程主要包括训练样本选取、无导师学习阶段和有导师学习阶段三个部分,下面将详细叙述 RBF 神经网络的离线学习过程。

  首先选取训练样本。由模型预测控制算法可知,预测模型的精度关系着整个控制系统性能的好坏,而选取的训练样本是否能覆盖所关心的系统特性又是整个神经网络学习的关键。因此,根据系统特性及控制需求,设计出合适的训练数据组至关重要。训练样本获取的第一步是用设计好的输入数据对涡轮增压汽油机系统进行离线激励得到输出数据,并将此输入输出数据构造出适用于神经网络学习所需的训练样本矩阵。根据涡轮增压汽油机的结构特征和气路系统控制需求,选取发动机转速 N、节气门开度 u_{th}、旁通阀开度 u_w 作为激励输入,系统的输出为进气歧管压力 P_i 和增压压力 P_b。

  为了使训练数据覆盖的范围更广,且在实际台架中数据也能获取,本节选取的激励输入数据组合形式如图 2-34 所示。在每个发动机转速为定值工况下,节气门开度完成自身的整个周期变化,而对于节气门开度为定值工况下,旁通阀开度也完成自身的整个周期变化。这样的激励输入组合保证了在真实发动机上的可操作性,且在同一时刻,仅一个元素改变而保证其他两个元素不变,这种组合方式更为全面有效地覆盖了所有的输入工况。在选取输入数据的取值范围时,本节研究的主要是发动机在稳定运行状况下的气路控制问题,而不考虑怠速工况,因此发动机转速取值范围为 500~5000r/min,节气门开度取值范围为 10%~100%,旁通阀开度取自身能变化的最大范围 0%~100%。为了消除涡轮增压汽油机油路对气路系统的影响,将空燃比控制为 14.7。将输入数据用以激励 AMESim 的涡轮增压汽油机模型,采集系统的进气歧管压力和增压压力输出曲线如图 2-35 所示。

  系统输出量的预测值通常与系统干扰量、输入量和输出量的当前时刻值有关,因此构造 RBF 神经网络的输入向量为

$$\boldsymbol{x}(k) = \begin{bmatrix} N(k) \\ \boldsymbol{u}(k) \\ \boldsymbol{y}(k) \end{bmatrix} \quad (2\text{-}68)$$

式中,$\boldsymbol{u}(k)$ 和 $\boldsymbol{y}(k)$ 分别为涡轮增压汽油机系统的输入向量和输出向量。

$$\boldsymbol{u}(k) = \begin{bmatrix} u_{th}(k) \\ u_w(k) \end{bmatrix}, \quad \boldsymbol{y}(k) = \begin{bmatrix} P_i(k) \\ P_b(k) \end{bmatrix} \quad (2\text{-}69)$$

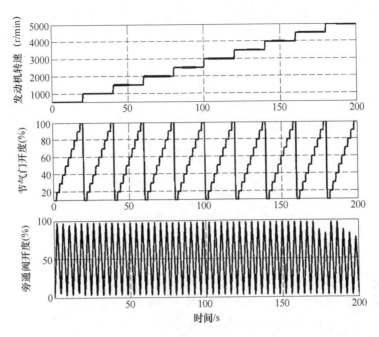

图 2-34　神经网络训练激励输入数据

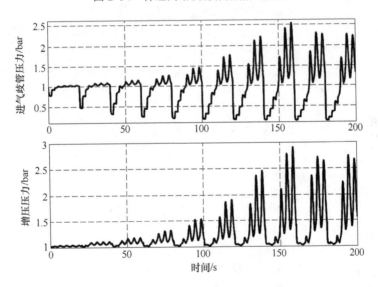

图 2-35　神经网络训练激励输出数据

RBF 神经网络的输出向量包含进气歧管压力下一时刻预测值 $\hat{P}_i(k+1)$ 和增压压力下一时刻预测值 $\hat{P}_b(k+1)$，可表示为

$$\hat{y}(k+1)=\begin{bmatrix}\hat{P}_i(k+1)\\\hat{P}_b(k+1)\end{bmatrix} \quad (2-70)$$

然后进行无导师学习。无导师学习主要是对神经网络所有训练样本的输入样本进行聚类操作，以此求得隐含层各节点径向基函数的中心向量 c_j。本节采用 k-means 聚类算法来

调整中心向量，此算法将训练样本中的输入样本按照样本之间的距离大小分为若干族，让族内的点尽量靠中心点聚集，而让族间的距离尽量较大；然后在每个族内选取出与族内其他样本向量距离最小的族中心作为 RBF 的中心向量。算法具体包括以下四步：

Step1：初始化。选取随机值作为中心向量的初始值 $c_j(0)$，给定学习速率 $\beta(0)[0<\beta(0)<1]$ 和判断停止条件 ε。

Step2：计算距离并找出最小距离点。

$$\begin{cases} d_j(k) = x(k) - c_j(k-1), & 1 \leq j \leq H \\ d_{\min}(k) = \text{minimize } d_j(k) = d_r(k) \end{cases} \tag{2-71}$$

式中，k 为样本序号；r 为中心向量 $c_j(k-1)$ 与样本输入向量 $x(k)$ 距离最近的隐节点序号。

Step3：调整中心向量。

$$\begin{cases} c_j(k+1) = c_j(k), & 1 \leq j \leq H \\ c_r(k+1) = c_r(k) + \beta(k)[x(k) - c_r(k)] \end{cases} \tag{2-72}$$

式中，$\beta(k)$ 为学习速率，它的更新方式可表示为

$$\beta(k) = \frac{\beta(k-1)}{\sqrt{1+\text{int}(k/H)}} \tag{2-73}$$

式中，$\text{int}(\cdot)$ 为对 $(\cdot)$ 进行取整运算。

Step4：判定聚类性质。对全部训练样本的输入向量反复进行 Step2 和 Step3，直到满足以下条件

$$J_e = \sum_{H}^{j=1} \|x(k) - c_j(k)^2\| \leq \varepsilon \tag{2-74}$$

则聚类结束。

通过上述 k-means 聚类算法得到中心向量 c_j 以后，可通过式（2-75）计算出宽度向量

$$b_j = \frac{c_{\max}}{\sqrt{2H}}, \quad j = 1, 2, \cdots, H \tag{2-75}$$

式中，$c_{\max}$ 为所选取中心之间的最大距离。

最后是有导师学习阶段。有导师学习也可称为监督学习。通过无导师学习阶段确定中心向量 c_i 和宽度向量 b 后，由隐含层至输出层之间的权值矩阵求取便成为一个线性优化问题。通过最小二乘算法推导，连接权值矩阵可表示为

$$W = (X^T X)^{-1} X^T Y \tag{2-76}$$

$$X = \begin{bmatrix} h_{11} & h_{12} & \cdots & h_{1H} \\ h_{21} & h_{22} & \cdots & h_{2H} \\ \vdots & \vdots & & \vdots \\ h_{N1} & h_{N2} & \cdots & h_{NH} \end{bmatrix}, \quad Y = \begin{bmatrix} y_{11} & y_{12} & \cdots & h_{1L} \\ y_{21} & y_{22} & \cdots & h_{2L} \\ \vdots & \vdots & & \vdots \\ y_{N1} & y_{N2} & \cdots & h_{NH} \end{bmatrix} \tag{2-77}$$

3. 神经网络离线模型验证

在得到涡轮增压汽油机的神经网络离线模型后，神经网络的在线学习只是一个小偏差调节过程，而离线模型的精度是否满足要求对接下来的神经网络预测模型和控制器设计尤为重要，下面将通过两组仿真试验来验证神经网络离线模型的动态性能和预测精度。本节试验主要将神经网络离线模型输出和 AMESim 中的涡轮增压汽油机系统输出进行对比分析。

首先对模型进行动态特性验证。涡轮增压汽油机气路系统主要为一个气体流动过程，它的流动状态可由节气门开度、旁通阀开度和发动机转速三个输入量调节，因此先对两个模型的动态特性进行对比分析，对比过程框图如图 2-36 所示，两个模型采用相同的输入信号。神经网络预测模型输入所需的进气歧管压力和增压压力值为神经网络预测模型输出的上一时刻值，这种验模方式能更好地验证模型本身的动态特性。发动机转速设定为频率为 0.5、均值为 3000 和方差为 1000 的高斯信号，节气门和旁通阀开度设定为频率为 0.1、均值为 50 和方差为 40 的两组高斯信号。神经网络离线模型和 AMESim 的涡轮增压汽油机模型的进气歧管压力对比曲线如图 2-37 所示，增压压力对比曲线如图 2-38 所示，蓝色实线为神经网络离线模型的输出压力，红色虚线为 AMESim 模型的输出压力；两个模型的进气歧管压力和增压压力绝对误差曲线如图 2-39 和图 2-40 所示。从仿真结果可以看出，进气歧管压力的绝对误差低于 18.53kPa，且均方误差为 8.0106×10^{-2}kPa；增压压力的绝对误差低于 21.73kPa，均方误差为 7.8540×10^{-2}kPa。因此，神经网络离线模型能够很好地反映出涡轮增压汽油机输入输出之间的动态特性。

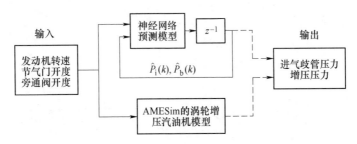

图 2-36 动态特性对比过程框图

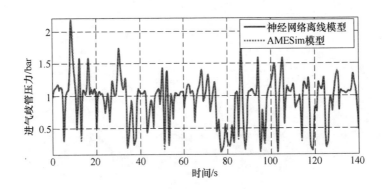

图 2-37 动态过程：进气歧管压力对比曲线（见彩插）

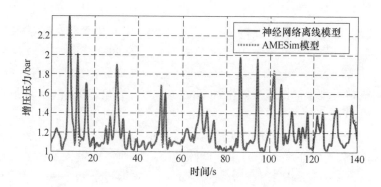

图 2-38　动态过程：增压压力对比曲线（见彩插）

然后验证模型的预测精度。神经网络预测模型主要用于设计模型预测控制器，需对离线模型在不同预测时域内的预测精度进行验证。为了评价预测模型的预测精度，本节采用了 4 个评价指标，见表 2-4。对 3500 个随机工况进行统计分析，进气歧管压力和增压压力在 4 个指标下的统计值随预测时域增加的变化曲线如图 2-41 所示。由图 2-41 可以看出，4 个指标值都随着预测时域的增大而增大，但当预测时域上升到 10 之后，曲线变得平缓，并且所有 4 个指标都保持在较低值，两个压力的 $MSE<8\times10^{-2}kPa$、$MAD<2kPa$、$MAE<25kPa$、$MAPE<2.5\%$。由此可见，神经网络离线模型能够准确地描述涡轮增压汽油机的未来动态变化，具有良好的预测精度。

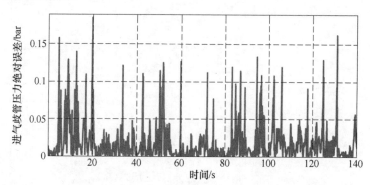

图 2-39　动态过程：进气歧管压力绝对误差曲线

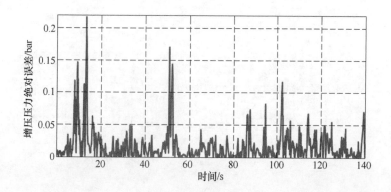

图 2-40　动态过程：增压压力绝对误差曲线

最后进行神经网络在线学习。通过神经网络的离线学习阶段可以得到神经网络的中心向量、宽度向量以及合适的样本集,而在线学习阶段的主要任务是更新神经网络隐含层到输出层的权值矩阵。权值矩阵的计算与离线学习相同,但在在线运行过程中需采用实时数据对初始样本集进行更新。

神经网络在线学习过程如图 2-42 所示。首先是系统启动时初始样本的获取,为了在提高神经网络预测模型精度的同时减少在线学习的计算负担,初始样本需满足以下特点:①样本需覆盖系统运行的所有工况;②样本数量尽可能少且不含有冗余。离线学习阶段中所提出的训练样本已经过验证能够尽可能地覆盖系统特性,但样本的数量过大,因此本节所采用的初始样本可直接从离线阶段的训练样本中提炼。然后在系统的实际运行过程中需采用系统实时样本对初始样本进行更新,更新方式为若系统实时样本与初始样本某个点接近则替换,否则将其加入初始样本。为了记录系统新的动态特性,将经过系统实时更新后的样本保存为下一时刻的初始样本,随后采用式(2-76)对隐含层到输出层的权值矩阵进行更新。最后将整个神经网络输出用于控制器设计。

表 2-4 评价指标

评价函数	名称	表达式
MSE	均方误差	$\mathrm{MSE} = \sqrt{\dfrac{\sum_{i=1}^{N}(\hat{y}_i - y_i)^2}{N}}$
MAD	平均绝对误差	$\mathrm{MAD} = \dfrac{\sum_{i=1}^{N}\lvert \hat{y}_i - y_i \rvert^2}{N}$
MAE	最大绝对误差	$\mathrm{MAE} = \max_{1 \leqslant i \leqslant N}\{\lvert \hat{y}_i - y_i \rvert\}$
MAPE	平均绝对百分比误差	$\mathrm{MAPE} = \dfrac{\sum_{i=1}^{N}\lvert (\hat{y}_i - y_i)/y_i \rvert}{N}\%$

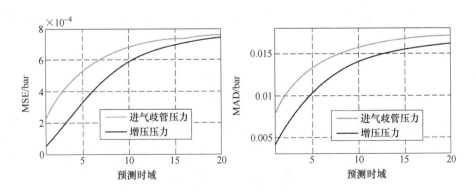

图 2-41 预测精度:指标值随预测时域变化曲线

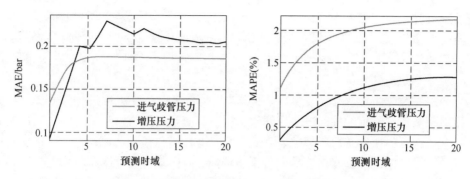

图 2-41 预测精度:指标值随预测时域变化曲线(续)

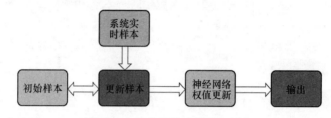

图 2-42 神经网络在线学习过程

2.4.3 气路系统协调控制器设计

对于涡轮增压汽油机气路系统控制器设计来说,必须考虑其本身的结构特征。由建模过程可知,涡轮增压汽油机气路系统具有多输入、多输出、强耦合、强非线性、大惯性、带约束等特点,而模型预测控制能有效地处理这类问题,因此本节利用非线性模型预测控制方法来解决涡轮增压汽油机气路系统的协调控制问题。

基于非线性神经网络模型预测控制的涡轮增压汽油机气路系统的控制需求是:通过协调控制节气门开度和旁通阀开度来跟踪期望的进气歧管压力和增压压力,从而达到驾驶员需求转矩的跟踪,同时设计目标函数时还需考虑执行机构饱和约束和动作变化约束。

归纳神经网络预测模型,可得出一个二阶的涡轮增压汽油机气路系统差分方程模型,即

$$\boldsymbol{y}(k+1) = \boldsymbol{W}g[\boldsymbol{x}(k)] \tag{2-78}$$

式中,$\boldsymbol{y}(k+1)$ 包含进气歧管压力下一时刻预测值 $\hat{P}_i(k+1)$ 和增压压力下一时刻预测值 $\hat{P}_b(k+1)$,可表示为

$$\hat{\boldsymbol{y}}(k+1) = \begin{bmatrix} \hat{P}_i(k+1) \\ \hat{P}_b(k+1) \end{bmatrix} \tag{2-79}$$

其中 $\boldsymbol{x}(k)$ 为神经网络预测模型输入,可表示为

$$\boldsymbol{x}(k) = \begin{bmatrix} N(k) \\ \boldsymbol{u}(k) \\ \boldsymbol{y}(k) \end{bmatrix} \tag{2-80}$$

式中，$\boldsymbol{u}(k)$ 和 $\boldsymbol{y}(k)$ 为涡轮增压汽油机气路系统的输入输出向量，可表示为

$$\boldsymbol{u}(k) = \begin{bmatrix} u_{\mathrm{th}}(k) \\ u_{\mathrm{w}}(k) \end{bmatrix}, \quad \boldsymbol{y}(k) = \begin{bmatrix} P_{\mathrm{i}}(k) \\ P_{\mathrm{b}}(k) \end{bmatrix} \tag{2-81}$$

根据系统的控制需求，选取节气门开度和旁通阀开度作为控制变量，即 $\boldsymbol{u} = [u_{\mathrm{th}}, u_{\mathrm{w}}]$；选取进气歧管压力和增压压力作为控制系统的输出变量，即 $\boldsymbol{y} = [P_{\mathrm{i}}, P_{\mathrm{b}}]$。

设定系统的预测时域为 N_{p}，系统的控制时域为 N_{c}，需满足 $N_{\mathrm{c}} \leqslant N_{\mathrm{p}}$，在 N_{c} 时刻后，控制量保持不变，即 $\boldsymbol{u}(N_{\mathrm{c}}+i) = \boldsymbol{u}(N_{\mathrm{c}})$ $(N_{\mathrm{c}} \leqslant i \leqslant N_{\mathrm{p}})$。根据模型预测控制的基本思想，需在当前 k 时刻通过预测模型预测得出 $[k+1, k+N_{\mathrm{p}}]$ 时域内的未来系统动态输出。首先，定义在采样时刻 k 时，系统的预测输出序列为

$$\boldsymbol{Y}(k+1 \mid k) = \begin{bmatrix} \boldsymbol{y}(k+1 \mid k) \\ \boldsymbol{y}(k+2 \mid k) \\ \vdots \\ \boldsymbol{y}(k+N_{\mathrm{p}} \mid k) \end{bmatrix} \tag{2-82}$$

式中，$\boldsymbol{y}(k+1 \mid k)$ $(i=1, 2, \cdots, N_{\mathrm{p}})$ 为在第 k 时刻预测第 $k+i$ 时刻的变量值。

定义 k 采样时刻控制序列的增量形式为

$$\Delta \boldsymbol{U} = \begin{bmatrix} \Delta \boldsymbol{u}(k \mid k) \\ \Delta \boldsymbol{u}(k+i \mid k) \\ \vdots \\ \Delta \boldsymbol{u}(k+N_{\mathrm{c}}-1 \mid k) \end{bmatrix} \tag{2-83}$$

式中，$\Delta \boldsymbol{u}(k+i \mid k) = \boldsymbol{u}(k+i \mid k) - \boldsymbol{u}(k+i-1 \mid k)$ $(i=0, 1, \cdots, N_{\mathrm{c}}-1)$，需要注意的是当时刻 k 超过控制时域时取值为 $\Delta \boldsymbol{u}(k) = 0$。

控制序列可以表示为

$$\boldsymbol{U} = \begin{bmatrix} \boldsymbol{u}(k \mid k) \\ \boldsymbol{u}(k+1 \mid k) \\ \vdots \\ \boldsymbol{u}(k+N_{p}-1 \mid k) \end{bmatrix} = \begin{bmatrix} \boldsymbol{E} & \boldsymbol{O} & \cdots & \boldsymbol{O} \\ \boldsymbol{E} & \boldsymbol{E} & \cdots & \boldsymbol{O} \\ \vdots & \vdots & & \vdots \\ \boldsymbol{E} & \boldsymbol{E} & \cdots & \boldsymbol{E} \end{bmatrix} \Delta \boldsymbol{U} + \begin{bmatrix} \boldsymbol{E} \\ \boldsymbol{E} \\ \vdots \\ \boldsymbol{E} \end{bmatrix} \boldsymbol{u}(k-1) \tag{2-84}$$

其中

$$\boldsymbol{E} = \begin{bmatrix} 1 & 0 \\ 0 & 1 \end{bmatrix}, \quad \boldsymbol{O} = \begin{bmatrix} 0 & 0 \\ 0 & 0 \end{bmatrix} \tag{2-85}$$

由非线性模型预测控制的相关理论可知，非线性预测模型是通过迭代求取的，则系统控制输出的预测方程可表示为

$$\boldsymbol{x}(k|k) = \begin{bmatrix} N(k), & \boldsymbol{u}(k|k)^{\mathrm{T}}, & \boldsymbol{y}(k|k)^{\mathrm{T}} \end{bmatrix}^{\mathrm{T}}$$
$$\boldsymbol{y}(k+1|k) = \boldsymbol{W}g[\boldsymbol{x}(k|k)]$$
$$\boldsymbol{x}(k+1|k) = \begin{bmatrix} N(k), & \boldsymbol{u}(k+1|k)^{\mathrm{T}}, & \boldsymbol{y}(k+1|k)^{\mathrm{T}} \end{bmatrix}^{\mathrm{T}}$$
$$\boldsymbol{y}(k+2|k) = \boldsymbol{W}g[\boldsymbol{x}(k+1|k)] \tag{2-86}$$
$$\vdots$$
$$\boldsymbol{x}(k+N_{\mathrm{p}}-1|k) = \begin{bmatrix} N(k), & \boldsymbol{u}(k+N_{\mathrm{p}}-1|k)^{\mathrm{T}}, & \boldsymbol{y}(k+N_{\mathrm{p}}-1|k)^{\mathrm{T}} \end{bmatrix}^{\mathrm{T}}$$
$$\boldsymbol{y}(k+N_{\mathrm{p}}|k) = \boldsymbol{W}g[\boldsymbol{x}(k+N_{\mathrm{p}}-1|k)]$$

定义 $\boldsymbol{Y}_{\mathrm{s}}$ 为参考轨迹，它由期望的进气歧管压力和期望增压压力组成，则采样时刻 k 的参考轨迹为

$$\boldsymbol{Y}_{\mathrm{s}}(k+1|k) = \begin{bmatrix} \boldsymbol{y}_{\mathrm{s}}(k+1|k) \\ \boldsymbol{y}_{\mathrm{s}}(k+2|k) \\ \vdots \\ \boldsymbol{y}_{\mathrm{s}}(k+N_{\mathrm{p}}|k) \end{bmatrix} \tag{2-87}$$

其中

$$\boldsymbol{y}_{\mathrm{s}}(k+i|k) = \begin{bmatrix} P_{\mathrm{i}}^{*}(k) \\ P_{\mathrm{b}}^{*}(k) \end{bmatrix}, \quad i = 1, 2, \cdots, N_{\mathrm{p}} \tag{2-88}$$

涡轮增压汽油机气路系统控制器的控制目标是实现发动机进气歧管压力和增压压力跟踪，从而调节进气量来满足驾驶员需求转矩；同时使执行机构节气门开度和旁通阀开度的动作变化尽可能小，避免出现过大的振荡，使其更为接近执行机构真实的响应特性。根据以上控制需求，可进一步将非线性模型预测控制总的目标函数描述为

$$J(\Delta \boldsymbol{U}) = \mathrm{minimize}_{\Delta \boldsymbol{U}} \left[(\boldsymbol{Y}_{\mathrm{s}} - \boldsymbol{Y})^{\mathrm{T}} \boldsymbol{\varGamma}_{\mathrm{y}} (\boldsymbol{Y}_{\mathrm{s}} - \boldsymbol{Y}) + \Delta \boldsymbol{U}^{\mathrm{T}} \boldsymbol{\varGamma}_{\mathrm{u}} \Delta \boldsymbol{U} \right] \tag{2-89}$$

满足

$$0 \leqslant u_{\mathrm{th}} \leqslant 100, \quad 0 \leqslant u_{\mathrm{w}} \leqslant 100 \tag{2-90}$$

式中，$(\boldsymbol{Y}_{\mathrm{s}} - \boldsymbol{Y})^{\mathrm{T}} \boldsymbol{\varGamma}_{\mathrm{y}} (\boldsymbol{Y}_{\mathrm{s}} - \boldsymbol{Y})$ 为实际输出进气歧管压力和增压压力与期望进气歧管压力和增压压力的偏差，即跟踪性能；$\Delta \boldsymbol{U}^{\mathrm{T}} \boldsymbol{\varGamma}_{\mathrm{u}} \Delta \boldsymbol{U}$ 为对执行机构节气门和旁通阀的动作变化软约束；$\boldsymbol{\varGamma}_{\mathrm{y}}$ 为控制输出序列的权值矩阵，矩阵值的大小反映了期望压力的跟踪精度要求。$\boldsymbol{\varGamma}_{\mathrm{u}}$ 为控制变量序列的权值矩阵，矩阵值的大小反映了对控制量变化的要求。

$\boldsymbol{\varGamma}_{\mathrm{y}}$ 和 $\boldsymbol{\varGamma}_{\mathrm{u}}$ 可以表示为

$$\boldsymbol{\varGamma}_{\mathrm{y}} = \mathrm{diag}(\boldsymbol{\varGamma}_{\mathrm{y},1}, \boldsymbol{\varGamma}_{\mathrm{y},2}, \cdots, \boldsymbol{\varGamma}_{\mathrm{y},2N_{\mathrm{p}}}), \quad \boldsymbol{\varGamma}_{\mathrm{u}} = \mathrm{diag}(\boldsymbol{\varGamma}_{\mathrm{u},1}, \boldsymbol{\varGamma}_{\mathrm{u},2}, \cdots, \boldsymbol{\varGamma}_{\mathrm{u},2N_{\mathrm{p}}}) \tag{2-91}$$

显然，同时最小化目标函数的两部分是矛盾的，因此可采用调节 $\boldsymbol{\varGamma}_{\mathrm{y}}$ 和 $\boldsymbol{\varGamma}_{\mathrm{u}}$ 矩阵值的大

小对二者进行折中考虑。对目标函数进行优化求解后,可得到控制序列。根据模型预测控制的基本原理,可将得到的控制序列的第一个元素作用于系统,即作用于系统的节气门开度为

$$u_{\text{th}}(k) = \begin{bmatrix} 1 & 0 & \cdots & 0 \end{bmatrix} \Delta U + u_{\text{th}}(k-1) \tag{2-92}$$

作用于系统的旁通阀开度为

$$u_{\text{w}}(k) = \begin{bmatrix} 0 & 1 & 0 & \cdots & 0 \end{bmatrix} \Delta U + u_{\text{w}}(k-1) \tag{2-93}$$

2.4.4 目标函数优化求解

对于非线性模型预测控制来说,由于非线性和约束的存在,每个采样时刻的预测方程只能通过迭代方法求取,因此我们无法通过求解目标函数得到控制律的显式表达式。因而我们采用在每个采样时刻在线求解开环优化问题的方法。在实际应用和科学研究中,非线性约束优化问题是一类广泛存在但又较难求解的问题。非线性规划问题通常需要求解 Hamilton-Jacobi-Bellman 方程,但有约束的非线性问题一般不存在解析解,故而需采用数值方法求解。粒子群优化(Particle Swarm Optimization,PSO)具有理论简单、能实现并行计算且计算负担小等优点,已被成功应用于非线性模型预测控制(NMPC)优化问题的求解。但传统的粒子群优化(Standard Particle Swarm Optimization,SPSO)算法易陷入早熟,因此,本节采用一种新型的 PSO——量子粒子群优化(Quantum-behaved Particle Swarm Optimization,QPSO)算法来求解 NMPC。

1. QPSO 优化求解

PSO 算法是一种典型的群智能优化算法,主要思想源于对鸟群捕食行为的模拟。PSO 算法把每个优化问题的可行解看作一个粒子,每个粒子都有一个与优化函数相对应的适应度值。粒子的状态包括位置和速度,位置为优化问题的可行解,速度描述了粒子的运动方向和距离。PSO 算法类似于遗传算法,它的优化过程是迭代进行的。它首先随机初始化粒子的位置;然后在每一次迭代过程中,每个粒子都综合个体最优解和全局最优解来更新自身的速度和位置;最后经过若干次迭代找到最优解。在 k 时刻,设 PSO 的粒子数为 N,每个粒子的维数为 D,每个粒子的位置都代表着 NMPC 目标函数的一个可行解,则 SPSO 的速度和位置更新方式为

$$\begin{aligned} V_i(t+1) &= \omega V_i(t) + \alpha r_1 \left[pbest_i(t) - \Delta U_i(t) \right] + \beta r_2 \left[gbest(t) - \Delta U_i(t) \right] \\ \Delta U_i(t+1) &= \Delta U_i(t) + V_i(t+1), \quad i = (1, 2, \cdots, N) \end{aligned} \tag{2-94}$$

式中,$V_i \in \mathbb{R}^{1 \times D}$ 和 $U_i \in \mathbb{R}^{1 \times D}$ 为粒子 i 的速度和位置;$pbest_i \in \mathbb{R}^{1 \times D}$ 为粒子 i 的自身经历最优位置,代表着自身学习能力,对于模型预测控制来说,越小的目标函数值代表着越好的可行解;w 为权值参数;α 和 β 为加权系数;r_1 和 r_2 为学习因子。

ω、α、β、r_1、r_2、均为[0,1]区间内的随机数,这几个参数共同决定了当前状态、自身学习和种间学习三种能力的比重。

粒子 i 的个体最优位置可由下式确定

$$pbest_i = \begin{cases} \Delta P_i(t-1), & J[\Delta U_i(t)] \geqslant J[P_i(t-1)] \\ \Delta U_i(t), & J[\Delta U_i(t)] < J[P_i(t-1)] \end{cases} \quad (2\text{-}95)$$

对于 SPSO 算法来说，粒子可由位置和速度两个特性来描述，随着迭代过程的进行，粒子的运动轨迹是确定的。与此同时，粒子的搜索空间是有限的并随着迭代次数的增加而减少，不能在整个可行解空间内搜索。因此，SPSO 算法无法保证全局收敛性，且容易使粒子群因丧失种群的多样性而陷入早熟。针对 SPSO 的这个缺点，我们提出了基于量子力学理论的 QPSO 算法。

在 QPSO 中，粒子体现的是量子特性，而不是经典力学中的动力学特性。因此，QPSO 算法的进化需采用一个全新的方式。量子的一大特征是聚集性，聚集性在量子力学中可以用粒子的束缚态来描述。产生束缚态的原因是在粒子运动的中心存在某种吸引势场。为此可以建一个量子化的吸引势场来束缚粒子以使群体具有聚集态。处于量子束缚态的粒子可以以一定的概率密度出现在空间任何点，但当某点与中心的距离越远时，出现在该点的概率密度就越小。文献[20]通过代数和数学分析方法，对 PSO 算法中粒子收敛行为进行了分析，研究表明，粒子 i 以点 P_i 为吸引子时可以达到收敛状态，P_i 的坐标为

$$P_i(t) = \varphi_i(t) pbest_i(t) + [1 - \varphi_i(t)] gbest(t) \quad (2\text{-}96)$$

式中，$\varphi_i(t)$ 为一个区间在[0, 1]上的均匀分布的随机数。

根据 Monte-Carlo 方法，QPSO 的位置可采用下述公式更新

$$\begin{cases} \Delta U_i(t+1) = P_i(t) + \gamma |C_i(t) - \Delta U_i(t)| \ln(1/r_3), & k \geqslant 0.5 \\ \Delta U_i(t+1) = P_i(t) - \gamma |C_i(t) - \Delta U_i(t)| \ln(1/r_3), & k < 0.5 \end{cases} \quad (2\text{-}97)$$

式中，γ 为收缩-扩张系数，它是算法除群体规模和迭代次数以外唯一的控制参数；r_3 为服从均匀分布的随机数；$C_i \in \mathbb{R}^{1 \times D}$ 为所有粒子的平均最优位置，可以表示为

$$C_i(t) = \frac{1}{N} \sum_{j=1}^{N} pbest_j(t) \quad (2\text{-}98)$$

除上述的传统 QPSO 算法的进化方式外，针对于 NMPC 目标函数的求解，本节还增加了以下策略：

1）热启动，即将上一采样时刻所求取的可行解赋给当前采样时刻的第一个粒子。

2）当粒子超出约束时，对其进行变异操作，可通过以下公式来更新粒子的位置

$$\Delta U_i(t) = \Delta U_{\min} + r_4(\Delta U_{\max} - \Delta U_{\min}) \quad (2\text{-}99)$$

式中，$\Delta U_{\min}$ 和 $\Delta U_{\max}$ 为 ΔU_i 的下边界和上边界；r_4 为服从均匀分布的随机数。

3）如果某个粒子进化停止，则将其位置更新为全局最优粒子领域内的随机值 ΔU_r，且领域面积随着迭代次数的增加而减小。

综合以上优化算法，QPSO 算法实现的流程图如图 2-43 所示，其主要执行过程如下：

Step 1：初始化。初始化粒子位置 $\Delta U_i(0)$，将上一时刻求取的可行解赋给当前采样时刻的第一个粒子，其余粒子在可行域内随机取值，并置个体最优位置 $pbest_j(0) = \Delta U_i(t)$。

Step 2：平均最优位置计算。根据式（2-98）计算粒子群的平均最优位置 $C_i(t)$。

Step 3：种群评价。计算粒子 i 的当前位置 $\Delta U_i(t)$ 的适应度值。

Step 4：自身学习和种间学习。根据式（2-95）更新粒子的个体最优位置。进而更新全局最优位置，对于粒子 i，将个体最优位置 $pbest_j(t)$ 的适应度值与上一次迭代的全局最优位置 $gbest(t-1)$ 的适应度值进行比较，若优于 $gbest(t-1)$ 的适应度值，即 $J[pbest_i(t)] < J[gbest(t-1)]$，则置 $gbest(t) = pbest_i(t)$；否则 $gbest(t) = gbest(t-1)$。

Step 5：粒子位置更新。根据式（2-96）和式（2-97）更新粒子 i 的位置。

Step 6：约束判断。判断粒子是否超出约束，如果超出约束，则根据式（2-99）进行更新。

Step 7：进化状态判断。判断粒子进化是否停止，如果停止，则将其位置更新为全局最优粒子领域内的随机值 ΔU_r。

Step 8：若算法终止条件不满足，置 $t = t+1$，返回 Step2；否则算法停止。

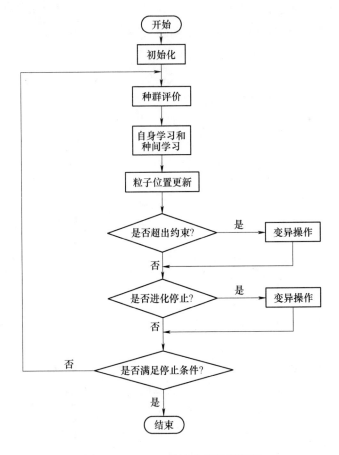

图 2-43 QPSO 算法实现的流程图

2. QPSO 性能分析

为了有效地评价 QPSO 是否适用于 NMPC 目标函数的优化求解，本节选取 NMPC 目标函数的六个随机工况（S1~S6）作为适应度函数。QPSO 的优化结果将与 SPSO 的优化结果进行对比分析。所有试验均在 Intel（R） Core（TM） i7-4790CPU（3.60GHz）平台上实现。用于两种优化算法分析的评价指标主要包括平均值 Avg$f$、最小值 Min$f$ 和迭代时间 T。所有试验都将重复 50 次。

整个试验将在预测时域和控制时域均为 5 或 10 时进行。预测时域和控制时域为 5 时，算法参数设置为粒子维度 $D=10$，粒子数 $N=15$，最大迭代次数为 15。预测时域和控制时域为 10 时，算法参数设置为粒子维度 $D=20$，粒子数 $N=20$，最大迭代次数为 20。

在相同的条件下，对 QPSO 和 SPSO 两种算法进行仿真，仿真结果见表 2-5。由表 2-5 中数据可知，无论预测时域/控制时域为 5 还是 10，QPSO 的 Avg$f$ 和 Min$f$ 均远远小于 SPSO，但迭代时间 T 略大于 SPSO。在预测时域/控制时域分别为 5 和 10 时，QPSO 和 SPSO 的适应度函数值随迭代次数变化的曲线如图 2-44 和图 2-45 所示。由图 2-44 和图 2-45 可以看出，在六种工况下，QPSO 和 SPSO 的适应度函数值都随着迭代次数的增加而减小，这说明两种算法都呈收敛状态，而 QPSO 的收敛速度明显快于 SPSO 且最终的值也远远小于 SPSO。综上所述，QPSO 的性能优于 SPSO。

表 2-5　QPSO 和 SPSO 对比试验结果

工况	N_p / N_c	QPSO			SPSO		
		Avg$f$	Min$f$	T/s	Avg$f$	Min$f$	T/s
S1	5	2.894	2.804	0.0626	3.523	2.990	0.0488
	10	3.570	3.375	0.0148	5.764	4.142	0.0968
S2	5	40.517	34.782	0.0761	58.839	54.721	0.0359
	10	40.074	36.874	0.1790	77.808	72.208	0.1024
S3	5	17.823	16.862	0.0697	21.832	19.579	0.0359
	10	22.698	17.417	0.1860	104.913	82.188	0.1048
S4	5	14.459	14.193	0.0591	18.358	17.163	0.0465
	10	14.944	14.485	0.1717	23.071	19.039	0.1007
S5	5	9.542	8.661	0.0620	11.597	10.270	0.0452
	10	11.615	9.138	0.1838	38.006	22.482	0.0947
S6	5	9.371	8.856	0.0596	10.910	9.339	0.0391
	10	10.388	8.946	0.1237	15.987	11.896	0.0904

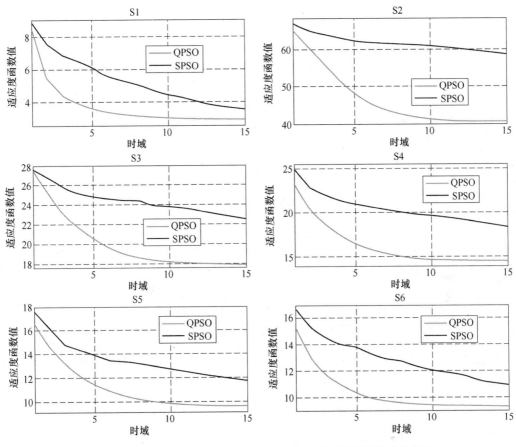

图 2-44 预测时域/控制时域为 5：适应度函数随迭代次数变化曲线

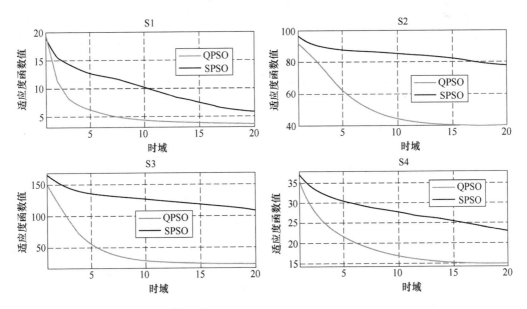

图 2-45 预测时域/控制时域为 10：适应度函数随迭代次数变化曲线

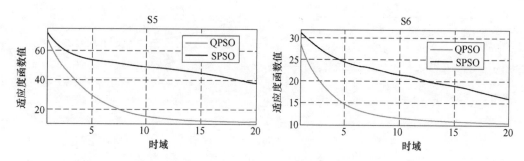

图 2-45 预测时域/控制时域为 10：适应度函数随迭代次数变化曲线（续）

2.4.5 仿真验证

在离线试验过程中反复调试控制器以达到满足要求的控制效果，最终整定的控制器参数为预测时域和控制时域设定为 5，粒子数为 15，最大迭代次数为 15，目标函数的权值矩阵为

$$\begin{aligned}\boldsymbol{\varGamma}_y &= \mathrm{diag}(500,350,500,350,500,350,500,350,500,350) \\ \boldsymbol{\varGamma}_u &= \mathrm{diag}(1,30,1,30,1,30,1,30,1,30)\end{aligned} \quad (2\text{-}100)$$

所有仿真均采用同一组控制器参数。

1. 阶跃响应性能

首先进行阶跃响应性能验证，将本节所提出的控制系统与双 PID 控制器进行对比分析。设定发动机转速为 3000r/min，驾驶员需求转矩在第 5s 时由 100N·m 阶跃到 250N·m。转矩跟踪曲线如图 2-46 所示，实线为驾驶员需求转矩，虚线为本节提出的控制系统输出转矩，点画线为双 PID 控制系统输出转矩。进气歧管压力跟踪曲线如图 2-47 所示，实线为期望进气歧管压力，虚线为本节提出的控制系统输出进气歧管压力，点画线为双 PID 控制系统输出进气歧管压力。增压压力跟踪曲线如图 2-48 所示，实线为期望增压压力，虚线为本节提出的控制系统输出增压压力，点画线为双 PID 控制系统输出增压压力。

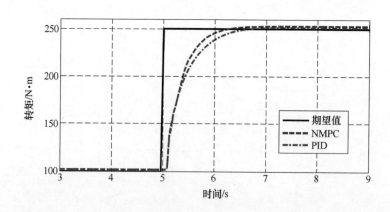

图 2-46 阶跃响应性能：转矩跟踪曲线

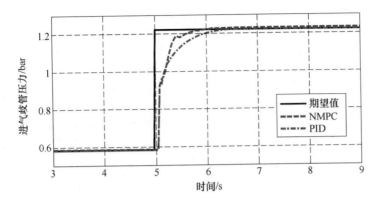

图 2-47 阶跃响应性能：进气歧管压力跟踪曲线

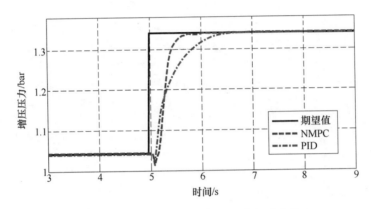

图 2-48 阶跃响应性能：增压压力跟踪曲线

从试验结果可以看出，本节所提出的协调气路系统控制系统的输出能够很好地跟踪驾驶员需求转矩、期望进气歧管压力和期望增压压力。除此之外，本节所提出的控制器比双PID控制器具有更快的上升速度，因此本节所提出的协调气路系统控制器具有很好的阶跃响应性能。

2. 定转速跟踪性能

在汽车的稳定行驶过程中，发动机转速一般恒定，因此，本节对定转速工况进行仿真试验。由于涡轮增压汽油机是靠废气推动涡轮进行增压，而发动机只有在较高的发动机转速下产生较多的废气时，涡轮增压器的作用才能有效发挥。对此，本节设定发动机转速为3000r/min。驾驶员需求转矩跟踪曲线如图 2-49 所示，实线为驾驶员需求转矩，虚线为本节所提出的控制系统输出转矩。进气歧管压力跟踪曲线如图 2-50 所示，实线为期望进气歧管压力，虚线为本节所提出的控制系统输出进气歧管压力。增压压力跟踪曲线如图 2-51 所示，实线为期望增压压力，虚线为本节所提出的控制系统输出增压压力。从试验结果可以看出，在定转速工况下，本节所提出的控制系统能够很好地跟踪驾驶员需求转矩、期望进气歧管压力和期望增压压力。

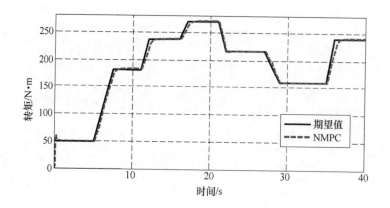

图 2-49　定速跟踪性能：转矩跟踪曲线

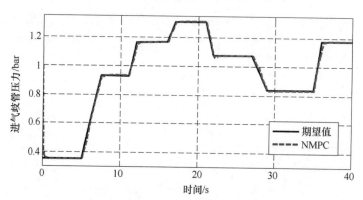

图 2-50　定速跟踪性能：进气歧管压力跟踪曲线

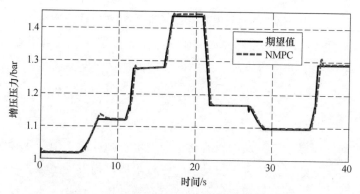

图 2-51　定速跟踪性能：增压压力跟踪曲线

3. 变转速跟踪性能

就汽车而言，不光只有定转速行驶，加、减速状况也非常常见。在本节，我们将进一步对变转速工况进行仿真试验。将发动机转速设定为由 2500r/min 到 4500r/min 的连续变化值，如图 2-52 所示，这样的变转速工况既验证了控制器的跟踪性能，也验证了控制器的抗转速干扰性能。该组工况具有随机性和一般性，其中包含了发动机加速、减速和巡航等各种工况。驾驶员需求转矩为 50~300N·m 的连续变化曲线，驾驶员需求转矩跟踪曲线如图 2-53 所示，实线为驾驶员需求转矩，虚线为本节所提出的控制系统输出转矩。进气歧管压力跟踪曲线如图 2-54 所示，实线为期望进气歧管压力，虚线为本节所提出的控制系统输出进气歧管压力。增压压力跟踪曲线如图 2-55 所示，实线为期望增压压力，虚线为本节所提出控制系统输出增压压力。

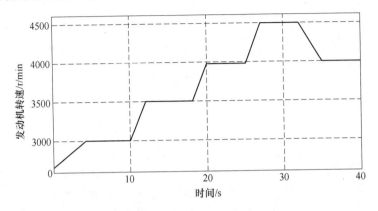

图 2-52 变速跟踪性能：发动机转速变化曲线

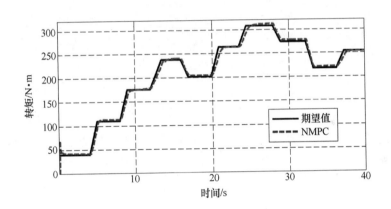

图 2-53 变转速跟踪性能：转矩跟踪曲线

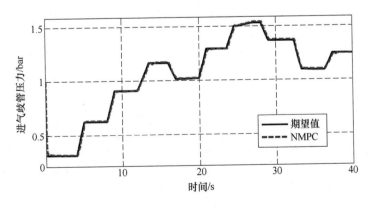

图 2-54 变转速跟踪性能：进气歧管压力跟踪曲线

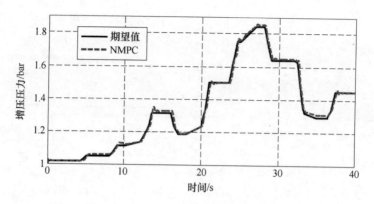

图 2-55 变转速跟踪性能：增压压力跟踪曲线

从试验结果可以看出，本节所提出的控制系统能够很好地跟踪驾驶员需求转矩、期望进气歧管压力和期望增压压力，说明本节所提出的控制系统具有良好的参考值跟踪性能。除此之外，在发动机转速变化时，并未使控制系统输出产生超调或偏离参考值，说明本节所提出的控制系统具有良好的抗发动机转速干扰性能。

第 3 章

汽油发动机稀薄燃烧模式下空燃比控制算法设计

作为高效的发动机节能手段，稀薄燃烧技术受到研究学者的广泛关注。然而，稀薄燃烧技术并没有大范围的应用，一方面是因为复杂而特殊的发动机结构导致成本较高，另一方面则是因为稀薄燃烧技术在降低油耗、减少部分污染物排放的同时，造成了 NO_x 排放增加的问题。本章结合排气再循环（EGR）技术，通过将废气引入气缸，降低燃烧温度，破坏缸内富氧条件，从而抑制 NO_x 的生成。合理选择排气再循环率和稀薄燃烧空燃比能够使发动机在运行过程中油耗最小、排放最少。本章建立了进气歧管压力和进气歧管温度的"双态"模型以及气缸进气量模型，并基于此模型设计了基于非线性模型预测控制的优化控制器，以发动机的排放和油耗作为性能指标，通过优化得到合理的 EGR 率和空燃比。对于稀薄燃烧发动机而言，对空燃比控制的精度要求较高。为了实现空燃比控制，并考虑工程应用的可行性，本章基于三步非线性控制方法，设计了空燃比跟踪控制器，以控制器优化出的稀燃空燃比为系统的跟踪期望值，在 GT-POWER 与 Simulink 仿真环境中进行了中小负荷工况和高负荷工况下的性能验证。

3.1 引言

由于环境污染日益严重，能源短缺日益凸显，这些问题都促使着发动机控制领域做出新的改变。在保证发动机动力性的前提下，既要降低发动机的燃油消耗，同时还要满足排放法规的要求。发动机空燃比控制直接影响发动机的动力性、经济性以及排放性。为了进一步提高燃烧效率、节约能源、降低污染物排放，稀薄燃烧技术受到广泛的关注和研究。稀薄燃烧技术将发动机运行在较高的空燃比范围内，使每次燃烧所需要的燃料更少，提高发动机效率，同时更加经济环保。本章将以提高发动机的经济性和排放性为目标，根据工况合理规划期望稀燃空燃比，并对发动机气路进行建模，对期望空燃比进行跟踪控制。

3.1.1 发动机稀薄燃烧技术

稀薄燃烧技术在满足发动机排放要求和降低油耗方面有很大潜力。图 3-1 所示为当前主流技术降低发动机燃油消耗的对比，稀薄燃烧技术能够降低更多的油耗，这也是稀薄燃烧技术被广泛关注和研究的原因。

稀薄燃烧中的稀薄指的是参与燃烧过程的混合气体空气比重大，即空燃比远大于汽油机当量空燃比 14.7，一般可达到 20 以上。稀薄燃烧在发动机运行在中小负荷工况下起作用，在保证发动机动力性的前提下，提高了发动机的燃油经济性以及排放性。空燃比的提高，使缸内混合气体充分燃烧，从而节约更多燃油，提高发动机热效率。与传统发动机相比，当空燃比超过 20 时，热效率可以提高 8% 以上，从而改善了发动机的燃油经济特性。在排放方面，稀薄燃烧技术使更多的 CO 和 HC 氧化，从而降低了部分尾气的排放，改善了发动机排放特性。

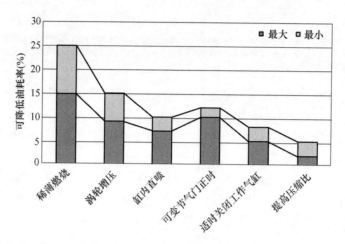

图 3-1 各类技术降低油耗效果对比

通过对发动机结构的改变以及燃烧点火方式的改进，使稀薄燃烧技术成为可能。然而，稀薄燃烧技术没有广泛应用于实车，主要存在以下问题：

（1）NO_x 排放增加

稀薄燃烧技术虽然改善了 CO 和 HC 的排放，但对于 NO_x 的排放没有起到作用。如图 3-2 所示，传统发动机配有的三元催化器对三种排放物的转化能力随着空燃比的变化而变化。三元催化器的工作窗口很窄，只在空燃比为当量空燃比 14.7 附近时才能同时对 CO、HC 和 NO_x 起到高效的转化作用。而对于稀薄燃烧，空燃比远高于 14.7，此时三元催化器对 CO 和 HC 依然能够实现催化氧化的作用，但对 NO_x 的转换能力下降，不能通过三元催化器来减少 NO_x 的排放。

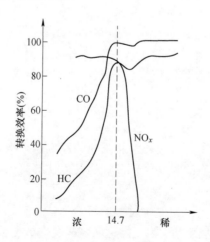

图 3-2 三元催化器转换效率

（2）要求控制精度高

稀薄燃烧就是将空燃比控制在较高的范围，使缸内混合气体偏稀。偏稀的混合气体虽然能够减少发动机的油耗,改善排放,但如果空燃比控制不精准,出现较大偏差,会导致发动机性能降低。过高的稀燃空燃比会使缸内循环波动增大,发动机运行不稳定,出现爆燃失火等现象。过低的空燃比,没有起到稀燃的作用,发动机经济性和排放性得不到改善。

由于以上这些原因,为了应用稀薄燃烧技术,还应考虑额外的 NO_x 排放处理方法。排气再循环技术是一种预处理技术,在降低和控制柴油机氮氧化物排放方面得到了广泛的应用。

废气主要由二氧化碳、氮气等组成,其比热值比常压空气大。再循环废气混合新鲜空气进入燃烧室,这种空气置换的结果是,进气混合物中可供燃烧的氧气量减少。此外,废气与进气的混合会增加进气混合物的比热值,从而降低火焰温度。废气的引入,使缸内温度降低,破坏了气缸内的富氧条件,从而抑制 NO_x 的生成。

排气再循环技术可以很好地解决 NO_x 的排放问题,将稀薄燃烧技术与排气再循环技术相结合,能够减少泵气损失,降低发动机有效燃油消耗,改善排放,进而提高部分工况下的发动机性能。

文献[23]通过实际发动机测试试验,分别探讨了排气再循环率和稀薄燃烧空燃比对发动机循环变动率、燃烧持续周期、平均泵气损失压力、燃烧效率、燃油经济性以及排放的影响,指出排气再循环与稀薄燃烧均有各自的优势以及弊端。文献[24]提出了将排气再循环与稀薄燃烧相结合的技术路线,通过发动机台架试验研究了部分特性下二者协同作用对发动机燃烧特性、经济特性和排放特性的影响,试验表明在二者协同控制的方案下,发动机性能优于单独控制的方案。

综上所述,稀薄燃烧与排气再循环技术的协同控制非常有意义。通过合理选择稀薄燃烧所需要的理想空燃比和合适的排气再循环率可以起到改善发动机燃油经济性的作用,同时,使 CO、HC 和 NO_x 的排放都能满足排放法规的要求。

3.1.2 空燃比控制研究现状

空燃比,即为空气量与燃油量的比值。空燃比控制在发动机控制中有着非常重要的作用,直接影响发动机的动力性、经济性以及排放性。目前,汽车上采用的是前馈 MAP 结合反馈 PI 控制的结构对空燃比进行控制,发动机排气管尾部安装有氧传感器,当发动机运行在稳态工况时,ECU 根据氧传感器反馈回来的信号对发动机空燃比进行控制,以此实现闭环控制,可以将空燃比控制在理想空燃比附近。但当发动机运行在瞬态工况时,发动机运行情况复杂,由于 MAP 表本身就存在一定的偏差,再加上氧传感器的响应延迟、传输延迟以及发动机结构固有的循环延迟等,导致空燃比存在一定的偏差。然而,空燃比的偏差将使发动机排放变差,燃油消耗增多,甚至影响发动机的动力特性。因此,精准控制空燃比是发动机控制中非常重要的一环。

空燃比控制的理论研究相对成熟,各类控制算法已经应用于空燃比控制中,如滑模控制、神经网络控制、自适应控制、内模控制、模糊控制、模型预测控制等,先进控制方法的应用,得以很好地解决空燃比控制中存在的问题,提高了控制精度。

提高空燃比的控制精度最关键的是解决气缸进气量的估计问题。节气门处一般安装有空气流量传感器,可以很好地反应流经节气门的空气量,但由于瞬态下进气歧管的动态特性,导致实际进入气缸的空气量相比于节气门处发生变化。由于技术的限制,进入气缸内的新鲜空气量无法通过传感器直接测量获得,气缸进气量的偏差直接影响空燃比的控制效果。

间接获取气缸进气量的一般办法是通过"速度-密度"法进行计算。"速度-密度"法中不可避免地涉及发动机的容积效率，容积效率的偏差也将影响气缸进气量的计算，从而影响空燃比的控制。针对带有 EGR 的汽油发动机，进气系统更加复杂，进入气缸的气体成分中包含有废气，不能用于空燃比控制的计算和推导。文献[25]根据能量守恒的原理，通过计算进气歧管内废气压力，估计得到了进入气缸的新鲜空气，EGR 的引入，增加了发动机容积效率标定的维数。文献[26]通过对进排气气门的气体流量进行建模，求解了气缸压力和进出气缸质量流量的微分方程，估计得到瞬时气缸进气量，避免了容积效率的标定。文献[27]对进气歧管压力和温度建模，设计了充气效应观测器，具有较好的可植入性。

空燃比控制中还存在时滞、建模不确定性等问题。文献[28]中利用 LNT 降低稀薄燃烧发动机的 NO_x 的排放，但对系统带来较大时滞。文中提出了一个二阶滑模控制方法，消除了空燃比控制系统中时变时滞和测量噪声的影响。文献[29]提出了基于自适应扩张状态观测器（AESO）的自抗扰控制（ADRC）方法，用于处理系统和传感器内部的不确定性，提高空燃比控制精度。为了满足空燃比控制中的实时性要求，文献[30]提出了基于混沌时序最小二乘支持向量机（LS-SVM）的空燃比预测模型，该模型具有较强的预测能力，能够有效预测空燃比，具有一定的工程实际应用价值。

本章针对稀薄燃烧下的汽油机空燃比控制问题展开研究，结合排气再循环技术，解决稀薄燃烧下 NO_x 的排放问题。基于 EGR 技术的稀燃空燃比控制方案如图 3-3 所示。

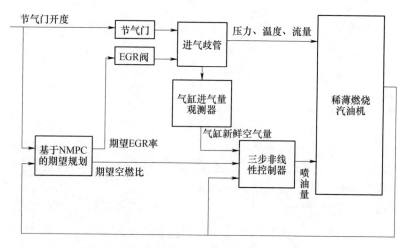

图 3-3　基于 EGR 技术的稀燃空燃比控制方案

3.2　空燃比控制的模型建立与分析

对发动机进行数学建模是研究发动机问题的基础。为了对空燃比精准跟踪控制，需要对发动机气路进行建模，本节将重点分析发动机气路模型的特点，建立发动机气路模型。考虑排气再循环的引入对进气歧管压力和进气歧管温度均有影响，建立"双态"进气歧管动态模型，根据能量守恒原理，得到进入气缸的新鲜空气量。最后，对所建立的模型进行仿真验证，建模过程中定义参数符号的物理含义见表 3-1。

表 3-1　空燃比控制模型参数符号物理含义

符号	含义	符号	含义
u_{th}	流经节气门的空气质量流量	W_{egr}	流经EGR阀的气体质量流量
C_d	平均进气门流量系数	A_{eff}	有效流通面积
γ	等熵指数	R_{egr}	流经EGR气体常数
R	空气气体常数	T	温度
P_m	进气歧管压力	P_{exh}	排气管压力
T_{exh}	排气管温度	W_a	进气歧管内部的气体质量流量
W_{cyl}	进入气缸的空气质量流量	T_m	进气歧管内温度
T_0	外部环境温度	T_{egr}	冷却后的EGR温度
$\dot{U}$	进气歧管内气体内能变化率	$\dot{H}_{th}$	节气门处气体焓值变化率
$\dot{H}_{egr}$	EGR阀处气体焓值变化率	$\dot{H}_{cyl}$	进入气缸气体焓值变化率
Q	从气体外部吸收的热量	W_{net}	气体做的功
c_v	比热容	c_p	比定压热容
η_{change}	发动机容积效率	P_{air}	气缸中新鲜空气的压力
W_{air}	进入气缸的新鲜空气质量流量	λ	空燃比
L_{th}	汽油机空燃比理论值（14.7）	u_f	喷油嘴喷出的燃油质量流量
W_{fc}	进入气缸的燃油质量流量	W_{fw}	附壁油膜的燃油质量流量
τ_w	油膜挥发时间常数	ε_w	燃油沉积系数
V_m	进气歧管体积	V_c	发动机排量
N	发动机转速	P_{egr}	EGR阀处气体压力

3.2.1　双态进气歧管动态模型

发动机的进气系统主要由节气门和进气歧管组成。进气歧管动态模型描述的是新鲜空气从大气中进入气缸内这一过程，其结构示意图如图 3-4 所示。对于带有排气再循环技术的发动机，气体流动方向如图 3-5 所示，部分废气经过 EGR 冷却装置，流入进气歧管，这部分废气在进气歧管中与新鲜空气混合在一起，导致混合气体成分更加复杂，也使进气歧管动态特性发生改变。因此，传统的"单态"进气歧管动态模型不再适用，需要将进气歧管温度作为进气歧管动态建模的部分之一,建立"双态"进气歧管动态模型。各个状态的变化都将对气缸进气量的估计造成影响,这就要求所建立的模型要达到一定的精度要求。本节将分别介绍发动机进气歧管动态模型的各个子模型的建立与分析。

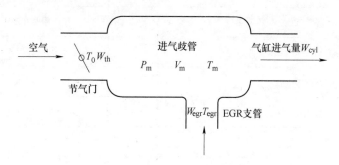

图 3-4 进气歧管结构示意图

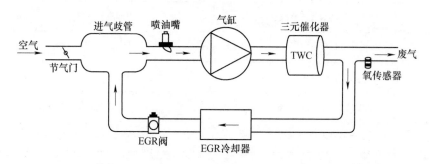

图 3-5 气体流动方向

通常,发动机上都配有空气流量传感器(MAF),安装在节气门处,用来测量流经节气门的空气质量流量。MAF 精度较高,本章将不再对节气门建模,而采用传感器信号直接测量流经节气门的空气质量流量 u_{th}。

为了获得进入进气歧管的废气流量,假设 EGR 阀最窄处的压力与流出 EGR 阀的压力近似相等,EGR 阀的平均气体流量可以用理想喷嘴的可压缩气体方程进行描述,流经 EGR 阀的气体质量流量 W_{egr} 可表示为

$$W_{egr} = C_d A_{eff} \frac{P_{exh}}{\sqrt{R_{egr} T_{exh}}} \Psi\left(\frac{P_m}{P_{exh}}\right) \tag{3-1}$$

$$\Psi\left(\frac{P_m}{P_{exh}}\right) = \begin{cases} \gamma^{1/2}\left(\dfrac{2}{\gamma+1}\right)^{\gamma+1/2(\gamma-1)}, & \dfrac{P_m}{P_{exh}} \leq \left(\dfrac{2}{\gamma+1}\right)^{\gamma/(\gamma-1)} \\ \left(\dfrac{P_m}{P_{exh}}\right)^{1/\gamma} \sqrt{\dfrac{2\gamma}{\gamma-1}\left[1-\left(\dfrac{P_m}{P_{exh}}\right)^{(\gamma-1)/\gamma}\right]}, & \dfrac{P_m}{P_{exh}} > \left(\dfrac{2}{\gamma+1}\right)^{\gamma/(\gamma-1)} \end{cases} \tag{3-2}$$

式中,C_d 为平均进气门流量系数;A_{eff} 为有效流通面积(m^2);γ 为等熵指数;R_{egr} 为流

经 EGR 气体常数；P_m 为进气歧管压力（Pa）；P_{exh} 为排气管压力（Pa）；T_{exh} 为排气管温度（K）。

进气歧管压力模型是描述进气歧管内空气压力变化特性的模型，遵循理想气体方程。将进气歧管内部的气体质量流量记为 W_a，根据理想气体方程 $PV = mRT$，进气歧管压力的动态方程可以描述为

$$\dot{P}_m = \frac{R}{V_m} W_a T \tag{3-3}$$

式中，P_m 为进气歧管压力（Pa）；R 为空气气体常数，$R = 8.314\ \text{J/(mol·K)}$；$T$ 为温度，（K）；V_m 为进气歧管体积（m^3）。

流入进气歧管的气体包含通过节气门进入的新鲜空气以及通过 EGR 阀引入的部分废气，将流出进气歧管的空气质量流量，即进入气缸的空气质量流量，记为 W_{cyl}。则整个进气歧管内部的空气质量流量可表示为

$$W_a = u_{th} + W_{egr} - W_{cyl} \tag{3-4}$$

一般情况下，我们不考虑进气歧管的传热效应，认为进气歧管内是一个绝热过程。对于传统汽油机来说，进气歧管温度变化不明显，即进气歧管内温度 T_m 与外部环境 T_0 相等。然而，对于采用排气再循环技术的发动机而言，引回到进气歧管的气体是高温的废气，高温的废气经过冷却装置，流入进气歧管，直接与新鲜空气混合，导致进气歧管内温度变化明显。冷却后的温度用 T_{egr} 表示，可由温度传感器测量得到。此时的进气歧管压力模型可描述为

$$\dot{P}_m = \frac{\gamma R}{V_m}(u_{th} T_0 + W_{egr} T_{egr} - W_{cyl} T_m) \tag{3-5}$$

为了推导进气歧管温度模型，首先根据能量守恒原理，得到进气歧管内气体内能变化率 $\dot{U}$ 为

$$\dot{U} = \dot{H}_{th} + \dot{H}_{egr} - \dot{H}_{cyl} - \dot{Q} - \dot{W}_{net} \tag{3-6}$$

式中，$\dot{H}_{th}$、$\dot{H}_{egr}$、$\dot{H}_{cyl}$ 分别为节气门流入进气歧管气体、EGR 阀流入进气歧管气体和进入气缸气体的焓值变化率。

假定进气歧管流动为绝热过程且无对外做功，则有

$$\dot{Q} = \dot{W}_{net} = 0 \tag{3-7}$$

故有

$$\dot{U} = \dot{H}_{th} + \dot{H}_{egr} - \dot{H}_{cyl} \tag{3-8}$$

为了描述气体的能量变化，通常需要用比热容 c_v 和比定压热容 c_p 表示。将方程

将 $PV = mRT$、$U = mc_vT$ 及 $H = mc_pT$ 代入式（3-4）和式（3-8），推导可得

$$\dot{T}_m = T_m \frac{\gamma R T_0}{V_m P_m} \left[u_{th} \left(\frac{T_0}{T_0} - \frac{1}{\gamma} \frac{T_m}{T_0} \right) + W_{egr} \left(\frac{T_{egr}}{T_0} - \frac{1}{\gamma} \frac{T_m}{T_0} \right) \right] - T_m W_{cyl} \frac{\gamma R T_0}{V_m P_m} \left(\frac{T_m}{T_0} - \frac{1}{\gamma} \frac{T_m}{T_0} \right)$$

$$= \frac{R T_m}{V_m P_m} \left[\gamma (u_{th} T_0 + W_{egr} T_{egr} - W_{cyl} T_m) - (u_{th} + W_{egr} - W_{cyl}) T_m \right]$$

(3-9)

3.2.2 气缸新鲜空气量模型

气缸进气量在实际发动机中不可测量，可以用"速度-密度"法来进行计算。根据进气歧管压力和发动机转速，进入气缸的空气质量流量 W_{cyl} 可以表示为

$$W_{cyl} = \frac{P_m V_c N}{120 R T_m} \eta_{charge}$$

(3-10)

式中，V_c 为发动机排量（m³）；η_{charge} 为发动机容积效率；N 为发动机转速（r/min）。

发动机容积效率 η_{charge} 是指实际进入气缸中的空气质量流量与通过理想状态方程推导得到的空气质量流量的比值。容积效率在实际发动机中不可测，因此在使用"速度-密度"法进行气缸进气量的计算时，如何获取容积效率将影响气缸进气量的计算精度。由于容积效率是发动机转速和进气歧管压力的函数，可以通过标定 MAP 表获得容积效率。在标定过程中，进气歧管压力与发动机转速和节气门开度有关，需要在同一转速下，给定不同的节气门开度，分别测量该转速和节气门开度下的进气歧管压力和容积效率，经过多组试验标定，最终获得容积效率 MAP 表。对于含有排气再循环技术的发动机，废气的引入对进入气缸的进气量的计算增加了复杂程度。在标定容积效率的 MAP 过程中，还需要考虑 EGR 阀对进入气缸中的废气量的影响，增加了标定的维度和难度。此时，"速度-密度"法计算得到的气缸进气量中包含废气。

准确计算气缸进气量对空燃比控制具有重要意义。在"速度-密度"法的计算过程中，引入了查表的容积效率，标定过程中的误差会带来气缸进气量的偏差。稳态工况下，容积效率往往较为准确；但在瞬态工况下，由于温度的变化导致容积效率存在偏移，难以保证气缸进气量计算的精度。

为了更精准地获取气缸进气量，我们利用空气流量传感器和进气歧管压力传感器，通过测量得到 u_{th} 和 P_m，设计气缸进气量观测器来估计气缸进气量 $\hat{W}_{cyl}$。

首先，将式（3-5）整理为如下形式

$$W_{cyl} = u_{th} T_0 + W_{egr} T_{egr} - \frac{V_m T_m}{\gamma R} \dot{P}_m$$

(3-11)

式中，u_{th} 为空气流量传感器测量值；$\dot{P}_m$ 可通过进气歧管压力传感器测量值取微分得到；T_m 和 T_{egr} 可通过温度传感器测量得到。

式（3-11）右侧的量均已知，由此可以计算气缸进气量。为了抑制传感器噪声和进气

歧管压力的微分带来的偏差，建立高增益观测器可有效解决气缸进气量的估计问题。

通过前面的分析，我们已经知道，在气缸进气量的估计中，稳态的容积效率 η_{charge} 可以通过查表获取，定义为 $\bar{\eta}_{\text{charge}}$，定义偏移的容积效率为 $\tilde{\eta}_{\text{charge}}$，需要通过观测器观测得到。最终，容积效率 η_{charge} 可表示为

$$\eta_{\text{charge}} = \bar{\eta}_{\text{charge}} + \tilde{\eta}_{\text{charge}} \tag{3-12}$$

代入式（3-10）可得

$$W_{\text{cyl}} = \frac{V_c N}{120 R T_m} \bar{\eta}_{\text{charge}} P_m + \frac{V_c N}{120 R T_m} \tilde{\eta}_{\text{charge}} P_m \tag{3-13}$$

将式（3-13）重新代入式（3-5），则进气歧管压力动态方程可描述为

$$\dot{P}_m = \frac{\gamma R}{V_m} \left(u_{\text{th}} T_0 + W_{\text{egr}} T_{\text{egr}} - \frac{V_c N}{120 R T_m} \bar{\eta}_{\text{charge}} P_m T_m - \frac{V_c N}{120 R T_m} \tilde{\eta}_{\text{charge}} P_m T_m \right) \tag{3-14}$$

上述系统的结构形如高增益观测器结构 $\dot{z} = x + y$，因此我们进行如下定义：

定义可测量 z

$$z = P_m \tag{3-15}$$

定义可测量 y

$$y = \frac{\gamma R}{V_m} (u_{\text{th}} T_0 + W_{\text{egr}} T_{\text{egr}}) - \frac{\gamma V_c N}{120 V_m} \bar{\eta}_{\text{charge}} P_m \tag{3-16}$$

定义估计量

$$x = -\frac{\gamma V_c N}{120 V_m} \tilde{\eta}_{\text{charge}} P_m \tag{3-17}$$

根据高增益观测器的结构，可得到

$$\hat{W}_{\text{cyl}} = \frac{V_c P_m N}{120 R T_m} \bar{\eta}_{\text{charge}} + \frac{V_m}{\gamma R T_m} (\varepsilon - \alpha P_m) \tag{3-18}$$

$$\dot{\varepsilon} = -\alpha \varepsilon - \alpha \bar{\eta}_{\text{charge}} P_m \frac{\gamma V_c N}{120 V_m} + \alpha \frac{\gamma R}{V_m} (u_{\text{th}} T_0 + W_{\text{egr}} T_{\text{egr}}) + \alpha^2 P_m \tag{3-19}$$

式中，α 为观测增益；ε 为辅助变量。

根据式（3-18）和式（3-19），我们设计出了气缸进气量的高增益观测器。

对于一台四缸汽油发动机，气缸进气量在稳态工况时应与节气门处流经的空气量相等。但由于排气再循环技术将部分废气引入进气歧管，进而使进气歧管内压力和温度发生变化，这样就使得在进气歧管尾部使用"速度-密度"法计算得到的气缸进气量是进入气缸的总的气体量，不能直接用于空燃比的计算，因此需要计算气缸中的新鲜空气量。

观察进气歧管结构（图 3-4），在进气歧管与 EGR 支管交汇的位置，根据理想气体方

程可以计算出 EGR 引入的废气压力 P_{egr}，引入的废气压力模型可以描述为

$$\dot{P}_{\text{egr}} = \frac{\gamma R}{V_{\text{m}}} \left(W_{\text{egr}} T_{\text{egr}} - \frac{P_{\text{egr}}}{P_{\text{m}}} W_{\text{cyl}} T_{\text{m}} \right) \tag{3-20}$$

根据能量守恒，并且废气中含氧量极低，假设废气中不含有可用于燃烧的空气，我们可以得到新鲜空气的压力 P_{air} 为

$$P_{\text{air}} = P_{\text{m}} - P_{\text{egr}} \tag{3-21}$$

由于压力与流量的关系成正比，进入气缸的新鲜空气所占的比重可用压力来表示，最终得到进入气缸的进气量中新鲜空气 W_{air} 所占的比重为

$$W_{\text{air}} = \frac{P_{\text{air}}}{P_{\text{m}}} W_{\text{cyl}} \tag{3-22}$$

只要得到较为精准的进入气缸气体量 W_{cyl}，就可以由压力公式计算出新鲜空气量，用于空燃比控制。

结合所设计的气缸进气量观测器，将式（3-18）代入式（3-22）中，得到气缸内新鲜空气量为

$$\hat{W}_{\text{air}} = \frac{P_{\text{air}}}{P_{\text{m}}} \left[\frac{V_{\text{c}} P_{\text{m}} N}{120 R T_{\text{m}}} \overline{\eta}_{\text{charge}} + \frac{V_{\text{m}}}{\gamma R T_{\text{m}}} (\varepsilon - \alpha P_{\text{m}}) \right] \tag{3-23}$$

3.2.3 油路模型

汽油机往往是通过控制喷油嘴的喷油量来控制空燃比。对于给定的节气门开度，会产生相应的气缸进气量，前面我们已经分析了气缸内新鲜空气量和进入气缸的燃油量在发动机稳态工况与瞬态工况下的变化情况，给出空燃比 λ 的定义

$$\lambda = \frac{\hat{W}_{\text{air}}}{L_{\text{th}} W_{\text{fc}}} = \frac{\hat{W}_{\text{air}}}{14.7 W_{\text{fc}}} \tag{3-24}$$

式中，L_{th} 为空燃比理论值，汽油机取值 14.7，本章采用的空燃比均为归一化后的空燃比。

从式（3-24）中可以看到，气缸内新鲜空气量和实际进入气缸的燃油质量流量的偏差均将直接影响空燃比的控制效果。

本章选取的被控对象为自然吸气发动机，喷油嘴安装在进气歧管末端，燃油在进入气缸前就与空气形成了混合气体。如图 3-6 所示，一部分燃油形成油蒸汽直接进入气缸中，而另一部分的燃油附着在进气歧管壁上，以油滴的形式沉积下来，形成油膜。这部分油膜逐渐蒸发成油蒸汽，最终进入气缸中，这就是燃油的湿壁效应。湿壁效应的存在，导致瞬态工况下，喷油嘴喷出的燃油没能完全进入气缸中，造成空燃比控制出现偏差。在建模过程中，需要建立燃油从喷油嘴到气缸内部的传输动态模型。

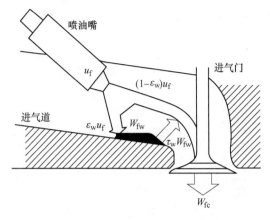

图 3-6 油膜形成示意图

当发动机运行在稳态工况下时，处于一种平衡的状态，此时并不影响对空燃比的控制。当发动机运行在瞬态工况下时，假设喷油嘴喷出的燃油并未全部转换为燃油蒸汽。其中，形成油滴附着在管壁上的燃油量占喷射总量的 ε_w，这部分燃油形成了油膜。油膜以 τ_w 的速率进行挥发，进入汽缸内。燃油蒸发模型可描述为

$$\begin{cases} W_\mathrm{fc} = \tau_\mathrm{w} W_\mathrm{fw} + (1-\varepsilon_\mathrm{w})\ u_\mathrm{f} \\ \dot{W}_\mathrm{fw} = -\tau_\mathrm{w} W_\mathrm{fw} + \varepsilon_\mathrm{w} u_\mathrm{f} \end{cases} \tag{3-25}$$

式中，u_f 为喷油嘴喷出的燃油质量流量（kg/s）；W_fc 为进入气缸的燃油质量流量（kg/s）；W_fw 为附壁油膜的燃油质量流量（kg/s）；τ_w 为油膜挥发时间常数；ε_w 为燃油沉积系数。

根据式（3-23）和式（3-25），将气缸内新鲜空气质量流量和进入气缸的燃油质量流量方程整理如下

$$\begin{cases} \hat{W}_\mathrm{air} = \dfrac{P_\mathrm{air}}{P_\mathrm{m}}\left[\dfrac{P_\mathrm{m} V_\mathrm{c} N}{120 R T_\mathrm{m}}\overline{\eta}_\mathrm{charge} + \dfrac{V_\mathrm{c}}{\gamma R T_\mathrm{m}}(\varepsilon - \alpha P_\mathrm{m})\right] \\ W_\mathrm{fc} = \tau_\mathrm{w} W_\mathrm{fw} + (1-\varepsilon_\mathrm{w})\ u_\mathrm{f} \end{cases} \tag{3-26}$$

3.2.4 模型仿真验证及动力学分析

GT-POWER 仿真软件是车辆制造商和供应商所广泛使用的先进的高精度发动机仿真工具，由美国 Gamma Technology 公司开发，适用于多种发动机问题的建模与分析。GT-POWER 基于一维气体动力学，表示管道和发动机系统其他部件中的流动和传热。除了流体流动和传热能力，该软件还包含许多系统分析所需的专门模型，可模拟发动机稳态工况和瞬态工况，包括传统汽油机、柴油机、涡轮增压发动机以及发动机后处理等。同时，用户也可以利用元件自行建立发动机模型。

所建立的模型将在发动机仿真软件 GT-POWER 中进行仿真与验证。我们在 GT-POWER 给出的四缸自然吸气发动机的基础上对其进行修改，搭建了排气再循环回路，如图 3-7 所示。此外，本章采用了可用于预测的 EngCylCombSITurb 准维燃烧模型，该燃烧模型可表

现出参数对燃烧速率的影响，能够提供更详细的模型输出结果，如发动机排放、爆燃和热传递等。

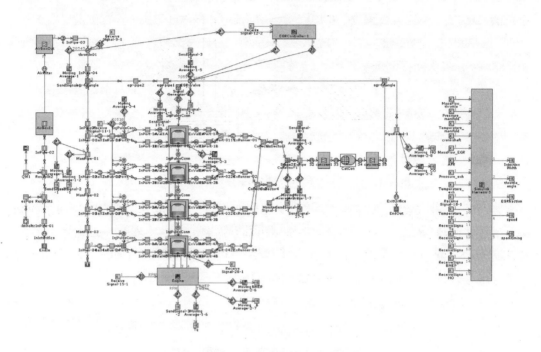

图 3-7 GT-POWER 发动机模型

设计的验证工况为节气门开度、EGR 率和发动机转速的变化曲线，如图 3-8 所示。

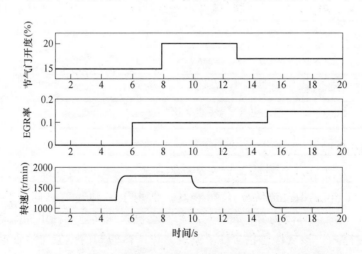

图 3-8 节气门开度、EGR 率和发动机转速的变化曲线

图 3-9 所示为模型验证仿真曲线，验证的方式为对 GT-POWER 中的发动机模型以及在 Simulink 中搭建的模型给定相同的输入信号，通过对比两者在不同工况下输出信号的偏差，验证模型精度。

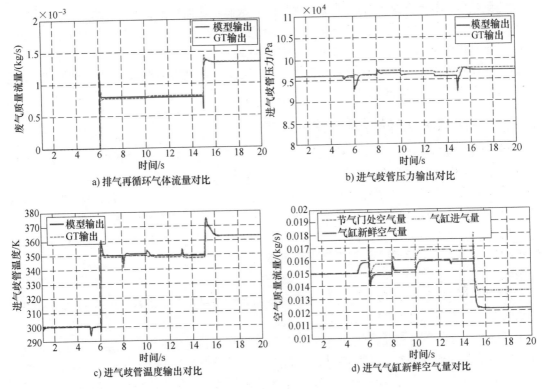

图 3-9 模型验证仿真曲线

图 3-9a 所示为排气再循环气体流量的仿真曲线,虚线为仿真软件中 EGR 阀处的气体流量传感器输出,实线为模型输出,曲线误差较小。图 3-9b 所示为进气歧管压力的仿真曲线,虚线为 GT-POWER 中进气歧管压力传感器输出,实线为模型输出。图 3-9c 所示为进气歧管温度的仿真曲线,虚线为 GT-POWER 中进气歧管温度传感器输出,实线为模型输出。由于进气歧管压力除了与节气门开度、发动机转速、EGR 率有关以外,还与建立的排气再循环气体流量模型、进气歧管温度模型呈耦合关系。任何一个状态量的影响都会使进气歧管压力产生较大的影响。图 3-9d 所示为气缸进气量的仿真曲线,其中虚线为 GT-POWER 中流经节气门处的空气质量流量,点画线为观测器输出的气缸进气量,实线为计算得到的进入气缸的新鲜空气量。从图中可以看到,在稳态工况下,虚线与实线基本吻合,即进入气缸的新鲜空气量与流经节气门处的空气量相等,符合实际物理意义。

从仿真对比曲线中可以看到,本章所建立的模型均能较为准确地反映进气歧管动态变化过程,所设计的气缸进气量观测器也能较为精准地估计气缸进气量,为接下来的空燃比控制提供了数学基础。

3.3 基于模型预测控制的理想空燃比优化

稀薄燃烧技术和排气再循环技术都对提高发动机经济性和排放性有着显著的优势,但同时也存在一定的不足。选取合理的稀薄燃烧期望空燃比和排气再循环率,能够使发动机性能达到最佳。本节将详细分析稀薄燃烧与排气再循环协同作用的意义，选取节气门开度、发动机转速、气缸进气量、排气再循环率和空燃比作为输入量，选取发动机的有效燃油消耗率、氮氧化物 NO_x 的排放以及碳氢化合物 HC 的排放作为输出量，利用 BP 神经网络建立非线性预测模型，基于非线性模型预测控制方法设计优化控制方案，优化出不同工况下的理想稀燃空燃比值和 EGR 率。

3.3.1 稀薄燃烧与 EGR 协同作用分析

稀薄燃烧技术如今已是发动机控制研究的前沿和热点，根据发动机的物理结构和燃烧方式，稀薄燃烧空燃比没有一个确切的标准。当空燃比过小时，发动机油耗的改善不明显，NO_x 的排放反而上升；当空燃比过大时，可能造成发动机运行不稳定的现象。因此，只有合理寻找稀燃空燃比才能使发动机性能得到改善。此外，针对稀薄燃烧存在的 NO_x 排放增加的问题，本章结合了排气再循环技术，然而，排气再循环率的给定在工程上往往是通过经验判定的，一般不超过 30%。排气再循环率如果选择不当，也会对发动机性能造成一定的影响。

在一定的发动机转速和节气门开度下，不开启排气再循环，发动机的燃油消耗率和排放物随空燃比变化曲线如图 3-10 所示。

经济性方面，图 3-10a 为有效燃油消耗率与空燃比的关系曲线。随着空燃比的升高，有效燃油消耗率逐渐减小，可见稀薄燃烧技术对降低燃油消耗方面有着显著优势。

排放性方面，如图 3-10b 所示，随着空燃比的增大，CO 的排放也明显降低。但通过图 3-10c 可以看到，HC 的排放呈现先降低后升高的趋势。这是由于随着空燃比的进一步增加，发动机气缸内温度降低，燃烧稳定性变差，燃烧进一步恶化，导致 HC 的排放急剧增加。图 3-10d 所示为 NO_x 与空燃比的关系，NO_x 随着空燃比的升高先增加后减少。NO_x 的产生需要满足以下两个条件：一是气缸内的燃油混合气体处在高温高压的状态下；二是气缸内有多余的氧气。当空燃比略超过当量空燃比 14.7 时，三元催化器对 NO_x 的转换能力逐渐达到上限，大量的氮氧化物未能转换成无害气体，继续以 NO_x 的形式排出。但随着空燃比的进一步增大，缸内燃烧温度降低，低温的影响超过了富氧的影响，使 NO_x 的排放迅速减少。

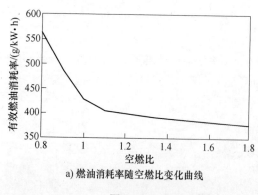
a) 燃油消耗率随空燃比变化曲线

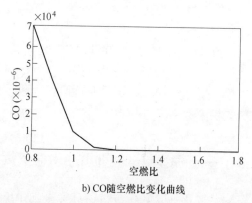
b) CO随空燃比变化曲线

图 3-10　燃油消耗率、CO、HC、NO_x 随空燃比变化曲线

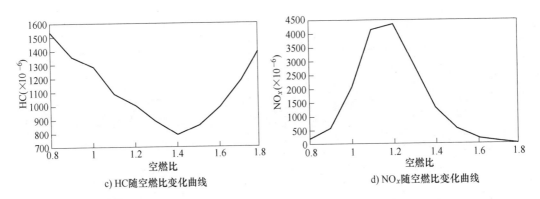

c) HC随空燃比变化曲线　　　　d) NO_x随空燃比变化曲线

图 3-10　燃油消耗率、CO、HC、NO_x随空燃比变化曲线（续）

通过上述分析可以发现，适当提高发动机的空燃比，可以在多个方面改善发动机的性能。但空燃比的升高也导致三元催化器对氮氧化物 NO_x 的转换能力下降，使得 NO_x 的排放急剧增加，不能满足国家排放标准。进一步提高空燃比，使大量的空气与少量的燃油进行燃烧，将导致 HC 排放剧增，气缸内燃烧过程变得更加困难，严重时甚至可能出现失火等现象，不利于发动机的运行。因此，兼顾发动机的动力性、经济性和排放性，合理选择稀薄燃烧空燃比尤为关键。

排气再循环技术可以很好地解决 NO_x 的排放问题。排气再循环技术是将排气歧管排出的部分废气引回进气歧管，并流入气缸。因为废气中含氧量极低，可以认为不参与燃烧，废气的引入起到了降低燃烧温度和减少泵气损失的作用，同时，稀释了气缸中的混合气体，降低了缸内含氧浓度，从而起到了抑制 NO_x 生成的作用。

在一定的发动机转速和节气门开度下，当量空燃比下发动机的燃油消耗率和排放物随着 EGR 率变化曲线如图 3-11 所示。

经济性方面，图 3-11a 为有效燃油消耗率与 EGR 率的关系曲线。随着 EGR 率的升高，进入气缸的废气增多，导致缸内氧气含量降低，燃烧速率减慢，燃烧热效率降低，有效燃油消耗率呈现小幅度上升趋势。

排放性方面，EGR 率的适当提高，可以有效降低 NO_x 的排放，如图 3-11b 所示。但随着 EGR 率的进一步升高，NO_x 并没有明显变化，这是由于当 EGR 阀达到一定开度，EGR 对排放等不再继续起作用，甚至可能使发动机的燃烧性能恶化。图 3-11c 为 CO 排放与 EGR 率的关系曲线，随着 EGR 率的增加，CO 的排放明显下降。图 3-11d 为 HC 排放与 EGR 率的关系曲线，随着 EGR 率的增加，发动机燃烧循环变动增大，燃烧稳定性变差，HC 的排放显著增加。

排气再循环技术利用惰性阻燃性质，能有效抑制燃烧中化学物质的反应速率，降低燃烧温度，从而抑制 NO_x 的生成，显著降低 NO_x 的排放。因此，将稀薄燃烧技术和与排气再循环技术结合，根据工况合理选择稀薄燃烧空燃比和排气再循环开度，可以实现发动机低油耗、低排放的目标，改善发动机经济性和排放性。

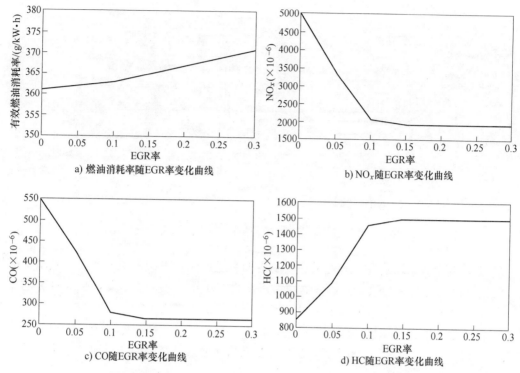

图 3-11 燃油消耗率、NO_x、CO、HC 随 EGR 率变化曲线

3.3.2 面向控制的 BP 神经网络模型建立

由于发动机油耗和排放的产生过程十分复杂，难以通过机理进行建模，因此，本节选择采用神经网络建模的方式，建立空燃比、EGR 率到有效燃油消耗率和各个排放物之间的模型，用于优化控制器的设计。

为了得到合理的稀薄燃烧期望空燃比和排气再循环率，使发动机油耗和排放达到最佳，我们选取了节气门开度、发动机转速、排气再循环率和空燃比作为输入量，选取发动机的有效燃油消耗率、NO_x 的排放以及 HC 的排放作为输出量。此外，系统的输出还与上一时刻的输出量有关。如图 3-12 所示，最终选取神经网络建模的输入信号为

$$x = \begin{bmatrix} \theta_{th}, & \theta_{egr}, & W_{air}, & \lambda, & N, & b_e, & NO_x, & HC \end{bmatrix}^T \quad (3-27)$$

输出信号为

$$y = \begin{bmatrix} b_e, & NO_x, & HC \end{bmatrix}^T \quad (3-28)$$

由于我们所选取的输入变量和状态量之间的量纲和量纲单位各不相同，数量级相差较大，容易引起训练时间过长，甚至无法收敛的可能。另外，考虑到 tansig 型激励函数的非线性区间在[-1.7, 1.7]之间，需要保证激励函数的输入值在这个范围内。因此，为了消除量纲的影响，在进行神经网络训练之前，首先要对数据进行归一化处理，使各个输入变量均处在相同的数量级。

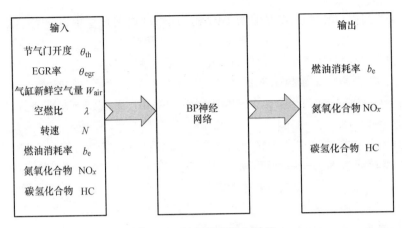

图 3-12 神经网络输入输出

我们采用的是三层神经网络结构，输入层神经元个数为 8 个，输出层神经元个数为 3 个，神经元个数过少，网络泛化能力不强；神经元个数过多，导致网络出现过拟合的现象，预测精度降低，因此需要合理选择隐含层神经元个数。经过大量试验尝试，为了保证训练结构的拟合精度和预测精度均能达到目标，最终选取隐含层神经元个数为 8 个。输入层到隐含层的激活函数为非线性 tansig 型，隐含层到输出层的激活函数为线性 purelin 型。

神经网络训练结果曲线如图 3-13 所示，图中实线为训练输出，虚线为实际输出。从训练结果可以看出，给定相同的系统输入，训练输出与实际输出几乎重合，训练结果较好。由于训练数据集的选取涵盖了绝大部分工况，训练数据可以反映出系统特性。

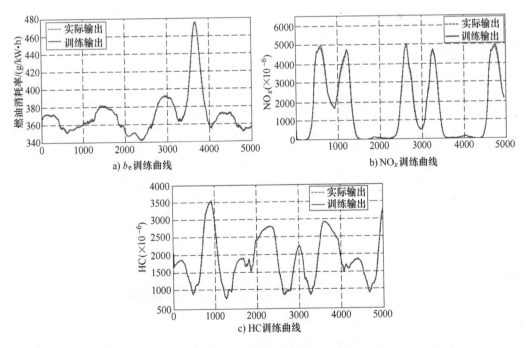

图 3-13 神经网络训练结果曲线

将训练得到的权值和阈值分别带入 BP 神经网络的离散模型中,可得到神经网络的预测输出为

$$\hat{y}(k+1) = g\{w_2 f[w_1 x(k) + b_1] + b_2\} \tag{3-29}$$

式中,w_1 为输入层到隐含层的权值;w_2 为隐含层到输出层的权值;b_1 为输入层到隐含层的阈值;b_2 为隐含层到输出层的阈值;$f(x)$ 为输入层到隐含层的激活函数;$g(x)$ 为隐含层到输出层的激活函数。

tansig 型激活函数的表达式 $f(x)$ 为

$$f(x) = \frac{2}{1 - e^{-2x}} - 1 \tag{3-30}$$

purelin 型激活函数的表达式 $g(x)$ 为

$$g(x) = x \tag{3-31}$$

将激活函数代入式(3-29)中,可得到由 BP 神经网络建立的离散模型为

$$\hat{y}(k+1) = w_2 \left(\frac{2}{1 - e^{-2[w_1 x(k) + b_1]}} - 1 \right) + b_2 \tag{3-32}$$

式中,k 为采样时刻,$k \geq 0$ 选取系统的控制量为排气再循环率和空燃比;输出量为有效燃油消耗率 b_e、NO_x 浓度和 HC 浓度;系统的其他状态量为节气门开度、气缸进气量和发动机转速。

3.3.3 基于模型预测控制的理想空燃比与 EGR 率优化

为了使发动机的燃油消耗尽可能低,同时排放也满足国家标准,稀薄燃烧空燃比不能过高,排气再循环率也有着一定的适用范围,如何合理优化并协调稀薄燃烧空燃比和排气再循环率十分重要。

通过前面的分析我们可以整理得到如下的控制需求:

1)该优化问题是一个复杂的非线性问题,中小负荷工况下,在保证动力性的前提下,通过控制空燃比和排气再循环率,使发动机的燃油消耗和排放均能满足要求。

2)作为执行机构的排气再循环阀门,不能大幅度变化,以免对其机械结构造成损伤,缩短执行机构寿命;排气再循环率也不易过高,过高的 EGR 率对 NO_x 的排放没有更多的作用,甚至会由于进入气缸的惰性气体浓度过高,从而出现失火现象。

3)为了保证发动机的性能,空燃比和排气再循环率存在约束范围。空燃比过低,油耗增多,发动机经济性变差;空燃比过高,使缸内燃烧温度上升,可能会引起部分燃烧甚至爆燃现象。

综上,所研究的油耗和排放问题具有很强的非线性,控制问题中包含多个目标,同时含有约束特性。模型预测控制可以很好地处理含有约束的多目标优化问题,并且可以在线处理约束。因此,结合控制需求以及复杂的非线性模型,我们采用非线性模型预测控制的方法对稀薄燃烧空燃比和排气再循环率进行合理规划。

将上一节所建立的 BP 神经网络离散模型作为非线性模型预测控制的面向控制模型,根据式(3-32),系统模型整理如下

$$u(k) = \begin{bmatrix} \theta_{\text{egr}}(k) \\ \lambda(k) \end{bmatrix} \tag{3-33}$$

$$y(k) = \begin{bmatrix} b_e(k) \\ \text{NO}_x(k) \\ \text{HC}(k) \end{bmatrix} \tag{3-34}$$

$$x(k) = \begin{bmatrix} \theta_{\text{th}}(k) \\ w_{\text{air}}(k) \\ N(k) \\ u(k) \\ y(k) \end{bmatrix} \tag{3-35}$$

系统模型的一步预测输出为

$$\hat{y}(k+1) = \begin{bmatrix} \hat{b}_e(k+1) \\ \widehat{\text{NO}}_x(k+1) \\ \widehat{\text{HC}}(k+1) \end{bmatrix} \tag{3-36}$$

根据模型预测控制的基本思想，定义控制时域为 N_c，预测时域为 N_p，并且 $N_c \leqslant N_p$，在控制时域以后，系统的控制输入不变，即

$$u(k+N_c-1) = u(k+N_c) = \cdots = u(k+N_p-1) \tag{3-37}$$

定义在第 k 个采样时刻，系统的预测输出序列为

$$\hat{Y}_{N_p}(k+1|k) = \begin{bmatrix} \hat{y}(k+1|k) \\ \hat{y}(k+2|k) \\ \vdots \\ \hat{y}(k+N_p|k) \end{bmatrix} \tag{3-38}$$

定义在第 k 个采样时刻，系统的控制输入序列为

$$U(k) = \begin{bmatrix} U(k|k) \\ U(k+1|k) \\ \vdots \\ U(k+N_c-1|k) \end{bmatrix} \tag{3-39}$$

为了保证发动机运行在安全的区域内，并考虑神经网络预测模型的泛化能力，需要将系统输出的大小限制在一定范围内。同时，排气再循环阀门的开度和空燃比的运行范围也需要进行约束，使发动机和执行机构处于安全工作的状态。对系统输出和输入的约束为

$$Y_{\min} \leqslant Y(k) \leqslant Y_{\max}$$
$$U_{\min} \leqslant U(k) \leqslant U_{\max} \qquad (3\text{-}40)$$

其中

$$Y_{\min} = \begin{bmatrix} 0 \\ 0 \\ 0 \end{bmatrix}, \ Y_{\max} = \begin{bmatrix} 400 \\ 2800 \\ 2400 \end{bmatrix}, \ U_{\min} = \begin{bmatrix} 0 \\ 0.8 \end{bmatrix}, \ U_{\max} = \begin{bmatrix} 0.3 \\ 1.8 \end{bmatrix} \qquad (3\text{-}41)$$

选取的优化目标函数为

$$J = \left\| \Gamma_{y1} \hat{Y}_1(k+1|k) \right\|^2 + \left\| \Gamma_{y2} \hat{Y}_2(k+1|k) \right\|^2 + \left\| \Gamma_{y3} \hat{Y}_3(k+1|k) \right\|^2 + \left\| \Gamma_u \Delta U(k) \right\|^2 \qquad (3\text{-}42)$$

其中

$$\begin{aligned} \Delta U(k) &= U(k+1) - U(k) \\ U(k) &= \begin{bmatrix} \theta_{\text{egr}}(k) \ \lambda(k) \end{bmatrix}^{\text{T}} \\ \hat{Y}_1(k+1|k) &= \hat{b}_e(k+1|k) \\ \hat{Y}_2(k+1|k) &= \widehat{\text{NO}}_x(k+1|k) \\ \hat{Y}_3(k+1|k) &= \widehat{\text{HC}}(k+1|k) \end{aligned} \qquad (3\text{-}43)$$

由于用于上层规划控制器输出不能过于频繁，本章选取控制器的离散时间为 0.3s，预测时域为 8，控制时域为 5，Γ_{y1}、Γ_{y2}、Γ_{y3} 分别代表系统输出量有效燃油消耗率 b_e、氮氧化物 NO_x 和碳氢化合物 HC 的加权系数。在本章的优化问题中，首要满足的目标是降低油耗，所以以油耗为基准，选取 Γ_{y1} 为 1。在排放方面，NO_x 的排放过大会对环境造成污染，HC 的排放过大表明发动机性能恶化。由于在训练神经网络模型时进行了归一化，对输出量做了无量纲化处理，减小了加权系数的调节范围，最终选取的输出量加权系数分别为：$\Gamma_{y1}=1$，$\Gamma_{y2}=0.6$，$\Gamma_{y3}=0.9$。

参数 Γ_u 代表系统输入量排气再循环率和空燃比的变化量的加权系数。输入量加权系数的选择对控制效果有着直接影响，反映了对控制动作的要求，系数过大，控制动作越小，控制器的跟踪性能下降；系数过小，控制动作越大，控制器的收敛性不能保证。本章选取的输入量加权系数分别为：$\Gamma_u = [0.3, 0.1]^{\text{T}}$。

为了求解优化问题，本章选用 NAG 工具箱进行求解，可求解出系统的控制输入序列，由于该优化问题有两个控制输入，因此需要将得到的控制序列 $U(k)$ 中的第一组元素，即前两个元素分别作用于被控模型

$$\begin{aligned} \theta_{\text{egr}}(k) &= \begin{bmatrix} 1 & 0 & \cdots & 0 \end{bmatrix} U(k) \\ \lambda(k) &= \begin{bmatrix} 0 & 1 & \cdots & 0 \end{bmatrix} U(k) \end{aligned} \qquad (3\text{-}44)$$

综上所述，我们求解出了满足性能指标的排气再循环率和空燃比，将排气再循环率直接作用给排气再循环阀门，而空燃比则是发动机运行过程中需要跟踪的期望空燃比。非线性模型预测控制器求解流程如图 3-14 所示。

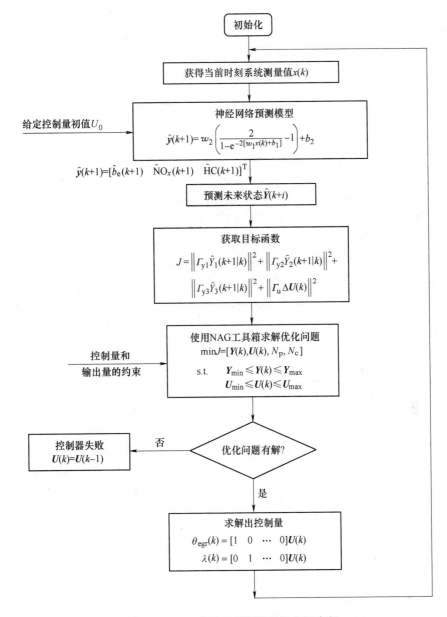

图 3-14 非线性模型预测控制器求解流程

3.3.4 非线性模型预测控制器仿真验证

稀薄燃烧技术的应用前提是保证发动机的动力需求，在高转速、高负荷的工况下并不适用。因此，只在低转速、中小负荷范围内实行稀薄燃烧。通过优化油耗和排放得到的排气再循环率和期望稀薄燃烧空燃比的效果，与当量空燃比 14.7 下的发动机的有效燃油消耗率和污染物的排放做对比,以此验证控制器的效果。为了实现系统闭环,需要将空燃比转换为喷油嘴的喷油量作用给系统,本章利用简单的前馈控制器计算出系统所需的喷油量,使发动机空燃比能够达到期望空燃比。

(1) 稳态工况

设定发动机转速为1500r/min,节气门开度为20°。

表 3-2 稳态工况下油耗和排放量

空燃比	EGR率(%)	燃油消耗率/(g/kW·h)	CO ($\times 10^{-6}$)	HC ($\times 10^{-6}$)	NO_x ($\times 10^{-6}$)
1	0	380	6827	1073	2700
1.27	7.1	369	278	1870	1295

在该工况下,控制器优化得到的排气再循环率为7.1%,稀薄燃烧空燃比为1.27,此时发动机系统的油耗和排放量分别见表 3-2,并与当量空燃比的发动机性能做出了对比。通过对比可知,采用稀薄燃烧与排气再循环协同控制的策略,有效降低了发动机燃油消耗、CO以及NO_x排放,HC的排放略有上升。这是因为EGR的开启对HC的排放影响比较大,但此时的EGR率并不是很高,HC的排放依然在约束范围内,满足要求,也没有对发动机性能造成影响,发动机能够稳定运行。

(2) 瞬态工况

设定发动机转速和节气门开度的变化曲线如图 3-15 所示,节气门开度由25°先变化到20°再变化到24°,发动机转速首先保持在1500r/min,再经过一个加速过程,稳定在2000r/min。

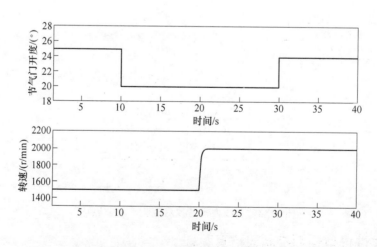

图 3-15 瞬态工况节气门、转速变化曲线

在该工况下,控制器优化得到的排气再循环率为图 3-16 所示,空燃比如图 3-17 所示。

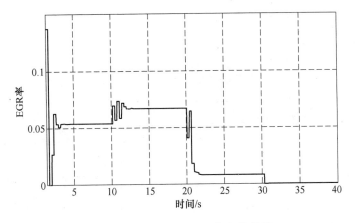

图 3-16 瞬态工况 EGR 率变化曲线

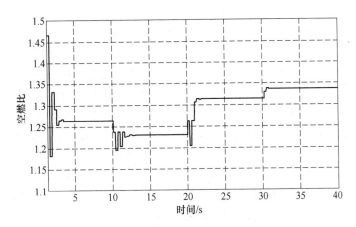

图 3-17 瞬态工况空燃比变化曲线

此时发动机系统的燃油消耗率、CO、NO_x 和 HC 的排放量分别如图 3-18 所示,并与当量空燃比的发动机性能做出了对比。通过对比可知,采用稀薄燃烧与排气再循环协同控制的策略,能够使发动机性能得到提升。

经济性方面,如图 3-18a 所示,稀薄燃烧条件下有效降低了发动机运行过程中的燃油消耗率,起到节约燃油的效果,提升了发动机的经济性。

排放性方面,如图 3-18b 所示,与当量空燃比条件对比,控制方案下的 CO 排放大幅度下降,几乎不会对环境产生影响。如图 3-18c 所示,稀薄燃烧与排气再循环的结合使 NO_x 的排放低于当量空燃比下的 NO_x 排放。当发动机处于稀薄燃烧状态下,三元催化器对 NO_x 的转换效率降低,但由于排气再循环的作用,能够使 NO_x 的排放得到改善,有效解决了稀薄燃烧 NO_x 的排放问题。如图 3-18d 所示,该控制方案对于 HC 的排放效果并不明显。这是由于稀薄燃烧技术和排气再循环技术的应用都会对 HC 的排放产生影响,其中排气再循环对 HC 的影响更大,使稀薄燃烧对 HC 的小幅度降低效果不佳,但 HC 的排放总体上依然能够满足要求。

综上所述,通过仿真验证,本章所设计的基于非线性模型预测控制的优化控制方案能够使发动机在经济性和排放性方面得到改善,起到降低油耗、减少排放的作用。

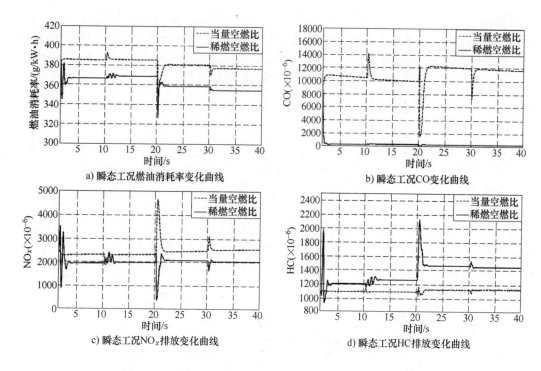

图 3-18 瞬态工况下燃油消耗率、CO、HC、NO_x 变化曲线

3.4 空燃比三步非线性跟踪控制器设计

发动机空燃比控制是发动机控制系统中的重要一环,空燃比是否能精准控制在理想空燃比附近将直接影响发动机的动力性、经济性以及排放性。对于稀薄燃烧发动机而言,对空燃比控制的精度要求更高。目前汽车上采用的是前馈 MAP 结合反馈 PI 控制的结构对空燃比进行控制,在发动机瞬态工况下容易出现较大偏差。本节考虑工程应用的可行性,并根据建立的气路模型,设计了基于三步非线性控制方法的空燃比控制方案,进行了控制器推导。在 GT-POWER 与 Simulink 中进行联合仿真,以上一节优化出的理想空燃比作为跟踪期望值,跟踪效果较好,验证了所提出的控制器的合理性和可靠性。

3.4.1 三步非线性跟踪控制器设计

空燃比的精准跟踪控制对于排放和油耗至关重要。上一节我们已经通过设计非线性模型预测控制器优化出了在不同工况下的期望的空燃比和排气再循环率。其中,排气再循环率的优化结果转换成排气再循环阀门开度,直接作用到被控对象上。下面将详细介绍基于三步非线性控制方法的空燃比跟踪控制器的推导过程。

定义空燃比系统的输出为空燃比 λ,定义可控量喷油嘴的喷油量 u_f 为系统输入,为了得到系统控制输出与控制输入之间的关系,并对空燃比求导

$$\dot{\lambda} = \left(\frac{\hat{W}_{\text{air}}}{14.7W_{\text{fc}}}\right)' = \frac{\dot{\hat{W}}_{\text{air}}W_{\text{fc}} - \hat{W}_{\text{air}}\dot{W}_{\text{fc}}}{14.7(W_{\text{fc}})^2} \tag{3-45}$$

令 $c_0 = \dfrac{V_m}{\gamma R T_m}$，$c_m = \dfrac{V_c \overline{\eta}_{\text{charge}}}{120R}$，$c_p = \dfrac{P_{\text{air}}}{P_m}$，对式（3-26）求导可得：

$$\begin{cases} \dot{\hat{W}}_{\text{air}} = c_p(\hat{W}_{\text{cyl}})' = c_p c_m \left(\dfrac{P_m N}{T_m}\right)' + c_p c_0 \varepsilon \left(\dfrac{1}{T_m}\right)' - c_p c_0 \alpha \left(\dfrac{P_m}{T_m}\right)' \\ \dot{W}_{\text{fc}} = -\tau_w W_{\text{fc}} + (1 - \varepsilon_w)\ \dot{u}_f + \tau_w u_f \end{cases} \tag{3-46}$$

将式（3-46）代入式（3-45）可得到一阶系统为

$$\begin{aligned}\dot{\lambda} = & \frac{c_p c_m N \dot{P}_m T_m + c_p c_m \dot{N} P_m T_m - c_p c_m N P_m \dot{T}_m - c_p c_0 \varepsilon - c_p c_0 \alpha P_m T_m}{14.7 T_m^2 W_{\text{fc}}} + \\ & \frac{c_p c_0 \alpha P_m \dot{T}_m}{14.7 T_m^2 W_{\text{fc}}} + \tau_w \lambda - \frac{\lambda}{W_{\text{fc}}}[(1-\varepsilon_w)\ \dot{u}_f + \tau_w u_f]\end{aligned} \tag{3-47}$$

为了便于进行三步非线性控制器的设计，将系统结构整理为标准的仿射系统，需要定义虚拟控制输入 u

$$u = (1 - \varepsilon_w)\ \dot{u}_f + \tau_w u_f \tag{3-48}$$

则系统整理为

$$\dot{\lambda} = A(\lambda,\ W_{\text{fc}},\ T_m,\ P_m,\ N) + B(\lambda,\ W_{\text{fc}})\ u \tag{3-49}$$

其中，相关函数 $A(\lambda,\ W_{\text{fc}},\ T_m,\ P_m,\ N)$ 和 $B(\lambda,\ W_{\text{fc}})$ 的具体表达形式为

$$\begin{cases} A(\lambda,\ W_{\text{fc}},\ T_m,\ P_m,\ N) = \dfrac{c_p c_m N \dot{P}_m T_m + c_p c_m \dot{N} P_m T_m - c_p c_m N P_m \dot{T}_m}{14.7 T_m^2 W_{\text{fc}}} n + \\ \qquad\qquad\qquad\qquad\qquad\qquad \dfrac{c_p c_0 \alpha P_m T_m - c_p c_0 \varepsilon - c_p c_0 \alpha \dot{P}_m \dot{T}_m}{14.7 T_m^2 W_{\text{fc}}} + \tau_w \lambda \\ B(\lambda,\ W_{\text{fc}}) = -\dfrac{\lambda}{W_{\text{fc}}} \end{cases} \tag{3-50}$$

由于方程中实际进入气缸的燃油质量流量不能直接获取，本章通过期望空燃比 λ_s 对其进行近似表达

$$W_{\text{fc}} = \frac{\hat{W}_{\text{air}}}{14.7\lambda_s} \tag{3-51}$$

对于式（3-49）这样的一阶非线性仿射系统，定义 λ 为系统输出，u 为系统控制输入，W_{fc}、T_m、P_m、N 为系统状态变量，$A(\lambda,\ W_{\text{fc}},\ T_m,\ P_m,\ N)$ 和 $B(\lambda,\ W_{\text{fc}})$ 分别为系统的非

线性函数，$B(\lambda, W_{fc}) \neq 0$。定义系统输出 λ 跟踪的期望参考值为 λ_s。

接下来，我们将推导基于三步非线性控制方法的空燃比控制器。整个设计过程分为三个部分：稳态反馈控制、参考变化前馈控制和误差反馈控制。下面将分别介绍推导过程。

第一步为稳态反馈控制。为了将系统调节到稳态区域，减小系统偏差，利用系统的输出量和状态量，令 $\dot{\lambda}=0$，可求解出一个使系统稳定的控制律。将得到的控制律 u 用稳态反馈控制律 u_s 表示，代入系统方程（3-49）可得

$$u_s = -\frac{A(\lambda, W_{fc}, T_m, P_m, N)}{B(\lambda, W_{fc})} \tag{3-52}$$

第二步为参考变化前馈控制。对于大多数非线性系统而言，系统跟随的参考目标是动态变化的，稳态控制难以满足控制需求，需要对其进行修正。对参考信号取微分可以起到预测的作用，提高系统的响应速率，降低系统的调节时间。当发动机运行在中小负荷工况时，上层 NMPC 控制器根据工况，优化出合适的空燃比以获得良好的动力性、经济性和排放性。随着发动机运行工况的变化，空燃比的期望值 λ_s 往往也是变化的。仅靠稳态反馈控制律难以表征出参考目标的变化过程，为此，我们在稳态反馈控制的基础上引入了参考变化前馈控制。定义参考变化前馈控制律为 u_{ff}，结合稳态反馈控制律，假设此时的控制律为

$$u = u_s + u_{ff} \tag{3-53}$$

将其代入系统方程（3-49）中

$$\dot{\lambda} = B(\lambda, W_{fc}) u_{ff} \tag{3-54}$$

令 $\dot{\lambda} = \dot{\lambda}_s$，则参考变化前馈控制律 u_{ff} 可表示为

$$u_{ff} = \frac{1}{B(\lambda, W_{fc})} \dot{\lambda}_s \tag{3-55}$$

第三步为误差反馈控制。如果不考虑系统建模误差以及外部扰动，通过前面的推导，可以使系统输出达到期望值，然而在实际系统中，非线性模型的建模误差是始终存在的，外部扰动也是不可避免的。由于系统中不可避免地存在建模误差以及外部干扰，仅依赖类稳态控制以及参考前馈控制并不能保证输出达到目标期望值，为了进一步减少系统的跟踪误差，我们引入误差反馈控制律 u_e，此时的控制律可定义为

$$u = u_s + u_{ff} + u_e \tag{3-56}$$

将其代入系统方程（3-49）中

$$\dot{\lambda} = \dot{\lambda}_s + B(\lambda, W_{fc}) u_e \tag{3-57}$$

定义系统的跟踪误差为

$$e = \lambda_s - \lambda \tag{3-58}$$

对偏差 e 求导

$$\dot{e} = \dot{\lambda}_s - \dot{\lambda} \tag{3-59}$$

将式（3-57）和式（3-58）代入系统方程（3-49）中，得到误差系统为

$$\dot{e} = -B(\lambda, W_{fc}) u_e \tag{3-60}$$

对于这个误差系统，我们采用基于李雅普诺夫的方法来设计误差反馈控制，定义李雅普诺夫函数为

$$V = \frac{1}{2}e^2 + \frac{1}{2}k_1\chi^2 \tag{3-61}$$

其中 $k_1 > 0$，并且 $\chi = \int e \mathrm{d}t$。对李雅普诺夫函数 V 求导

$$\dot{V} = ee^2 + 2k_1\chi\dot{\chi} = -eB(\lambda, W_{fc}) u_e + k_1 e\chi \tag{3-62}$$

为了使系统渐近稳定，即 $\dot{V} < 0$，设计 u_e 为

$$u_e = \frac{k_0}{B(\lambda, W_{fc})}e + \frac{k_1}{B(\lambda, W_{fc})}\chi \tag{3-63}$$

其中，要求 $k_0 > 0$。

综合稳态反馈控制律、参考变化前馈控制律和误差反馈控制律，得到最终的虚拟控制律 u 为

$$\begin{aligned} u &= u_s + u_{ff} + u_e \\ &= -\frac{A(\lambda, W_{fc}, T_m, P_m, N)}{B(\lambda, W_{fc})} + \frac{1}{B(\lambda, W_{fc})}\dot{\lambda}_s + \frac{k_0}{B(\lambda, W_{fc})}e + \frac{k_1}{B(\lambda, W_{fc})}\int e \mathrm{d}t \end{aligned} \tag{3-64}$$

三步非线性控制方法结构框图如图 3-19 所示。从推导过程可以看出，利用三步非线性控制方法设计的空燃比跟踪控制器可以使空燃比实现精准控制。所设计的控制器设计过程简单明了，控制结构清晰，可以很好地应用于实际工程设计。

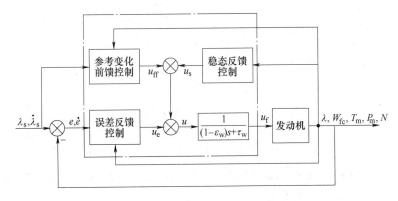

图 3-19 三步非线性控制方法结构框图

3.4.2 三步非线性控制器性能验证

三步非线性空燃比控制器在 GT-POWER 与 Simulink 中进行仿真验证。首先对控制器的控制效果以及抗扰性能进行验证。其次，将验证工况分为中小负荷以及高负荷工况，在每个工况下分别对稳态工况和瞬态工况进行空燃比的跟踪控制。

设定发动机转速为 3500 r/min，节气门开度为 45°，EGR 率为 0。此时空燃比期望值为 1，实际空燃比的跟踪效果如图 3-20 所示。从图中可以看出，实际空燃比与期望空燃比的偏差很小。这是由于系统处在稳态工况下，系统建模精度较高，同时误差反馈控制可以根据误差进行小偏差调节，使得空燃比跟踪效果较好。

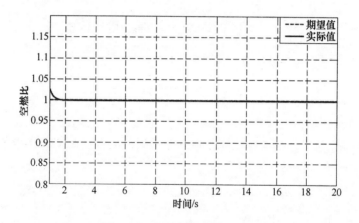

图 3-20 当量空燃比跟踪曲线

为了验证控制器的抗扰性能，将 EGR 阀的开度作为干扰进行仿真验证。依然设定发动机转速为 3500 r/min，节气门开度为 45°，EGR 率变化曲线如图 3-21 所示。

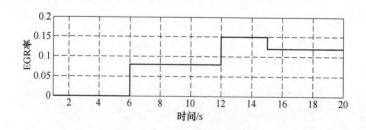

图 3-21 EGR 率变化曲线

如图 3-22 所示，EGR 率发生变化时，直接影响的是气缸进气量的多少，也就会导致空燃比的跟踪出现超调，但空燃比的曲线可以较快地跟踪上期望值，并且偏差较小，可以验证该控制器具有一定的抗扰能力。

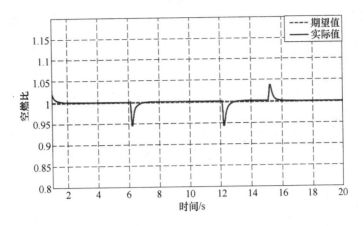

图 3-22 扰动下空燃比跟踪曲线

3.4.3 理想空燃比优化与跟踪控制联合仿真

(1) 中小负荷工况

在该工况下，发动机对动力性的需求不高，可以采用稀薄燃烧技术来改善发动机的经济性和排放性。低速、中小负荷工况是稀薄燃烧技术应用的主要工况。

设定发动机转速为 1500r/min，节气门开度为 20°。通过上层的 NMPC 控制器优化出的 EGR 率为 7.1%，稀燃空燃比为 1.27。将 EGR 率直接作用给 EGR 阀，得到进入进气歧管的废气质量流量。将优化得到的空燃比作为空燃比跟踪控制器的期望值。

空燃比跟踪曲线如图 3-23 所示。由于发动机在起动过程中会产生振荡变化，本章并不对起动过程进行控制。为了使上层的神经网络预测模型能够在有效的数据范围内运行，从 1s 之后开启 NMPC 控制器。当上层控制器输出稳定的期望空燃比之后，下层控制器经过较小幅度的调节，可以很快地精准跟踪上期望空燃比。

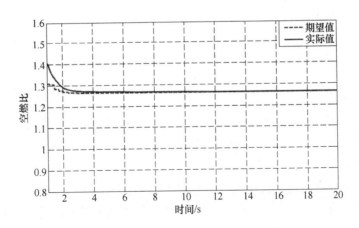

图 3-23 中小负荷稳态工况空燃比跟踪曲线

本章着重关注瞬态工况下控制器的控制效果。设定发动机转速和节气门的变化如

图 3-24 所示。空燃比跟踪曲线如图 3-25 所示,其中,虚线为上层控制器规划出的期望空燃比,根据转速和节气门的变化,期望的空燃比也随之变化。实线为下层控制器控制输出的实际空燃比,在期望空燃比改变的位置,由于此时上层控制器也在决策期望空燃比,因此实际空燃比出现一定的超调后,仍然可以跟踪上期望值。

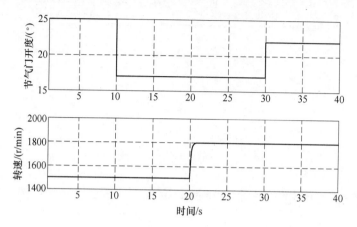

图 3-24 中小负荷瞬态工况节气门、转速变化曲线

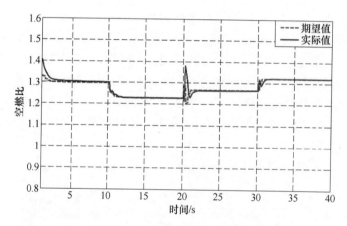

图 3-25 中小负荷瞬态工况空燃比跟踪曲线

(2) 高负荷工况

在该工况下,需要对发动机提供充足的动力性,此时需要对空燃比进行当量空燃比 1 的跟踪。当量空燃比下,三元催化器的转化效率最佳,可以对一氧化碳、氮氧化物和碳氢化合物进行高效转化,因此,高负荷工况下,不开启排气再循环,即 EGR 率为 0。

首先验证的是稳态工况,设定的工况为发动机转速为 4500r/min,节气门开度为 50°。空燃比跟踪曲线如图 3-26 所示,通过"双态"进气歧管动态模型的建立以及气缸进气量观测器的设计,提高了面向控制模型的精度,通过误差反馈控制的小偏差调节,空燃比可以较好地跟踪上期望值。

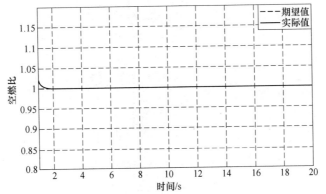

图 3-26　高负荷稳态工况空燃比跟踪曲线

接下来验证瞬态工况下控制器的控制效果。设定高负荷下发动机转速和节气门开度的变化曲线如图 3-27 所示,空燃比跟踪曲线如图 3-28 所示。从图中可以看出,由于节气门开度和发动机转速的变化,气缸内的空气量随之改变,进而引起了空燃比的波动。当空燃比经过较小的超调之后,气缸内空气量回到稳态,空燃比经过反馈调节,较好地跟踪上期望空燃比,满足发动机的动力性需求。

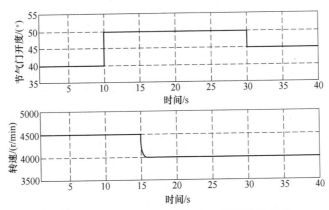

图 3-27　高负荷瞬态工况节气门、转速变化曲线

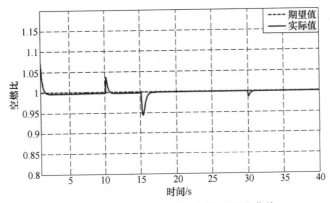

图 3-28　高负荷瞬态工况空燃比跟踪曲线

通过仿真验证,三步非线性控制器可以实现对空燃比的精准跟踪控制,控制精度较高,设计过程简单明了,具有实际应用价值。

第 4 章

汽油发动机怠速控制算法设计

怠速控制是保证发动机稳定可靠运行的重要内容,并对节能减排和汽车行驶舒适性有重要影响。本章主要就发动机怠速控制建模及控制算法设计等方面的研究进行介绍。首先提出怠速控制问题的研究背景、问题描述以及控制需求。然后根据系统动力学原理,介绍发动机非线性平均值模型及面向怠速控制的简化模型。结合怠速控制模型及系统特点,可以清楚地认识节气门开度和点火提前角在发动机怠速控制中发挥的作用。第 4.3 节在线性系统的框架下,分别分析只用节气门、只用点火角以及节气门点火角联合情况下的控制器设计方法及对比结果。为了协调控制输入,基于优化理论,进一步介绍线性二次型调节器(LQR)控制器的设计。最后,本章结合文献分析怠速控制中利用先进控制方法在应对发动机非线性、不确定性及位置干扰的一些尝试。

4.1 引言

怠速工况作为发动机的典型工况之一,怠速控制(Idle Speed Control,ISC)的质量对燃油经济性、排放、燃烧稳定性及舒适性产生重大的影响。在交通比较密集的大城市中,发动机的怠速油耗约占整个工况燃油消耗的 30%,怠速排放 CO 和 HC 占总排放量的 70% 左右。怠速控制是现代汽油、柴油发动机重要的反馈控制问题,它既涉及节能减排,也关乎发动机能否稳定地运行。

怠速控制的目的是在离合器没有接合的状态下,确保发动机能够稳定、可靠地工作,不受其他条件(如电气系统、空调压缩机、自动变速器齿轮啮合、助力转向等)变化的影响。在怠速工况下,发动机的转速越高,燃油消耗就越大,为了降低油耗,应尽量减小设定的发动机怠速转速。但是,当发动机低速运转时,CO 和 HC 等有害物质的排放量就会明显增多,因而发动机设定的怠速转速应综合考虑发动机的排放以及燃油经济性。现代汽车发动机的怠速转速通常设置在 700~900 r/min 之间。

发动机怠速控制是通过怠速执行器调节进气量,同时配合喷油量(即空燃比)及点火提前角,改变怠速工况下燃料消耗所带来的功率,以稳定或改变怠速转速,使发动机不至于熄火。本章将重点讨论火花点燃式汽油发动机的怠速控制问题。在汽油发动机中,怠速控制的执行机构是节气门和火花塞,即通过调节电子节气门开度 u_{th} 和点火提前角 σ 使发动机工作在怠速转速给定值 N^* 附近。汽油发动机怠速控制框图如图 4-1 所示,发动机的转速 N 既是反馈控制中的可测量输出也是控制的反馈量,负载转矩 T_L 为系统的干扰量。因此,怠速控制问题可以归纳为 2 输入 1 输出并含有干扰的跟踪控制问题。

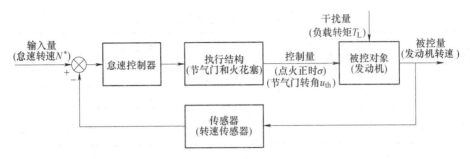

图 4-1 汽油发动机怠速控制框图

4.2 汽油机怠速控制模型建立

4.2.1 非线性平均值模型

根据系统动力学原理,建立面向怠速控制的发动机模型一般是非线性、耦合的。汽油发动机怠速非线性模型框图如图 4-2 所示。其中,模型的输入分别为节气门开度 u_{th} 和点火提前角 σ,模型的输出为发动机转速 N,外界干扰输入为负载转矩 T_L。

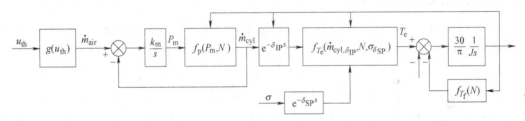

图 4-2 汽油发动机怠速非线性模型框图

非线性函数 $g(u_{th})$ 描述进入进气歧管空气量 $\dot{m}_{air}$ 和节气门开度 u_{th} 的关系,平均进气歧管压力 P_m 的量值在进气歧管的各处都是一致的。转矩生成受到延迟环节的影响,其中 δ_{IP} 是进气-动力生成(Intake to Production,IP)延迟,它表示进气冲程到做功冲程需要经历的时间,约为 360° 曲轴转角,这也就意味着该延迟在时间上和转速相关,随着发动机转速的降低,该延迟的时间增大,反之减小。类似地,δ_{SP} 表示点火-动力生成(Spark to Production,SP)延迟;发动机的进气效率 f_p 反映了进入歧管的空气量 $\dot{m}_{air}$ 与进入气缸空气量 $\dot{m}_{cyl}$ 之间的关系,是关于进气歧管压力 P_m 和发动机转速 N 的非线性函数。转矩生成函数 f_{Te} 与进气量 $\dot{m}_{cyl}$、发动机转速 N、点火正时 σ 以及空燃比 λ 有关,由于关系复杂,工程上通常用经验公式或实验标定近似得到;函数 f_{Tf} 表示发动机由于运动而产生的摩擦转矩,与发动机转速 N 有关;发动机的旋转动态通过作用在曲轴上的转矩和转动惯量 J 得到,模型中主要参数的物理含义描述见表 4-1。

表 4-1 气路系统模型参数物理含义描述

参数符号	物理含义	参数符号	物理含义
u_{th}	电子节气门开度	σ	点火提前角/（°）
N^*	怠速转速给定值/（r/min）	T_L	负载转矩/（N·m）
N	发动机转速/（r/min）	$\dot{m}_{air}$	进入进气歧管空气量/（kg/s）
P_m	平均进气歧管压力/Pa	$\dot{m}_{cyl}$	进入气缸空气量/（kg/s）
λ	空燃比	J	曲轴转动惯量/（kg·m²）

在这里需要强调的是，上述模型并没有考虑 EGR 的影响，因为在怠速情况下 EGR 并不工作。同时，油路的湿壁效应也被忽略，我们假设湿壁效应带来的影响已经由单独的油路控制进行了很好的补偿。

4.2.2 面向控制的简化模型

了解了发动机怠速控制问题的输入输出关系后，为方便控制器的设计，针对图 4-2 所示的模型结构，可以进一步将其简化为如图 4-3 所示的线性结构。其中节气门开度与发动机转速之间的关系可由一个二阶传递函数 $G_1(s)$ 和延迟环节 δ_{IP} 表示，该二阶动力学是由两个一阶动力学（进气歧管压力动力学和发动机转速动力学）叠加产生的结果。类似地，点火提前角与发动机转速的关系可由二阶传递函数 $G_2(s)$ 和较小的延迟环节 δ_{SP} 表示，与 $G_1(s)$ 不同的是，$G_2(s)$ 多一个零点。根据模型的结构，我们可以清楚地看到，相比于控制量 Δu_{th}，控制量 $\Delta \sigma$ 与干扰 ΔT_L 的位置更为临近，并且干扰转矩 T_L 在不考虑延迟的情况下与点火角 $\Delta \sigma$ 处在一个相同通路上。模型中的各个参数可用系统辨识的方法在真实发动机试验台架中得到。下面我们将结合该模型，讨论和分析怠速控制，了解系统特点，从而清楚控制量 Δu_{th} 和 $\Delta \sigma$ 在发动机怠速控制各自所发挥的作用。

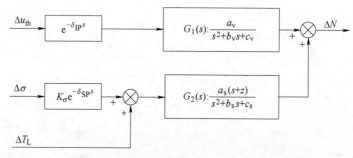

图 4-3 汽油发动机怠速简化线性模型框图

4.3 基于最优控制理论的怠速控制及仿真分析

本节将在线性系统的框架下讨论和分析怠速控制器的设计方法。首先介绍工程上广泛应用的比例-积分（PI）控制器，分别分析了只用节气门、只用点火角以及节气门点火角联合情况下的控制器设计方法，并给出对比结果。为协调控制输入，基于优化理论进一步介绍了线性二次型调节器（Linear Quadratic Regulator，LQR）控制器的设计。

4.3.1 基于节气门的怠速控制

怠速控制的执行机构中，节气门扮演着主执行机构的角色。它的作用是当外界干扰介入时，通过改变节气门的开度来改变进气量，最终改变发动机的输出转矩，补偿干扰转矩，使发动机尽可能维持在目标转速附近。

为了方便分析，我们首先忽略系统延迟 δ_{IP}。根据图 4-3 所示的结构，干扰要通过二阶传递函数 $G_2(s)$，那么信号 ΔT_L 的最坏情况（worst case）就是幅值是 $|\Delta T_L|$ 并呈阶跃式变化的信号。而本节接下来的讨论，就以信号 ΔT_L 为最坏（阶跃）的情况 $\Delta \tilde{T}_L$ 进行。

1. 比例控制

在只考虑节气门为控制量时，系统为单输入单输出系统（$\Delta \theta_v - \Delta N$），控制框图如图 4-4 所示。

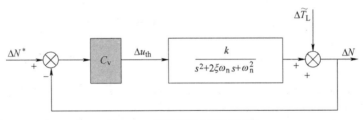

图 4-4 节气门控制系统框图

如果控制器 C_v 是比例（P）控制器，即 $C_v = k_p$，则系统灵敏度函数为

$$S(s) = \frac{1}{1 + C_v G_1(s)} = \frac{s^2 + 2\xi\omega_n s + \omega_n^2}{s^2 + 2\xi\omega_n s + \omega_n^2 + k_p k} \quad (4-1)$$

当外部干扰为 $\Delta \tilde{T}_L$（$\Delta \tilde{T}_L$ 为单位阶跃信号）时，应用终值定理可得

$$\Delta N(\infty) = \lim_{s \to 0}[\Delta N(s)] = \lim_{s \to 0} s\left[S(s)\, \Delta \tilde{T}_L\right] = \lim_{s \to 0} s\left[S(s)\frac{1}{s}\right] = S(0) \quad (4-2)$$

且

$$S(0) = \frac{\omega_n^2}{\omega_n^2 + k_p k} < 1 \quad (4-3)$$

我们希望系统输出对干扰不灵敏，且稳态误差足够小，即为了让 $S(0)$ 足够小，应选取足够大的 k_p。但是 k_p 是否越大越好呢？为了说明这一问题，我们可以求得系统的闭环极点为

$$S_{1,2} = -\xi\omega_n \pm j\sqrt{(\omega_n^2 + k_p k) - (\xi\omega_n)^2} \qquad (4-4)$$

相应的根轨迹曲线如图 4-5a 所示。可以看到，k_p 只会改变虚部的位置，随着 k_p 的增大，虚部距离实轴的位置增大。这也就意味着一味地增大控制增益 k_p 带来的结果是引起系统振荡，同时会放大测量噪声对控制系统的影响，导致执行机构饱和，对控制器的实际应用很不利。图 4-5c 所示为 $\Delta \tilde{T}_L$ 为单位阶跃信号时 ΔN 的响应曲线，该图说明在有干扰的情况下，无论 k_p 如何选取，$\Delta N \neq 0$。因此，在有干扰的情况下，为了减少稳态误差，我们必须引入积分（I）控制。

2. 比例-积分控制

定义比例-积分控制 $C_v(s) = k_p + \dfrac{k_i}{s}$，并定义 $\tau_c = \dfrac{k_p}{k_i}$。从极点配置的角度分析，引入积分控制后，相当于系统引入零点 $(-\dfrac{1}{\tau_c}, 0)$，这时的灵敏度函数将变成

$$S(s) = \frac{s(s^2 + 2\xi\omega_n s + \omega_n^2)}{s(s^2 + 2\xi\omega_n s + \omega_n^2) + k_i k(\tau_c s + 1)} \qquad (4-5)$$

与式（4-2）类似，系统进入稳态时有

$$\Delta N(\infty) = \lim_{s \to 0}\left[S(s)\frac{1}{s} \right] = S(0) = 0 \qquad (4-6)$$

因此，引入积分控制可以消除稳态误差。图 4-5b、图 4-5d 所示为加入积分控制后的系统闭环根轨迹曲线及单位阶跃干扰响应曲线。由于积分控制引入了开环零点 $(-\dfrac{1}{\tau_c}, 0)$，零点的位置会影响系统的闭环响应。控制增益越大，零点距离复平面虚轴的距离逐渐变大，那么极点最终会穿过虚轴到达复平面的右半平面使闭环系统失稳。图 4-6 所示为在临界状态下系统零极点位置以及单位干扰响应曲线，可以看到高增益使系统瞬态大幅振荡，导致执行器饱和。因此，通过对根轨迹的分析可以给出控制器参数选取的指导原则。

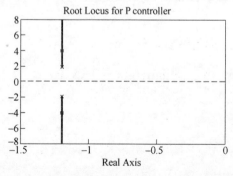
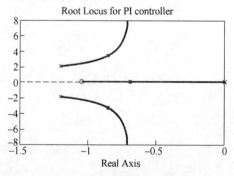

a) P 控制器系统闭环根轨迹曲线　　b) PI 控制器系统闭环根轨迹曲线

图 4-5　系统根轨迹及干扰单位阶跃响应

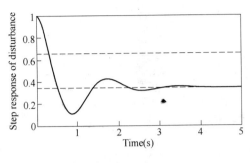
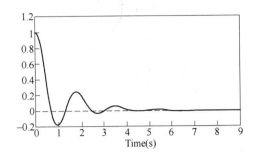

c）P 控制器单位阶跃干扰响应曲线　　　　d）PI 控制器系统单位阶跃干扰响应曲线

图 4-5　系统根轨迹及干扰单位阶跃响应（续）

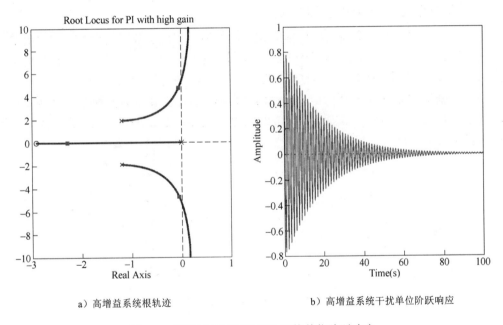

a）高增益系统根轨迹　　　　b）高增益系统干扰单位阶跃响应

图 4-6　高增益系统根轨迹及干扰单位阶跃响应

3. 考虑进气-动力延迟的节气门开度控制

接下来，我们将分析在以节气门开度为控制量的怠速控制中，如何考虑进气-动力延迟 δ_{IP} 对控制系统的影响。对于进气延迟 δ_{IP}，可以近似地将其看成一阶传递函数，即 $e^{-\delta_{IP}s} = \dfrac{1}{1+\delta_{IP}s}$。在 PI 控制系统的基础上加入这样的延迟，此时系统的根轨迹如图 4-7a 所示，我们可以清楚地看到，系统的稳定裕度降低了，如果增大控制器增益，极点的位置会很容易进入复平面的右半平面，使系统失稳。换句话说，控制器的高增益会对系统带来更大的影响，使系统变得更不容易稳定。图 4-7b 表明如果选取与图 4-5b 相同的控制增益，则系统振荡和调节时间都会增大。

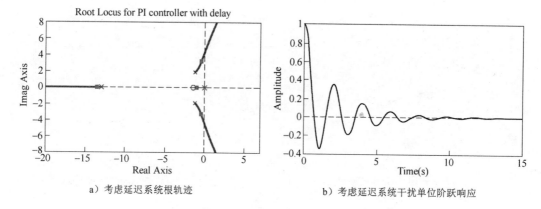

a）考虑延迟系统根轨迹   b）考虑延迟系统干扰单位阶跃响应

图 4-7　考虑延迟系统根轨迹及干扰单位阶跃响应

4.3.2　基于点火提前角的怠速控制

在怠速控制中，点火提前角起到辅助调节的作用。相比于节气门调节，点火提前角调节的速度更快，当干扰负载突然变化时，通过点火提前角的调节，可使发动机转速更快地回到目标转速。与执行器为节气门的怠速控制相似，在控制量只考虑点火提前角的情况下，控制系统控制框图如图 4-8 所示。以$\Delta\sigma$和ΔN为输入输出的系统含有两个开环极点和一个开环零点。在这里，如果只考虑点火角控制器 P 控制器，那么在有干扰的情况下，系统的灵敏度函数可以写成

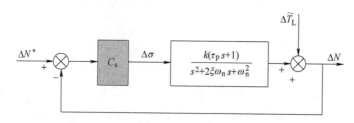

图 4-8　点火提前角控制系统框图

$$\frac{\Delta N}{\Delta \tilde{T}_L} = S(s) = \frac{s^2 + 2\xi\omega_n s + \omega_n^2}{s^2 + (2\xi\omega_n + k_p k \tau_p)s + (\omega_n^2 + k_p k)} \tag{4-7}$$

由于系统含有一个开环零点——位置为$(-\frac{1}{\tau_p}, 0)$，从式（4-7）可以看出，在闭环系统中，如果改变控制器增益k_p，那么阻尼比和自然频率都将随之受到影响。增大k_p，则阻尼比和自然频率都会增大，在一定范围内，系统在加入干扰后的瞬态振荡会减小。这也就意味着，点火角的控制通道对外加干扰有更好的瞬态抑制作用。图 4-9 所示为闭环系统的根轨迹曲线和单位阶跃干扰响应曲线，图 4-9b 表明，相比于节气门开度为控制量的怠速控制，点火角 P 控制器虽然瞬态响应变好，但是同样不能消除干扰带来的稳态误差。

然而，与执行器为节气门不同的是，在工程上，通常对于点火角积分控制的使用非常谨慎，一般情况仅为 P 控制下的瞬态调节。因为点火角直接影响燃烧正时，而燃烧正时又与燃

油经济性密切相关，它们的稳态关系是事先标定好的，以让燃油经济性最优。如果引入积分控制，则点火角必然会偏离事先标定好的稳态值；如果偏离很大，最优的燃油经济性则无法得到保证。因此，为了同时得到较好的瞬态控制响应和稳态控制响应，只用一个执行器是不够的，节气门和点火角应该有机地结合起来，下面我们将介绍节气门与点火角联合的怠速控制。

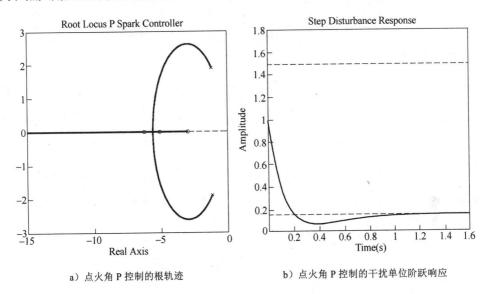

a）点火角 P 控制的根轨迹　　　　b）点火角 P 控制的干扰单位阶跃响应

图 4-9　点火角 P 控制的根轨迹及干扰单位阶跃响应

4.3.3　联合点火角与节气门的怠速控制

1. 双闭合回路的怠速控制

前面已经分析，怠速控制中的节气门和点火角具有主-从（Master-Slave）的特点。在工程上，对于这种主从结构，最简单且易实现的控制器设计方案为依次通过闭环点火角控制回路和节气门控制回路来实现联合点火角和节气门的怠速控制，下面将介绍这种控制方案。

首先还是忽略延迟对于系统的影响，点火角、节气门联合控制系统框图如图 4-10 所示。由于两个控制通路的存在，先闭环哪个通路成为一个值得考虑的问题。从系统结构上来看，点火角所在的通路距离干扰最近，另外点火角调节属于快速调节，能够更快地抑制干扰对发动机转速的影响，因此先闭环点火角通路是一个合适的选择。下面将据此设计怠速控制器。

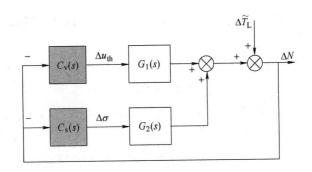

图 4-10　点火角、节气门联合控制系统框图

设计基于点火角的怠速控制器 $C_s(s)$，先闭环点火角通路，可以得到

$$\Delta N(s) = G_1(s)\ \Delta u_{\text{th,v}} - C_s(s)\ G_2(s)\ \Delta N - \Delta \tilde{T}_L \qquad (4\text{-}8)$$

进一步可得

$$\Delta N(s) = \frac{G_1(s)}{1+C_s(s)\ G_2(s)}\Delta u_{\text{th,v}} - \frac{1}{1+C_s(s)\ G_2(s)}\Delta \tilde{T}_L \qquad (4\text{-}9)$$

于是，系统可以等效成

$$\Delta N(s) = \tilde{G}_1(s)\ \Delta u_{\text{th,v}} - \tilde{G}_3 \Delta \tilde{T}_L \qquad (4\text{-}10)$$

式中，$\tilde{G}_1(s)$、$\tilde{G}_3$ 分别为闭环点火角回路后，$\Delta u_{\text{th}} \to \Delta N$、$\Delta \tilde{T}_L \to \Delta N$ 的等效传递函数。

按照设计基于节气门的怠速控制器的思路，同样可以为系统式（4-10）设计闭环控制器 $C_v(s)$。显然，$C_v(s)$ 的设计依赖 $C_s(s)$。如果 $C_s(s)$ 为 PI 控制器，即 $C_v(s)=k_p+\dfrac{k_i}{s}$，则控制系统的开环传递函数根轨迹如图 4-11a 所示。在适当增益 k_p 和 k_i 下，干扰为单位阶跃时的响应如图 4-11b 所示。

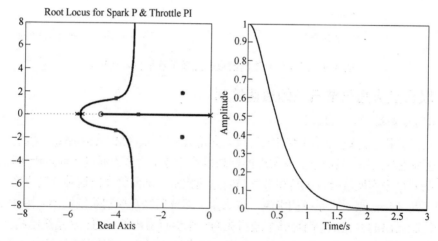

a）点火角 P 控制/节气门 PI 控制的根轨迹　　b）点火角 P 控制/节气门 PI 控制的根轨迹的干扰单位阶跃响应

图 4-11　点火角 P 控制/节气门 PI 控制的根轨迹及干扰单位阶跃响应

在理论上也可以先闭环节气门控制通路，然后再闭环点火角控制通路，由于思路是一致的，在这里不再详细介绍。

将上述控制策略分别应用到怠速控制中，得到仿真对比曲线如图 4-12 所示。仿真中，$\Delta \tilde{T}_L$ 是幅值为 10N·m 的阶跃信号。在同样的干扰下，只有节气门的控制方案（蓝线）调节的最慢，先闭环节气门再闭环点火角的方案（绿线）虽然能稍快一些，但节气门控制已经起主导作用，点火角的作用并不明显。相比之下，先闭环点火角再闭环节气门的控制方案最佳，当在干扰刚介入时，点火角反应迅速，使转速很快地回到参考位置，当进入稳态时，点火角又重新回到原来的位置附近。考虑系统延迟时，对比曲线如图 4-13 所示。

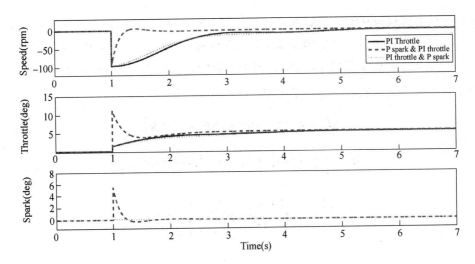

图4-12 汽油发动机怠速控制仿真对比曲线（见彩插）

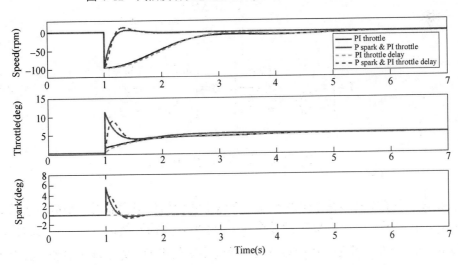

图4-13 汽油发动机怠速控制对比曲线：考虑延迟（见彩插）

2. 基于LQR控制器的怠速控制

前面我们借助传递函数和根轨迹的分析，设计了具有主-从结构的PI怠速控制器。这种控制方案简单容易实现，但是两个控制量（节气门、点火角）间的协调较差，甚至有时会引起冲突。为了得到更好的协调控制效果，本小节将介绍基于状态空间方程的LQR怠速控制方法。

通过图4-3的描述以及各个变量之间的物理关系，可以将发动机模型写成二阶非线性系统

$$\begin{gathered} \dot{P}_m = k_m \left[\dot{m}_{air}(u_{th}, P_m) - \dot{m}_{cyl}(P_m, N) \right] \\ \dot{N} = \frac{30}{\pi} \frac{1}{J} \left\{ T_e \left[\dot{m}_{cyl}(t-\delta_{IP}), \sigma(t-\delta_{SP}), N \right] - T_L \right\} \end{gathered} \quad (4-11)$$

该系统是带有延迟环节的二阶非线性系统，系统的延迟可以通过史密斯预估器进行补偿，因此在设计基于状态空间的控制器时暂且忽略延迟。选取 $N_0=800$、$T_{L0}=0$ 为系统的平衡点，P_{m0}、$u_{th,0}$ 和 σ_0 为转速 $N_0=800$ 时对应的进气歧管压力、节气门转角和点火提前角，则在平衡点处线性化后的系统动力学方程如下

$$\Delta \dot{P}_m = k_m \left[k_{u_{th}} \Delta\theta - k_{p1} \Delta P_m - k_{N1} \Delta N \right]$$
$$\Delta \dot{N} = \frac{30}{\pi J} \left[k_{p2} \Delta P_m + k_{N2} \Delta N - k_\sigma \Delta\sigma - k_l \Delta T_L \right] \tag{4-12}$$

$$\begin{bmatrix} \Delta \dot{P}_m \\ \Delta \dot{N} \end{bmatrix} = A \begin{bmatrix} \Delta P_m \\ \Delta N \end{bmatrix} + B \begin{bmatrix} \Delta u_{th} \\ \Delta\sigma \end{bmatrix} + B_d \Delta T_L \tag{4-13}$$

$$y = \Delta N = C \begin{bmatrix} \Delta P_m \\ \Delta N \end{bmatrix} \tag{4-14}$$

其中

$$A = \begin{bmatrix} -k_m k_{p1} & -k_m k_{N1} \\ \dfrac{30}{\pi} \dfrac{k_{p2}}{J} & \dfrac{30}{\pi} \dfrac{k_{N2}}{J} \end{bmatrix}, \quad B = \begin{bmatrix} k_m k_{u_{th}} & 0 \\ 0 & \dfrac{30}{\pi} \dfrac{k_\sigma}{J} \end{bmatrix} \tag{4-15a}$$

$$B_d = \left[0, -\dfrac{30}{\pi} \dfrac{k_l}{J} \right]^T, \quad C = [0,1] \tag{4-15b}$$

为了与上一小节得到的结果进行对比，在这里我们仍将干扰 d 看成是最坏情况下的干扰值 $\Delta \tilde{T}_L$，即 $\tilde{d} = \Delta \tilde{T}_L$。此时，定义参考输入 $y^* = \Delta N^*$，跟踪误差 $e = y^* - y$，控制目标为设计控制律 u，使 $e \to 0$。考虑干扰给系统跟踪控制带来的影响，为了减少静差，我们在控制器设计时引入积分项 $\chi = \int e \, dt$，从而得到增广系统为

$$\dot{x} = Ax + Bu \tag{4-16a}$$
$$y = Cx + D_d \tilde{d} \tag{4-16b}$$
$$\dot{\chi} = y^* - y = -Cx - D_d \tilde{d} \tag{4-16c}$$

式中，D_d 为最坏干扰情况下的干扰系数。

将式（4-16）表示的增广系统写成状态空间的形式，并定义增广系统的系统矩阵为 A_χ、B_χ、C_χ、$D_{d\chi}$，展开可得

$$\dot{x}_\chi = \begin{bmatrix} \dot{x} \\ \dot{\chi} \end{bmatrix}_{3\times 1} = \begin{bmatrix} A & O \\ -C & O \end{bmatrix}_{3\times 3} \begin{bmatrix} x \\ \chi \end{bmatrix}_{3\times 1} + \begin{bmatrix} B \\ O \end{bmatrix}_{3\times 2} u_{2\times 1} + \begin{bmatrix} O \\ -D_d \end{bmatrix}_{3\times 1} \tilde{d} \tag{4-17}$$

$$y_\chi = \begin{bmatrix} y \\ \chi \end{bmatrix}_{2\times 1} = \begin{bmatrix} C & 0 \\ O & 1 \end{bmatrix}_{2\times 3} \begin{bmatrix} x \\ \chi \end{bmatrix}_{3\times 1} + \begin{bmatrix} O \\ O \end{bmatrix}_{2\times 2} u_{2\times 1} + \begin{bmatrix} D_d \\ 0 \end{bmatrix}_{2\times 1} \tilde{d} \tag{4-18}$$

根据式（4-17）设计 LQR 状态反馈控制器，优化目标函数为

$$\min J(\boldsymbol{y}_\chi, \boldsymbol{u}) \tag{4-19a}$$

$$J = \int (\boldsymbol{y}_\chi^\mathrm{T} \boldsymbol{Q} \boldsymbol{y}_\chi + \boldsymbol{u}^\mathrm{T} \boldsymbol{R} \boldsymbol{u}) \mathrm{d}t \tag{4-19b}$$

其中加权矩阵 $\boldsymbol{R} = \boldsymbol{R}^\mathrm{T} > 0$，$\boldsymbol{Q} = \boldsymbol{Q}^\mathrm{T} \geqslant 0$。则存在最优状态反馈控制律

$$\boldsymbol{u} = -\boldsymbol{K}\boldsymbol{x}_\chi = -\begin{bmatrix} \boldsymbol{K}_1 & \boldsymbol{K}_2 \end{bmatrix} \begin{bmatrix} \boldsymbol{x} \\ \boldsymbol{\chi} \end{bmatrix} \tag{4-20}$$

其中控制增益 $\boldsymbol{K} = -\boldsymbol{R}^{-1} \boldsymbol{B}_\chi^\mathrm{T} \boldsymbol{P}$，非负对称矩阵 $\boldsymbol{P}$ 可由黎卡提（Riccati）方程求得。

将控制律式（4-20）代入式（4-17），得到渐进稳定闭环系统为

$$\dot{\boldsymbol{x}}_\mathrm{cl} = \begin{bmatrix} \dot{\boldsymbol{x}} \\ \dot{\boldsymbol{\chi}} \end{bmatrix}_{3\times 3} = \begin{bmatrix} \boldsymbol{A} - \boldsymbol{B}\boldsymbol{K}_1 & -\boldsymbol{B}\boldsymbol{K}_2 \\ -\boldsymbol{C} & 0 \end{bmatrix}_{3\times 3} \begin{bmatrix} \boldsymbol{x} \\ \boldsymbol{\chi} \end{bmatrix}_{3\times 1} + \begin{bmatrix} \boldsymbol{O} \\ -\boldsymbol{D}_\mathrm{d} \end{bmatrix}_{3\times 1} \tilde{d} \tag{4-21a}$$

$$\begin{bmatrix} \boldsymbol{y} \\ \boldsymbol{\chi} \\ \boldsymbol{u} \end{bmatrix}_{4\times 1} = \begin{bmatrix} \boldsymbol{C} & 0 \\ \boldsymbol{O} & 1 \\ -\boldsymbol{K}_1 & -\boldsymbol{K}_2 \end{bmatrix}_{4\times 3} \begin{bmatrix} \boldsymbol{x} \\ \boldsymbol{\chi} \end{bmatrix}_{3\times 1} + \begin{bmatrix} \boldsymbol{D}_d \\ 0 \\ \boldsymbol{O} \end{bmatrix}_{4\times 1} \tilde{d} \tag{4-21b}$$

图 4-14 所示为在负载转矩变化时，LQR 控制器怠速控制的仿真结果。在仿真进行到 1s 时，加入负载转矩，并将最坏情况下的干扰转矩 $\Delta \tilde{T}_\mathrm{L}$ 设置为从 0～10N·m 的阶跃变化信号。图 4-15 所示为 LQR 控制器与之前所设计 PI 控制器的发动机转速响应对比曲线。从对比曲线中可以看到，LQR 控制器对节气门转角和点火提前角进行了协调优化控制，与 PI 控制器相比，LQR 控制器中的节气门控制输入变得更加平滑，并且最大变化量减小。在实际情况下，点火角的变化越剧烈，对控制器实现越不利，在这一方面，LQR 控制器中点火角的突变得到了很好的抑制，但仍然保留了其瞬态调节的作用。控制量的平滑输入使发动机转速响应变慢，但仍在满足的范围内。

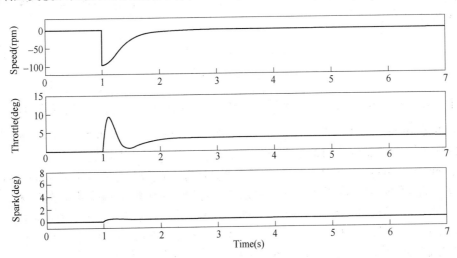

图 4-14　LQR 仿真曲线

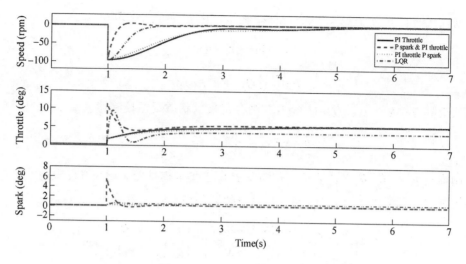

图 4-15 LQR 仿真曲线对比

4.4 基于先进控制方法的怠速控制及仿真分析

上一节介绍了一些基本怠速控制器设计方法，包括 PI 控制和 LQR 控制，它们能够通过节气门和点火角的协调控制来抑制怠速工况下的干扰。为了增强控制系统的鲁棒性，作为 LQR 控制的扩展，μ 分析方法也应用到了怠速控制问题。事实上，发动机系统具有很强的非线性，并且存在很多约束。虽然 PI 控制仍然是目前应用最为广泛的控制策略，但随着现代汽车对发动机管理系统的要求不断提高，一些先进的控制方法也在怠速控制问题中得到了探索和应用。

4.4.1 基于非线性三步法控制器的怠速控制

针对式（4-11）具有的非线性级联的结构，可以直接从非线性模型出发，设计非线性怠速控制器。定义状态变量 $x_1 = N$，$x_2 = P_m$，节气门控制输入 u_{th}，系统状态方程可以重新写成如下形式

$$\dot{x}_1 = f_{11}(x_1) + f_{12}(x_1)\ x_2 \tag{4-22a}$$

$$\dot{x}_2 = f_{21}(x_1) + f_{22}(x_2)\ u_{th} \tag{4-22b}$$

对于上述系统，可以应用非线性设计方法 Back-stepping 来设计节气门控制输入 u_{th}。Back-stepping 作为一种非线性设计方法，以递归的方式构造 Lyapunov 函数，逐级推导各阶系统的虚拟控制，最后得到整个系统的控制，使系统闭环渐进稳定。

在 Back-stepping 控制器推导中，为避免微分爆炸，可应用整形滤波（Input Shaping）方法进行数值求取微分。由于信号处理及建模误差等不确定性给系统带来的影响，可以在输入-状态稳定性（Input to State Stable，ISS）框架下进行鲁棒性分析并为控制器参数的选取提供理论依据。同时，在怠速工况下，可以对负载干扰转矩进行估计，进而可以设计点火角前馈控制器来补偿负载转矩。图 4-16 所示为干扰为阶跃变化的信号时，Back-stepping 控制器下的发动机转速仿真响应曲线，其中仿真模型应用了由德国 TESIS 公司研发的高精

度发动机仿真模型。从图中可以看出，非线性控制器能够满足怠速控制需求，点火提前角补偿能够进一步改善控制效果。

采用 Back-stepping 这一非线性控制方法虽然可以获得良好的控制效果，而在非线性控制器的设计过程中可能需要大量复杂的推导，这形成了学术研究与工程实现之间巨大的鸿沟。凭借简洁灵活的结构，三步法非线性控制方法在现代汽车控制中受到了广泛关注。文献[37]将三步法控制器应用在发动机系统怠速控制问题上。

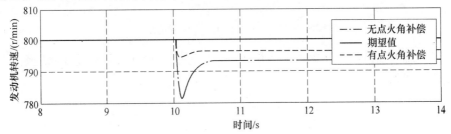

图 4-16 Back-stepping 怠速控制转速跟踪控制曲线

注：该图取自参考文献[36]。

对于系统状态方程（4-22），令控制输出 $y = x_1$，可以得到 y 的二阶导数为

$$\ddot{y} = \bar{A}(x)\,\dot{y} - f_{21}(x_1,\ x_2)\left[f_{12}(x_1) - \frac{\partial f_{11}(x_1,\ x_2)}{\partial x_2}\right] + \bar{B}(x)\,u_{\text{th}} \quad (4\text{-}23)$$

其中

$$\bar{A}(x) = -\frac{\partial f_{11}(x_1,\ x_2)}{\partial x_1} + \frac{\partial f_{12}(x_1)}{\partial x_1} x_2 \quad (4\text{-}24a)$$

$$\bar{B}(x) = f_{22}(x_2)\left[f_{12}(x_1) - \frac{\partial f_{11}(x_1,\ x_2)}{\partial x_2}\right] \quad (4\text{-}24b)$$

针对式（4-24）中包含的偏微分形式，可以通过输入整形技术近似得到导数项，并通过稳态校准将其进一步标定成 MAP，如图 4-17 所示。

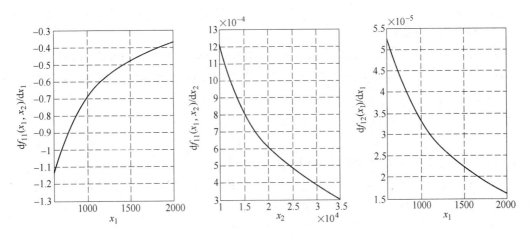

图 4-17 相关导数项的标定 MAP

那么，式（4-23）可以表示为

$$\ddot{y} = A(x)\,\dot{y} - f_{21}(x_1, x_2)\left[f_{12}(x_1) - f_{map3}(x)\right] + \overline{B}(x)\,u_{th} \qquad (4\text{-}25)$$

其中

$$A(x) \approx \overline{A}(x) = -f_{map1}(x) + f_{map2}(x)\,x_2 \qquad (4\text{-}26a)$$

$$B(x) \approx \overline{B}(x) = f_{22}\left[f_{12}(x_1) - f_{map3}(x)\right] \qquad (4\text{-}26b)$$

针对二阶怠速系统模型，提出非线性控制器的三步法设计过程，设计原理图如图 4-18 所示。概括步骤如下：

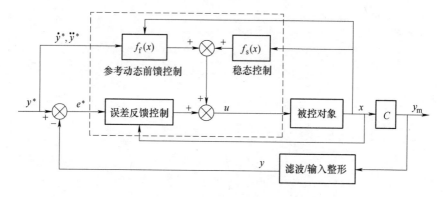

图 4-18 非线性三步法控制器设计原理图

（1）稳态控制（The Steady-State Control）

当非线性系统进入稳态时，有 $\ddot{y}=0$ 和 $\dot{y}=0$。从式（4-25）中可以得到如下的类稳态控制

$$u_s = f_s(x) = f_{21}(x_1, x_2)/f_{22}(x_2) \qquad (4\text{-}27)$$

上述控制规律取决于当前状态 x（由测量或估计得到），并且反映了系统的特性，因此称式（4-27）为类稳态控制。

（2）参考动态前馈控制（The Reference Variation Based Feedforward Control）

为了提高面对复杂系统的控制性能，引入参考变量的前馈来提高暂态控制性能。使 $u_{th} = u_s + u_{ff}$，且 $\ddot{y} = \ddot{y}^*$，$\dot{y} = \dot{y}^*$，可得

$$u_{ff} = f_f(x, \dot{y}^*, \ddot{y}^*) = \frac{1}{B(x)}\ddot{y}^* - \frac{A(x)}{B(x)}\dot{y}^* \qquad (4\text{-}28)$$

（3）误差反馈控制（The Error Feedback Control）

将稳态控制和前馈控制结合，令 $u_{th} = u_s + u_{ff} + u_{fb}$，进一步推导考虑状态误差的反馈控制，同时考虑跟踪误差 $e_1 = \dot{y}^* - \dot{y}$，可得

$$\dot{e}_1 = e_2 \qquad (4\text{-}29a)$$

$$\dot{e}_2 = A(x)\,e_2 + B(x)\,u_{fb} \tag{4-29b}$$

根据上述误差系统的结构，可以将 e_2 作为虚拟控制量，以使跟踪误差动力学式（4-29）渐近稳定为目标。通过灵活地构建 Lyapunov 函数来确定 u_{fb}，最终确定误差反馈控制量为

$$u_{fb} = \frac{1 + k_0 + k_1 k_2}{B(x)} e_1 + \frac{k_1 + k_2 + A(x)}{B(x)} \dot{e}_1 - \frac{k_0 k_2}{B(x)} \int e_1 \mathrm{d}t \tag{4-30}$$

式中，k_0、k_1 和 k_2 均为为了构建 Lyapunov 函数和满足渐进稳定条件而设定的参数。

为了得到合适的跟踪偏移量，建议选择较大的 k_0；可以根据 e_1 的衰减速率选择 k_1，选择较大的 k_1 则会得到较快的衰减；k_2 的选择则会涉及高增益要求，以及对快速响应和更少振荡的权衡。

因此，结合式（4-27）、式（4-28）和式（4-30），可得怠速系统的控制率为

$$u = u_s + u_{ff} + u_{fb} \tag{4-31}$$

该方法结构简洁，可与现代汽车控制中广泛使用的控制器相媲美。

在本节中，采用了能够捕获大部分瞬态和静态动态行为的高精度非线性均值发动机模型，对所提出的控制器进行恒怠速和变怠速测试，以验证所提出的控制器的有效性。图 4-19 所示为非线性发动机模型对恒怠速设定点的响应。其中，外部负载在 5s 时接收空调需求而增大转矩至 20N·m。从结果来看，在控制器作用下的发动机转速可以保持在设定值，附加负载转矩的影响导致转速的波动范围在 20r/min 内，这完全满足控制需求。为了阐明所提控制器中各部分控制律的作用，图 4-20 显示了部分控制动作的响应。对于恒定工作点的跟踪，控制律中前馈部分 $u_{ff} = 0$；稳态控制在系统接近稳态时起显著作用；而反馈控制则在外部干扰时起显著作用，节气门开度被限制在 2°～10°。

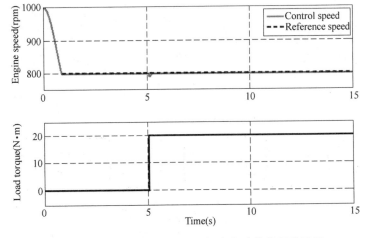

图 4-19 应用三步法控制器对恒定怠速值的跟踪结果

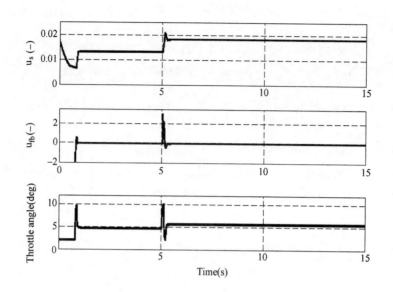

图 4-20 应用三步法控制器对恒定怠速值时控制输入

实际上怠速工况的参考值是由实际发动机水温决定的，当发动机冷起动时具有可变的怠速值。图 4-21 所示为参考点时变情况下的跟踪性能。在仿真中，基准的变化范围设置为 800~900r/min，对应控制动作的变化过程如图 4-22 所示。以上两项测试均表明，所设计的控制器能够在一定的外部扰动力矩下使发动机跟踪上参考转速，并防止发动机熄火。

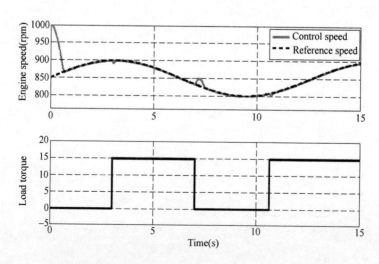

图 4-21 应用三步法控制器对变怠速值的跟踪结果

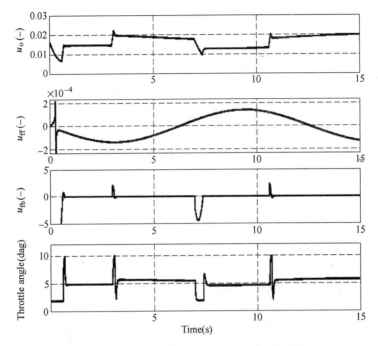

图 4-22　应用三步法控制器对变怠速值时控制输入

4.4.2　基于自抗扰控制器的怠速控制

如前所述，发动机这一复杂的系统包含了大量的不确定性和未知干扰。自抗扰控制（Active Disturbance Rejection Control，ADRC）对内部或外部干扰、不确定关系进行主动估计和抑制方面具有明显的优势。在车辆控制领域，文献[39]曾采用自抗扰控制方法对电子节气门进行跟踪控制。文献[40]在自抗扰控制的框架下设计了发动机怠速控制器。ADRC怠速控制方案框架如图4-23所示。

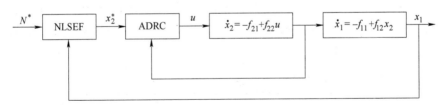

图 4-23　ADRC 怠速控制方案框架

参考式（4-11），考虑干扰的系统模型可以表示为

$$\dot{x}_1 = f_{11}(x_1) + f_{12}(x_1)\,x_2 + \omega_1 \quad (4\text{-}32\text{a})$$

$$\dot{x}_2 = f_{21}(x_1,\ x_2) + f_{22}(x_2)\,u_{th} + \omega_2 \quad (4\text{-}32\text{b})$$

式中，u_{th} 为子系统式（4-32b）的控制输入。

参考这一形式，x_2 也可以被认为是子系统式（4-32a）的虚拟控制输入。因为 $f_{12}(x_1) \neq 0$，虚拟控制输入的格式可以设计为

$$x_2^* = \frac{k_1 f_{\text{al}1}(e_0, \alpha, \delta) + \dot{e}_0 + f_{11}}{f_{12}(x_1)} \quad (4\text{-}33)$$

式中，k_1 为状态误差反馈系数；e_0 为转速误差，$e_0 = N^* - x_1$。

虚拟控制输入 x_2^* 被认为是状态变量 x_2 的跟踪目标，于是针对子系统式（4-32b）中的跟踪问题，可以设计如图 4-24 所示的基于 ADRC 的控制器。

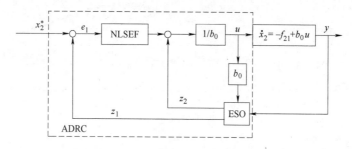

图 4-24　ADRC 控制器原理图

ADRC 的主要思想是将系统的未知动态和外部干扰统一视为干扰，同时使用扩展状态观测器（Extended State Observer，ESO）得到 x_2 的估计值 z_1 及原系统扩展态 $f_{21}(x_1, x_2)$ 的估计值 z_2，并在控制律中对其进行抑制。同时，利用状态误差反馈律对高度非线性的发动机系统进行动态线性化，状态误差反馈律则可以写成如下形式

$$e_1 = x_2^* - z_1 \quad (4\text{-}34\text{a})$$

$$u = \frac{k_2 f_{\text{al}2}(e_1, \alpha_2, \delta) - z_2}{b_0} \quad (4\text{-}34\text{b})$$

实际上，外部扰动负载转矩是导致发动机失速的最重要因素。图 4-25 和图 4-26 所示分别为外部扰动负载转矩为方波脉冲和正弦的条件下基于 ADRC 控制器的怠速控制性能。在图 4-25 中，脉冲扰动力矩（12N·m）引起的瞬态跟踪误差小于 5.5%；在图 4-25 中，偏差约为 1%。上述仿真结果表明，所设计的控制器能够使发动机在系统受到一定的外部干扰力矩和存在系统不确定性的情况下仍然使发动机按照参考怠速运行，具有防止发动机熄火的能力。

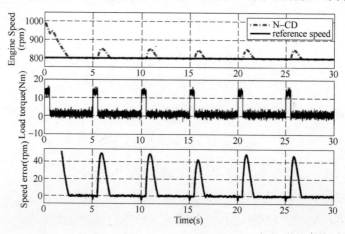

图 4-25　基于 ADRC 控制器怠速控制仿真验证：负载为脉冲波形

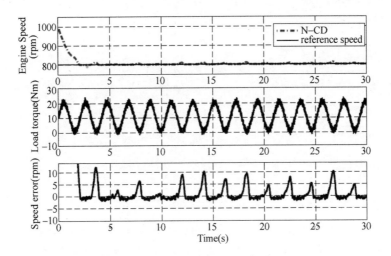

图 4-26　基于 ADRC 控制器怠速控制仿真验证：负载为正弦波形

第 5 章

汽油发动机高压共轨系统的轨压控制算法设计

本章的目的是解决汽车动力总成系统中的轨压跟踪控制问题。首先，第 5.2 和 5.3 节分析了共轨系统的工作原理与控制需求，建立了面向控制的共轨系统机理模型；接着，第 5.4 节给出了基于三步法的非线性轨压跟踪控制系统设计，并对由实现简化、干扰（喷油器动作、测量噪声等）、建模误差（压力控制阀、喷油器动力学等）、参数不确定性（体积弹性模量、流量系数、泄漏量）等引起的系统扰动进行了鲁棒性分析，得到了参数选取原则。最后，第 5.5 节通过离线仿真对控制器性能进行了多工况的验证。本章可以为发动机共轨系统的建模和控制提供一定的设计思路。

5.1 引言

发动机是车辆的主要动力源，对车辆的动力性和燃油经济性起着决定作用，为了满足节能减排的要求，越来越多的新技术被引入发动机的设计。直喷缸内汽油（Gasoline Direct Injection，GDI）发动机借鉴与柴油机相似的喷油形式，将缸内直喷技术引入汽油发动机中，通过高压喷油系统实现了汽油在气缸内的直接喷射[41]。与传统的进气道喷射（Port Fuel Injection，PFI）发动机相比，GDI 在燃油经济性、尾气排放、动力性能等方面都更具优势，近些年来备受车企和研究人员的广泛关注。共轨喷射系统加电磁驱动喷油器是 GDI 发动机实现缸内灵活喷射要求的关键元件，GDI 燃烧系统对喷雾质量非常敏感，少量大尺寸液滴就能明显恶化发动机的排放性能和降低燃烧效率。

5.1.1 汽油缸内直喷技术

汽油缸内直喷技术最早出现于德国。1937 年，由 Daimler-Benz 和 Bosch 合作开发的一款汽油喷射航空发动机 DB601A 投入生产，但当时这项技术还只是应用于军事航空，并未应用在汽车上。直至 1954 年，奔驰公司才研发出汽车用第一代汽油缸内直喷发动机 Benz 300SL，解决了传统汽车发动机化油器性能不足的问题。随后的 20 年里，各大汽车厂商相继设计出多种多样的汽油缸内直喷系统，统称为第二代汽油缸内直喷发动机。如 1972 年三菱公司研制的 MCP 燃烧系统、1974 年 Curtiss-Wright 的 SCRC 系统以及 1978 年国际 Harvest-White 公司的 IH-White 燃烧系统等，其中最著名的当属福特公司的 PROCO 发动机（2MPa 低压喷射）和德士古石油公司的 TCCS 发动机（类似柴油机的高压喷射）。虽然系统设计各异，却都存在喷雾质量差、控制策略不灵活的问题，无法满足发动机动力性、经济性或者排放的要求，因此都并未得到实际应用。

进入 20 世纪 90 年代以来，随着各国对环境和能耗的要求日益严格以及电控技术水平的长足发展,各大汽车生产厂商都加大了对GDI技术的研发力度,并取得了显著的成果。三菱公司于1996年率先把具有缸内直喷技术的自然吸气式发动机4G93安装在轿车戈蓝(Galant)上。该发动机首次采用曲顶活塞和竖直进气道,可减少进气阻力并有利于在高负荷工况下喷油产生很强的混合气涡流,从而使燃烧充分、动力更强、油耗更少。丰田公司于1998年推出D4直喷系统并将其应用在SZ和ZN系列发动机上,又在2005年将其应用在3GR-FSE发动机上,该系统只有一组喷油嘴伸入气缸并能实现均质燃烧。在D4直喷系统基础上,丰田又开发出D-4S直喷技术并应用在2GR-FSE发动机上,该系统结合了直喷和间接喷射的优点,每缸分别配置低压喷油嘴和缸内直喷高压油嘴,可实现不同负荷工况下的燃油喷射和燃烧控制要求。大众公司于2001年推出燃油分层喷射(Fuel Stratified Injection,FSI)缸内直喷系统,大众、奥迪大部分车型目前都已经采用该技术,FSI是当前业界最成熟、最先进的缸内直喷技术之一。通用公司推出的火花点燃直接喷射(Spark Ignition Direct Injection,SIDI)技术依靠缸内均质燃烧来提升效率,没有使用稀薄分层燃烧技术。该技术最大的优势是不受油品的限制,不需要特别的养护。奔驰公司于2006年推出其缸内直喷系统CGI,并于2010年推出最新一代缸内直喷系统BlueDirect。该系统采用多点喷射、多重火花点火技术和压电式喷油装置使得燃烧效率和排放水平更高。福特公司于2007年推出EcoBoost缸内直喷技术,该系统融合了高压直喷、涡轮增压和双独立可变气门正时系统三大技术,能提供更佳的燃油经济性。随着GDI发动机优势的体现,保时捷、法拉利等公司近年来也相继推出了自己的缸内直喷技术,各公司的汽油缸内直喷技术研发情况见表5-1。

表5-1 主要汽油机缸内直喷技术统计

品牌	技术	应用车型
三菱	GDI	戈蓝Legnum,卡利斯玛Carisma
丰田	D4,D-4S	雷克萨斯GS350,GS350 F-Sport
本田	i-VTEC I	本田Stream Absolute
日产	DIG	骐达
菲亚特	JTS	阿尔法罗密欧156、159,Spider
马自达	DISI	马自达3海外版,马自达CX-50
大众/奥迪	FSI	大众CC 3.0L V6 FSI,奥迪A6L 3.0FSI
通用	SIDI	君威2.4 SIDI,君越2.4 SIDI
福特	EcoBoost	沃尔沃XC60 2.0T,2011款蒙迪欧-致胜2.0T
宝马	HPI	进口335i,国产535Li
奔驰	CGI BlueDirect	ML350,S 350 BlueEFFICIENCY
现代/起亚	GDI	秀尔,现代i40

在国内,GDI发动机的研发尚处于起步阶段。只有奇瑞公司在AVL公司帮助下开发的

自主品牌 2.0L8QR484J 汽油机使用了 GDI 技术。2007 年 7 月 15 日，在长春一汽集团技术中心成功研发出第一款自主汽油直喷发动机 JB8，其采用了自主独创的汽油直喷与气道喷射共用的燃烧系统和自主集成的电控汽油直喷系统。

5.1.2 共轨系统控制的研究现状

由于管内压力波的传播，实际的燃油共轨系统并非集中参数系统，同时泵油和喷油动作的不连续，使得共轨系统具有很强的非线性，并且共轨系统参数受温度、压力、时间以及燃油泄漏等的影响具有不确定性。为了获得好的控制性能，基于模型的非线性控制方法已经被应用于轨压控制器的设计中。目前，针对共轨系统的建模形式有：试验数据辨识共轨模型、混合共轨模型和平均值模型。针对以上建立的模型，基于非线性方法的控制也得到了相应的一些研究成果，例如，文献[43]基于试验辨识模型设计了轨压的鲁棒控制器并采用定量反馈理论进行分析；文献[44]针对建立的混合共轨模型设计了混合控制器实现轨压控制；文献[45]通过模型参考自适应理论对平均值模型进行了控制器设计，明显减低了共轨管内的压力残差。以上针对轨压控制的研究大多集中于柴油机轨压控制的设计，汽油机的研究成果还很少，而且基于非线性方法的研究仍然停留在理论和仿真研究的阶段，尽管汽油机的缸内直喷技术从柴油机借鉴而来，但两者的实现结构和控制要求均不相同，并且汽油的黏度小，本身管内的压力波动就较大，因此 GDI 发动机共轨压力的控制相比柴油机而言难度更大。

5.2 共轨系统的控制需求

共轨式喷油系统是目前缸内直喷汽油发动机应用最为广泛的一种喷油系统，缸内直喷汽油机的工作原理与柴油机中使用的高压共轨喷油系统基本相同，区别是汽油机的燃油共轨压力要低得多，约为 5~20MPa。GDI 燃油共轨系统的基本结构如图 5-1。因为不同的生产厂商和所装配的发动机不同，所以各公司开发的共轨系统也存在一些差异。

首先，压力调节阀安装位置有所不同。压力调节阀有位于共轨器前端、高压泵和共轨之间、高压泵入口处三种，将高压共轨系统分为三类。在第一种压力调节阀位置下，调节轨压的控制回路短，响应速度快，但无法直接控制高压泵端的压力，因此调节范围较窄；第二种方案调节阀的开度决定着供给共轨器件的燃油量，避免了方案一中调节范围窄的缺点；对于目前应用最多的第三种装配方式，它是通过调节位于高压泵入口端低压管道中的调节阀开度来控制高压泵泵油量，从而间接地控制共轨压力，此方案的好处是在保证了控制量有较宽的控制范围的同时，有效地降低了压力调节阀的强度要求，且减少了阀位于高压管中所带来的高压损失问题。系统控制算法考虑了高压泵的动态特性，从而能够抑制更多的外部干扰，增强了系统的鲁棒性，使得系统的控制效果更好，但同时也增加了系统的阶次，给控制器的设计带来了一定困难。

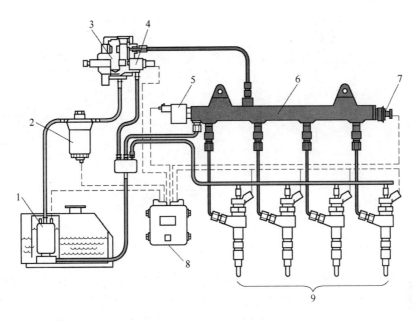

图 5-1 GDI 燃油共轨系统的基本结构

1—电控油泵 2—燃油过滤器 3—高压泵 4—燃油计量控制阀 5—油轨压力控制阀
6—共轨 7—油轨压力传感器 8—发动机电控单元 9—喷油器

其次，高压共轨燃油系统最高喷射压力的高低是由高压泵的设计决定的，按照高压泵的不同又可以将共轨系统进行重新分类。目前，高压共轨系统中使用的高压泵主要分为径向柱塞式共轨高压泵和直列柱塞式共轨高压泵两大类。其中径向柱塞泵一般与乘用车和轻型车上的高速小功率发动机匹配，其特点是结构紧凑，驱动转矩小，凸轮转速高。直列柱塞泵一般用来匹配中重型车的低速大功率发动机，其特点是驱动转矩值较大，凸轮轴转速较低，供油量受转速影响小。例如，德国 Bosch 公司生产的高压泵中，CP2 系列高压泵为直列式高压泵，而 CP1、CP3 系列高压泵为径向柱塞式高压泵，如图 5-2 所示；日本 DENSO 公司生产的 HP0、HP2 为直列柱塞式高压泵，HP3、HP4 系列以及 Siemens 公司的 3CYL、5CYL 高压泵均为径向柱塞泵。目前各大公司的高压共轨系统中采用的高压泵不仅结构不同，而且凸轮的型线和凸起数也有许多种，因此特性也大不相同。

缸内直喷汽油机的燃烧系统对喷雾质量非常敏感，少量大尺寸液滴就能明显恶化发动机的排放性能和降低燃烧效率。如果喷油压力较低，则会导致燃油雾化不良，从而使射程缩短，使燃油不能穿过整个燃烧室，影响了燃油与压缩空气的充分均匀混合（包括混合、蒸发和氧化过程），导致发动机油耗增加。提高喷油压力是促进燃油雾化的有效手段，但过高的喷油压力往往会造成喷雾贯穿距离过长、燃油碰壁等情况。喷油压力主要取决于共轨管内压力的大小，共轨压力控制得不精确不仅可能改变期望的喷油量，还会造成燃烧恶化，因此对于缸内直喷汽油机而言，轨压控制是一个关键问题。由于管内压力波的传播，实际的燃油共轨系统并非集中参数系统，同时泵油和喷油动作的不连续，使得系统具有很强的非线性，并且共轨系统参数受温度、压力、时间以及燃油泄漏等的影响具有不确定性。目前针对柴油机和汽油机的共轨系统建模，以及基于模型的非线性轨压控制器设计已经有一些文献进行了研究，但这仍然是一个开放性的研究问题。

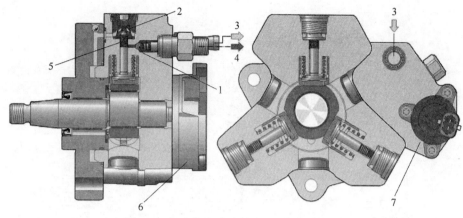

图 5-2 径向柱塞式共轨高压泵（见彩插）

1—低压阀 2—进油阀 3—低压油路（黄色） 4—高压油路（红色） 5—泵室 6—传输泵 7—燃油计量阀

为了保证发动机在各复杂工况下都能保持最佳的燃烧状态，需要由控制器控制共轨系统中的轨压随着实际工况（发动机转速和负荷）的变化达到相应的目标值，从而保证精确的喷油。其中一种常见的控制框图如图 5-3 所示，通过控制高压泵入油口处的电磁阀开关时长，从而调节高压泵内的压力和流量，实现共轨管内压力的变化。一般来说，流量信号不可测量，直接将其作为控制信号较难实现，因此通常将流量转换为电磁阀的开关持续时间所对应的角度进行处理，也就是图中对应的流量转换部分。由于与发动机结构、车型等有关，轨压控制系统既要保证轨压控制的稳态性能（稳定性及稳态压力波动），又要保证轨压的动态性能（跟随性及跟踪误差），但对控制性能的要求在工程上没有直接统一的量化标准，有时轨压控制的好坏由喷油的精度来衡量。

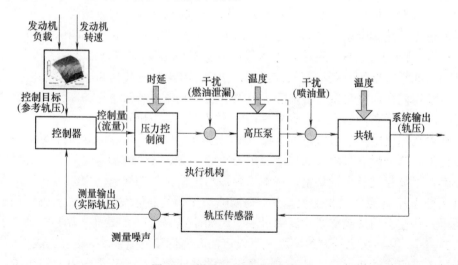

图 5-3 燃油共轨系统控制框图

5.3 共轨系统建模

尽管不同厂商开发的高压共轨燃油系统的结构和工作性能不同，但工作原理基本类似，本节中以直列柱塞式高压泵组成的一款用于四缸四冲程汽油机内的共轨燃油系统为例，对燃油共轨系统的工作原理和数学模型进行分析。所考虑的燃油共轨系统的结构组成如图 5-4 所示，主要由低压回路、高压泵、共轨管、轨压传感器、喷油器和电子控制单元组成。低压回路的主要作用是通过低压泵将油箱内的燃油送到高压泵的入油口，通常来说，低压回路中的燃油压力较低，一般只有 3~6 bar（1 bar=10^5Pa）。高压泵的作用是提高燃油压力并将高压燃油泵到油轨中，高压泵入油口处安装有压力控制阀，压力控制阀的开关时刻与状态决定高压泵泵入油轨中的燃油量，对于固定体积的共轨管可以起到调节轨压的目的，一般轨压为 5~15 MPa。高压泵的出油口处装有单向阀，使得共轨内的压力不能回流到高压泵内，从而保证了共轨内压力不会发生大幅度的降低，方便快速地建立轨压。高压泵出油口处还设有限压阀，能够有效防止出油口处压力过高而损坏相应部件，压力限值一般为 15~20 MPa。当限压阀打开，燃油流回油箱，出油口处及油轨内的燃油压力会迅速降低。电控喷油器是共轨系统最终的执行机构，直接安装在共轨管上，高压燃油最终通过喷油器被喷射到燃烧室内参与燃烧。

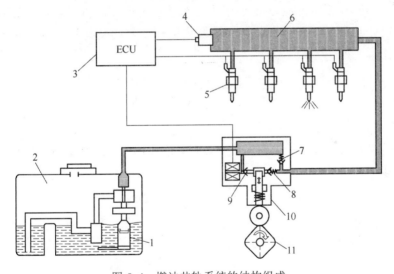

图 5-4　燃油共轨系统的结构组成

1—低压泵　2—油箱　3—电子控制单元　4—轨压传感器　5—喷油器　6—共轨管
7—限压阀　8—单向阀　9—压力控制阀　10—高压泵　11—凸轮

由于压力波的传播，共轨系统内的压力变化并不均匀，但对于轨压控制而言，更关心轨压的整体设计是否满足期望的要求，因此考虑共轨系统为集中参数模型。本章基于液体体积弹性模量方程和流体力学方程建立共轨系统模型，液体体积弹性模量用来描述液体与液压元件之间的内部弹性特性，是液压系统的一个重要参数。忽略温度的影响，则一般体积为 V 的液体的弹性模量 K_f 可由下式计算

$$K_f = -\frac{V \Delta p}{\Delta V} = \frac{\rho \Delta p}{\Delta \rho} \tag{5-1}$$

式中，Δp 为压力的增量（Pa）；ΔV 为体积的变化量（m³）；ρ 为液体密度（kg/m³）；K_f 为正值（Pa）；式中的负号表示体积的减小对应压力的增大。

当压力的增量变化足够小时，可以采用微分算子的形式代替，则式（5-1）的体积弹性模量计算可变为

$$K_f = -\frac{V \mathrm{d}p}{\mathrm{d}V} = \frac{\rho \mathrm{d}p}{\mathrm{d}\rho} \tag{5-2}$$

由于纯液压油的体积弹性数值一般较大（1~2000MPa），通常可以认为液压油是不可压缩的。但由于液压油受混入不可溶解气体或是液压元件存在弹性等因素影响，常常用有效弹性模量来反映存在气体和管道变形的情况下系统液压油实际的弹性特性。一般来说，所含的气体越多，弹性模量越小。因此有效体积弹性模量的计算一般由纯油弹性模量、液压元件的弹性模量以及混入气体的体积弹性模量共同计算得到，其受含气量、工作压力和温度等多个因素的影响且动态变化复杂。下面对共轨系统（图 5-4）的主要组成元件进行动力学分析。为了简便起见，这里有效弹性模量的计算仅考虑纯油的弹性模量、液压元件的弹性模量。图 5-5 所示为一个装满可压缩液体且容积可变的腔体。假设腔体液体介质是连续的，由连续方程可知腔内液体质量的变化等于流入的质量流率减去流出的质量流率，即

$$W_{\mathrm{in}} - W_{\mathrm{out}} = g \frac{\mathrm{d}m}{\mathrm{d}t} = g \frac{\mathrm{d}(\rho V)}{\mathrm{d}t} \tag{5-3}$$

式中，g 为重力加速度（m/s²）。

质量流率和体积流率间的关系为 $W = g\rho Q$，液体在压缩过程中体积和密度均会发生变化，即

$$\frac{\mathrm{d}(\rho V)}{\mathrm{d}t} = \rho \frac{\mathrm{d}V}{\mathrm{d}t} + V \frac{\mathrm{d}\rho}{\mathrm{d}t} \tag{5-4}$$

将式（5-2）和式（5-4）代入式（5-3）中，得到腔内压力变化的表达式

$$\frac{\mathrm{d}p}{\mathrm{d}t} = \frac{K_f}{V}\left(Q_{\mathrm{in}} - Q_{\mathrm{out}} - \frac{\mathrm{d}V}{\mathrm{d}t}\right) \tag{5-5}$$

图 5-5 中腔体入油口和出油口处的流量 Q_{in} 和 Q_{out} 能通过流过孔的流量公式（不包含液体的流向定义）计算，即

$$Q = CA\sqrt{\frac{2\delta p}{\rho}} \tag{5-6}$$

式中，δp 为孔两端的压差（Pa）；A 为孔的面积（m²）；C 为流量系数；ρ 为液体密度（kg/m³）。

式（5-4）和式（5-5）是接下来系统建模的基本依据。

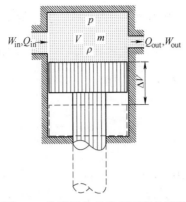

图 5-5 装满液体且容积可变的腔体

p—腔内压力　V—液体体积　ρ—液体密度　m—液体质量　W—质量流率　Q—体积流率　ΔV—体积变化

5.3.1 高压泵

高压泵由凸轮轴以机械方式驱动工作，凸轮与曲轴通过链条或齿轮结构连接（转速比一般为1:2），高压泵的工作周期由转速决定，以四叶凸轮为例，周期的计算公式为

$$T_{\text{hpp}} = \frac{60}{4\,\omega_{\text{rpm}}} \tag{5-7}$$

式中，ω_{rpm} 为凸轮转速（r/min）。

一个周期内高压泵的工作过程可分为三个阶段，分别为吸油阶段、回油阶段和泵油阶段，且每个阶段都与压力控制阀的状态有重要关系，如图 5-6 所示。吸油阶段是低压燃油被吸入高压泵腔内的过程，此时高压泵入油口处的压力控制阀打开，对应于高压泵柱塞从上止点向下止点运动；当凸轮推动柱塞从下止点向上止点运动时，高压泵腔内的燃油开始被压缩，压力控制阀保持开启状态，由于低压回路内的油压较低，这时高压泵内的一部分燃油会回流到低压回路中，此时处于回油阶段；当柱塞从下止点向上止点运动过程中压力控制阀关闭时，由于燃油受高压泵柱塞挤压，高压泵腔内的压力会瞬间升高，燃油推开出油口处的单向阀进入共轨管内，从而进入泵油阶段。当柱塞再次回到上止点时，压力控制阀又重新打开，工作过程重复进行。有时也可对柱塞从下止点向上止点运动过程中压力控制阀的开启时刻进行控制，此时泵油阶段在前，回油阶段在后。从图 5-6 能够看出，压力控制阀关闭时间的长短影响着泵油阶段的持续时间，最终决定高压泵泵入共轨内的燃油量（泵油阶段阴影部分的面积）。对于容积一定的共轨管，调节腔内油量可以调节轨压。

将高压泵腔作为研究对象，忽略温度对压强和体积的影响，同时认为液压油内的含气量较少，依据基本原理式（5-2），腔内的压力变化方程可描述为

$$\dot{p}_{\text{p}} = \frac{K_{\text{f}}(p_{\text{p}})}{V_{\text{p}}(\theta)}\left[-\frac{\mathrm{d}V_{\text{p}}(\theta)}{\mathrm{d}t} + q_{\text{u}} - q_{\text{pr}} - q_0\right] \tag{5-8}$$

由式（5-8）可以看出，高压泵腔内的瞬态压力 p_p 的变化主要由高压泵柱塞上下往复运动引起的体积变化 $\dfrac{dV_p(\theta)}{dt}$、进油口处流量 q_u、出油口处流量 q_{pr} 和燃油泄漏量 q_0 决定。事实上，有效体积弹性模量 K_f 受腔内压力的大小影响，这里考虑为常数。高压泵腔内体积 $V_p(\theta)$ 与活塞的运动相关

$$V_p(\theta) = V_{pmax} - A_p h_p(\theta) \tag{5-9a}$$

$$\frac{dV_p(\theta)}{dt} = -A_p \frac{dh_p}{dt} = -A_p \omega_{rpm} \frac{dh_p}{d\theta} \tag{5-9b}$$

式中，h_p 为活塞的升程（m），是与凸轮形线（图 5-6）有关的非线性函数，可近似用 $h_p(\theta) = h_0 \cos(4\theta)$ 来描述。

高压泵进出油口处流量可根据式（5-6）计算。由于单向阀的存在，出油口处流量 q_{pr} 存在分段取值的情况，即

$$q_{pr} = \begin{cases} \text{sgn}(p_p - p_r)\, c_{pr} A_{pr} \sqrt{\dfrac{2|p_p - p_r|}{\rho}} &, p_p > p_r \\ 0 &, p_p \leq p_r \end{cases} \tag{5-10}$$

高压泵泵油过程中腔内的燃油泄漏量 q_0 与泵的活塞行程相关，而且在活塞上升和喷油阶段泄漏量较大，在活塞下降阶段相对较少。为了简化设计，这里考虑 q_0 为整个过程的一个平均泄漏量，并且以常数给出。

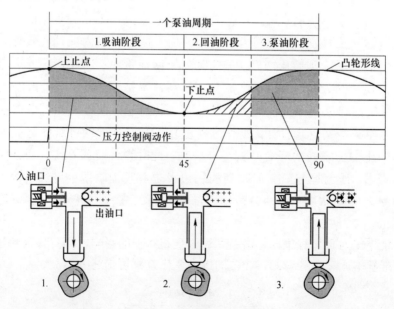

图 5-6 高压泵工作原理

5.3.2 共轨管

共轨管主要用于储存高压燃油，减小油压波动。由于共轨管与喷油器直接相连，因此共轨管内的压力大小和波动均对喷油量有影响。假设共轨管有足够的刚度，体积受温度影响的弹性形变较小，同时不考虑管内压力波的传播对轨压的影响，依据式（5-5），可以得到

$$\dot{p}_r = \frac{K_f(p_r)}{V_r}(q_{pr} - q_{ri}) \tag{5-11}$$

式中，q_{ri} 为供给四个喷油器的燃油总量（m^3/s）。

式（5-9）~式（5-11）中涉及的其他参数的物理描述见表5-2。

表 5-2 共轨系统模型参数物理描述

参数符号	物理意义	参数符号	物理意义
V_{pmax}	高压泵腔体积的最大值	A_p	活塞面积
θ	凸轮的转角	ω_{rpm}	凸轮转速
c_{pr}	液体流量系数	A_{pr}	进出口处横截面积
V_r	共轨管的容积	q_{ri}	共轨出油口处的流量

5.3.3 喷油器

在 GDI 发动机中，喷油器将燃油直接喷入气缸内，是喷油系统最终的执行器，其喷油时刻和喷油脉宽由发动机控制单元根据工况（转速及负荷）计算给出。喷油过程中，喷油器的体积变化很小，可以忽略，此时喷油器内的压力变化主要由进出口流量引起，即

$$\dot{p}_{ik} = \frac{K_f(p_{ik})}{V_{ik}} \left(\text{sgn}(p_r - p_{ik}) c_{rik} A_{rik} \sqrt{\frac{2|p_r - p_{ik}|}{\rho}} - \text{sgn}(p_{ik} - p_{cylk}) E_{Tk} c_{ik} A_{rik} \sqrt{\frac{2|p_{ik} - p_{cylk}|}{\rho}} \right) \tag{5-12}$$

式中，p_{cylk} 为气缸压力（Pa）；A_{rik} 为喷孔面积（m^2）；c_{ik} 为流量系数；E_{Tk} 为喷油信号。

5.4 三步法轨压控制设计

综上所述，共轨系统的模型由5.3节建立的动力学方程式（5-8）~式（5-12）描述。若同样以喷油器压力方程建立喷油器模型，则模型的阶次将由喷油器个数决定，会使系统阶次太高，从而使控制器的设计与实现较为困难，因此需要做进一步的合理假设简化模型。以四缸发动机为例，凸轮每转一圈，喷油器完成四次喷油，工作周期大约为6~40ms。相对轨压的变化来说，喷油是个快速过程，因此忽略喷油器的开启与关闭过程中的瞬态特性，将喷油动力学对共轨的影响考虑为共轨出油口处的流量 q_{ri} 的不确定性，记为 $q_{ri}(p_r)$。由此带来的误差，后面将其考虑为系统的参数不确定。经过以上的假设简化，可得到共轨系统的动力学方程为

$$\dot{p}_p = \frac{K_f}{V_p(\theta)}\left(A_p\omega_{rpm}\frac{dh_p}{d\theta}+q_u-q_{pr}-q_0\right)$$

$$\dot{p}_r = \frac{K_f}{V_r}(q_{pr}-q_{ri}) \tag{5-13}$$

此外，根据一些工程设计经验，我们将轨压控制的性能指标具体量化为以下要求：
1）稳态跟踪下响应时间小于 100 ms，无超调，跟踪误差在 1 bar 以内。
2）瞬态跟踪误差小于 5 bar。

根据前面高压泵的工作原理可知，GDI 的共轨压力可以通过调节高压泵入油口处的压力控制阀的开关时长来实现。对于式（5-13），为了简化设计过程，选择压力控制阀的流量为控制输入，由于吸油和回油阶段流量有方向，吸油阶段压力控制阀不需要控制，主要是考虑回油阶段，此时流量为输出，即 $u = -q_u$。轨压为系统的控制输出，即 $y = p_r$。

5.4.1 控制器推导

考虑式（5-13），由于 q_{pr} 的计算中存在根号和符号函数，下面根据 p_p 和 p_r 之间的关系，分为两种情况考虑：

情况一：$p_p \leqslant p_r$，此时高压泵腔内的压力小于或等于共轨管内压力，由于高压泵与共轨间有单向阀的存在，共轨燃油不会发生回流，此时 $q_{pr}=0$。系统方程可列写为

$$\begin{cases} \dot{p}_p = \dfrac{K_f}{V_p(\theta)}\left(A_p\omega_{rpm}\dfrac{dh_p}{d\theta}-u-q_0\right) \\ \dot{p}_r = \dfrac{K_f}{V_r}(-q_{ri}) \end{cases} \tag{5-14}$$

此时系统得到解耦，控制律与轨压之间没有关系。为了使系统回到 $p_p > p_r$ 的状态，必须保证 $\dot{p}_p > \dot{p}_r$。这里选择一种较简单的控制律形式 $u = -q_0 + A_p\omega_{rpm}\dfrac{dh_p}{d\theta} + k_s\dfrac{V_p(\theta)}{V_r}q_{ri} =: \bar{u}$，其中 $k_s > 0$。

情况二：$p_p > p_r$，此时高压泵腔内的压力大于共轨腔内压力，将 q_{pr} 的表达式（5-10）代入式（5-13）内，能够去掉式中的符号和绝对值函数，式（5-13）变为

$$\dot{p}_p = \frac{K_f}{V_p(\theta)}\left(A_p\omega_{rpm}\frac{dh_p}{d\theta}-u-a_2\sqrt{p_p-p_r}-q_0\right) \tag{5-15a}$$

$$\dot{p}_r = \frac{K_f}{V_r}\left(a_2\sqrt{p_p-p_r}-q_{ri}\right) \tag{5-15b}$$

其中 $y = p_r$ 是系统输出，而且系统存在耦合项 $\sqrt{p_p-p_r}$。为了实现控制需求，本文采用一种新的非线性控制方法——三步法进行设计。该方法由稳态控制、参考动态前馈和 PID

反馈控制组成，分三步设计完成，且设计顺序不能颠倒，推导过程简单且具有便于工程实现的结构特点，已经被应用于离合器位置控制、换档控制以及轮毂电机集成控制等方面。三步法的设计不基于状态空间形式，直接从控制输入 u 和被控变量 y 之间的动力学关系出发，对方程（5-15b）进一步求导，将式（5-15a）代入，最后整理能够得到 y 与 u 的形式为

$$\ddot{y} = A(p_p)\dot{y} + A_s(p_p, y) + B(p_p, y)u \tag{5-16}$$

推导过程中，部分 p_r 用 y 代入。

通过以上的模型转换，避免了直接处理状态耦合关系，而且不增加三步法的设计难度。其中

$$A(y) = -\frac{K_f}{V_r}\dot{q}_{ri}(y) \tag{5-17a}$$

$$A_s(p_p, y) = \frac{1}{2\sqrt{p_p - p_r}}\frac{K_f^2}{V_r V_p(\theta)}a_2\left[A_p\omega_{rpm}\frac{dh_p}{d\theta} - a_2\sqrt{p_p - p_r} - q_0 + \frac{V_p(\theta)}{V_r}\left(q_{ri}(y) - a_2\sqrt{p_p - p_r}\right)\right] \tag{5-17b}$$

$$B(p_p, y) = -\frac{1}{2\sqrt{p_p - p_r}}\frac{K_f^2}{V_r V_p(\theta)}a_2 \tag{5-17c}$$

由于讨论的是 $p_r > p_p$ 的情况，所以 $p_r \neq p_p$，即 $\sqrt{p_p - p_r} \neq 0$。接下来针对式（5-16）进行三步法控制器的推导。

S1：稳态控制

令 $\ddot{y} = 0$ 和 $\dot{y} = 0$，代入系统后得到

$$u_s(p_p, y) = -\frac{A_s(p_p, y)}{B(p_p, y)} \tag{5-18}$$

S2：参考前馈控制

发动机的运行工况复杂，仅通过稳态控制并不能够获得很好的控制效果，虽然在稳态控制作用下能使系统达到稳态，但这并不意味着系统就达到期望值，而且轨压参考值是随着发动机工况变化而变化的。为了考虑参考动态对系统的影响，下面令 $\ddot{y} = \ddot{y}^*$ 和 $\dot{y} = \dot{y}^*$，结合已经设计好的稳态控制律 u_s，可以得到

$$u_f(p_p, y, \dot{y}^*, \ddot{y}^*) = \frac{1}{B(p_p, y)}\ddot{y}^* - \frac{A(y)}{B(p_p, y)}\dot{y}^* \tag{5-19}$$

S3：误差反馈控制

前面在建模过程中忽略了温度对液压、容器体积的影响以及喷油器、限压阀等元件的动力学，这必然导致存在建模误差，而且系统往往会受到外部干扰，加之弹性模量 K_f

以及流量系数 c 等参数变化带来的模型不确定性，只通过前面稳态和参考动态的调节并不能得到很好的控制性能，尤其对于轨压系统这样一个对压力误差敏感的系统。为此我们引入反馈控制，结合前面两步的设计结果，定义跟踪误差 $e_1 = y^* - y$，闭环系统的误差方程能够写为

$$\ddot{e}_1 = A(y)\dot{e}_1 - B(p_p, y)u_e \tag{5-20}$$

定义 $e_2 = \dot{e}_1$，那么上述误差方程能够重新写为

$$\dot{e}_1 = e_2 \tag{5-21a}$$

$$\dot{e}_2 = A(y)e_2 - B(p_p, y)u_e \tag{5-21b}$$

以上推导得到的轨压控制误差系统，采用基于李雅普诺夫理论进行设计，可得反馈控制律为

$$u_e(p_p, y) = \frac{1+k_1k_2}{B(p_p, y)}e_1 + \frac{k_1+k_2+A(y)}{B(p_p, y)}\dot{e}_1 \tag{5-22}$$

其中，选取的控制李雅普诺夫函数为 $V_2 = \frac{1}{2}e_1^2 + \frac{1}{2}e_3^2$，$e_3$ 是虚拟控制输入 e_2^* 与 e_2 的偏差。

最后的控制律结构为

$$u = u_s(p_p, y) + u_f(p_p, y, \dot{y}^*, \ddot{y}^*) + f_P(p_p, y)e_1 + f_D(p_p, y)\dot{e}_1 \tag{5-23}$$

其中

$$u_s(p_p, y) = -\frac{A_s(p_p, y)}{B(p_p, y)} \tag{5-24a}$$

$$u_f(p_p, y, \dot{y}^*, \ddot{y}^*) = \frac{1}{B(x)}\ddot{y}^* - \frac{A(y)}{B(p_p, y)}\dot{y}^* \tag{5-24b}$$

$$f_P(p_p, y) = \frac{1+k_1k_2}{B(p_p, y)} \tag{5-24c}$$

$$f_D(p_p, y) = \frac{k_1+k_2+A(y)}{B(p_p, y)} \tag{5-24d}$$

结合式（5-17）中 $A_s(p_p, y)$、$A(y)$、$B(p_p, y)$ 的表示形式，可以得到完整的控制律，相应的控制器的控制框图如图 5-7 所示。

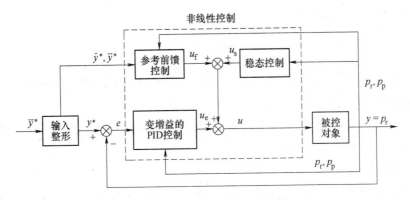

图 5-7　三步法轨压控制的控制框图

结合工程实际给出以下几点说明：①目前轨压控制实际工程中常采用的控制结构与三步法的设计结构相似，不同点在于稳态控制和参考前馈控制具体的实现形式；而且三步法状态依赖的 PID 控制不仅能给工程变增益 PID 标定提供依据，还能通过虚拟标定的方式在一定程度上减少试验标定的成本和工作量。②除了 $u_s(p_p, y)$、$u_f(p_p, y, \dot{y}^*, \ddot{y}^*)$ 的增益是状态-参数依赖之外，还可以发现 $u_s(p_p, y)$ 实质上反映的是高压泵的泵油特性和共轨的储油特性；如果将 $\dot{p}_p = 0$ 代入式（5-15a）中，则可得到稳态控制 $u_s(p_p, y)$ 的前三项，同样可以通过令式（5-15b）中的 $\dot{p}_r \to 0$ 获得 $u_s(p_p, y)$ 的最后一项。③控制律中所依赖的参数 θ，本质上是运行工况对系统影响的表现。

结合前面在 $p_p \leq p_r$ 情况下得到的控制律，可得到整个系统的控制律如下

$$u = \begin{cases} u_s(p_p, y) + u_f(p_p, y, \dot{y}^*, \ddot{y}^*) + f_P(p_p, y) e_1 + f_D(p_p, y) \dot{e}_1, & p_p > p_r \\ -q_0 + A_p \omega_{rpm} \dfrac{\mathrm{d}h_p}{\mathrm{d}\theta} + k_s \dfrac{V_p(\theta)}{V_r} q_{ri}, & p_p \leq p_r \end{cases} \quad (5\text{-}25)$$

可以发现，当取 $p_p = p_r$ 时，$p_p > p_r$ 的控制律就变为 $-q_0 + A_p \omega_{rpm} \dfrac{\mathrm{d}h_p}{\mathrm{d}\theta} + \dfrac{V_p(\theta)}{V_r} q_{ri}$，这可以看作是当 p_r 无限接近 p_p 时 u 的极限。同时也注意到，此时两者仅相差 $\dfrac{V_p(\theta)}{V_r} q_{ri}$ 一项的系数。为了平滑地切换控制器，可以选择控制参数 k_s 接近 1。

5.4.2　控制律的实现

下面结合实际系统对实现过程中的一些关键问题，包括信号处理、参数辨识等进行讨论。

（1）从流量 q_u 到压力控制阀占空比信号的转换

之前控制器设计过程中忽略了压力控制阀的动力学，并将高压泵入油口处的流量作为控制输入。实际共轨系统没有流量传感器，而且共轨管内压力的变化是通过高压泵一个周期内泵入油轨的燃油体积实现调节，而泵油体积是由每个周期内高压泵入油口处压力控制阀的关闭持续时间决定的。因此，控制输出流量 q_u 可以通过转化为压力控制阀的占空比来实现。

在离线仿真阶段，它们之间的转换关系可以通过对 AMESim 燃油共轨系统仿真模型进

行试验和辨识得到，形式如下

$$\gamma = g(\omega_e)\bar{q}(t) + g_c \tag{5-26}$$

式中，$\bar{q}(t)$ 为控制循环开始时刻控制律 q_u 的值；γ 为阀关闭持续时间的百分比；$g(\omega_e)$ 和 g_c 为参数，由发动机转速决定。

由于仿真模型存在建模误差，而且标定和拟合过程也同样存在偏差，由 q_u 的转换带来的实现误差将在鲁棒性分析中讨论。

（2）输入整形

输入整形技术常常用于避免控制信号发生突变，同时也能降低测量噪声，本文通过对输入信号进行整形处理来获取控制律中的轨压及参考轨压的导数 $\dot{y}$、$\dot{y}^*$、$\ddot{y}^*$。首先定义参考值（或是测量值 y_m）为 $\bar{y}^*$，经过如下形式的输入整形滤波器

$$\frac{y^*}{\bar{y}^*} = \frac{\omega_n^2}{s^2 + 2\xi\omega_n s + \omega_n^2} \tag{5-27}$$

作用之后的输出为 $\dot{y}^*$ 或是 y，相应的二阶滤波结构如图 5-8 所示，$\dot{y}^*$ 和 $\ddot{y}^*$ 可直接获得。选择合适的阻尼比 ξ 和自然频率 ω_n 能够获得满足性能（快速性、超调）要求的滤波器。

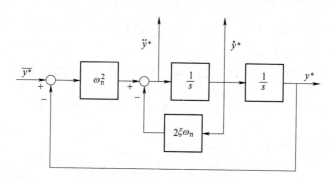

图 5-8 二阶滤波结构

相比于二阶滤波器，工程中更常使用的是一阶滤波器，一方面是由于初值设置和参数调整更容易，另一方面代码实现也相对简单。考虑到实际情况，后面的实现忽略了参考轨压二阶导数的影响，由此产生的不确定性将在第 5.4.3 节中进行讨论。

（3）$A(x)$ 的计算

控制律[式（5-25）]中 $u_f(x)$ 和 $f_D(x)$ 的计算均涉及 $A(x)$ 的计算，由前面的推导可知 $A(x) = \frac{\partial}{\partial x_1} q_{ri}(x_1)$。喷油器的喷油量受轨压大小的影响，由此需要得到 $\frac{\partial}{\partial x_1} q_{ri}(x_1)$ 的值。基于 AMESim 仿真模型，通过大量且不同工况下的仿真试验结果，我们能够得到 q_{ri} 的计算数据，并采用三阶多项式拟合为 $q_{ri}(x_1) = 3.74 \times 10^{-7} x_1^3 - 2 \times 10^{-4} x_1^2 + 0.044 x_1 - 1.224$ 的形式，那么，$\frac{\partial}{\partial x_1} q_{ri}(x_1)$ 可采用如下的二阶多项式计算

$$\frac{\partial}{\partial x_1} q_{ri}(x_1) = 1.122 \times 10^{-6} x_1^2 - 4 \times 10^{-4} x_1 + 0.044 \tag{5-28}$$

事实上，喷油量还受温度以及喷油脉宽的影响，这里受试验条件的限制只考虑了固定喷油脉宽下轨压与喷油量之间的关系。如果条件允许，那么这些因素对 $q_{ri}(x_1)$ 以及 $A(x)$ 的影响可以通过试验数据制定成 MAP 修正，当然对于高原、高温等恶劣工况也需要单独考虑。

5.4.3 鲁棒性分析及参数选取原则

为了便于控制器设计，在建模过程中忽略了喷油器的动力学，压力控制阀的响应滞后，温度、压强对体积弹性模量、流量系数的影响以及系统外部扰动。同时控制律实现过程中的简化也给系统引入了不确定性。本节将对闭环系统的鲁棒性进行分析，并定性给出控制器参数的选取原则。

定义系统[式（5-21）]存在扰动为 d，将控制律[式（5-23）]代入，则能够得到系统的闭环误差方程为

$$\dot{e}_1 = -k_1 e_1 - e_3 \tag{5-29a}$$

$$\dot{e}_3 = e_1 - k_2 e_3 + \Gamma d \tag{5-29b}$$

式中，$k_1 > 0$，$k_2 > 0$；Γ 为归一化系数；d 为系统的总扰动，包括系统的未建模动态、参数不确定性、简化实现误差以及外部干扰。

下面分别对外部扰动形式和模型误差形式的系统干扰进行分析。首先，考虑 d 主要来自于外部扰动的影响，并假设 d 幅值有界，即 $\|d\|_\infty \leq 1$，误差系统[式（5-29）]的李雅普诺夫函数可选为 $V = \frac{1}{2} e_1^2 + \frac{1}{2} e_3^2$，对 V 求导可得

$$\dot{V} = \dot{e}_1 e_1 + \dot{e}_3 e_3 = -k_1 e_1^2 - k_2 e_3^2 + \Gamma e_3 d \tag{5-30}$$

使用 Young's Inequality，可以得到

$$\dot{V} \leq -k_1 e_1^2 - k_2 e_3^2 + k_3 |\Gamma| e_3^2 + \frac{|\Gamma|}{4k_3} d^2 = -k_1 e_1^2 - (k_2 - k_3 |\Gamma|) e_3^2 + \frac{|\Gamma|}{4k_3} d^2 \tag{5-31}$$

式中，$k_3 > 0$。

如果我们选择 k_2 和 k_3 满足 $k_2 > k_3 |\Gamma|$，那么式（5-31）能重新写为

$$\dot{V} \leq -\min\{k_1, k_2 - k_3 |\Gamma|\} \|e\|_2^2 + \frac{|\Gamma|}{4k_3} d^2 \tag{5-32}$$

式中，$e = [e_1 \ e_3]^T$。

式（5-32）成立表明误差系统式（5-29）对于有界扰动是输入-状态稳定（ISS），也就是意味着系统对所考虑的不确定性具有鲁棒性。进一步定义

$$\kappa = \min\{k_1, k_2 - k_3 |\Gamma|\} \tag{5-33}$$

并且不等式两端同时乘以 $e^{2\kappa t}$，则式（5-32）变为

$$\frac{d}{dt}(Ve^{2\kappa t}) \leq \frac{|\Gamma|}{4k_3}d^2e^{2\kappa t} \tag{5-34}$$

对式（5-34）在[0，t]上积分，同时乘以 $e^{-2\kappa t}$ 有

$$V(t) \leq V(0)\ e^{-2\kappa t} + \frac{|\Gamma|}{4k_3}\int_0^t e^{-2\kappa(t-\tau)}d(\tau)^2 d\tau \tag{5-35}$$

由于扰动有界 $\|d\|_\infty \leq 1$，式（5-35）变为

$$\|e(t)\|^2 \leq \|e(0)\|^2 e^{-2\kappa t} + \frac{|\Gamma|}{4k_3}\int_0^t e^{-2\kappa(t-\tau)}d\tau \tag{5-36}$$

式（5-36）表明初始误差以 κ 指数衰减，并且当 $t \to \infty$，误差的界为

$$\|e_1(\infty)\| + \|e_3(\infty)\| \leq \sqrt{\frac{|\Gamma|}{4k_3\kappa}} \tag{5-37}$$

式（5-37）给出的只是跟踪误差的上界，由于推导过程中不等式的多次缩放导致这个上界非常保守，实际误差的界要更小。无论如何，κ 越大，收敛速度越快，跟踪误差越小。另一方面，如果选择 $k_3 = \frac{1}{|\Gamma|}$，则将其代入式（5-33）可以得到 $\kappa = \min\{k_1, k_2 - 1\}$，并且对于 $k_2 > 1$ 时系统是鲁棒稳定的。综上分析，为了减小跟踪误差，我们应该选择较大的 k_2 和 k_1。然而，调整参数太大容易导致控制器的高增益，这也就意味着参数 κ 的选择要折中考虑跟踪误差和控制器高增益之间的矛盾。其次，考虑扰动 d 来源于建模误差、系统部件老化和控制律实现等不确定性的情况，此时扰动与状态有关，即 $d = g(e)$，假设扰动项满足线性增长界

$$\|d\| \leq \delta\|e\| \tag{5-38}$$

式中，δ 为非负常数。

这种情况下，式（5-31）可变为

$$\dot{V} \leq -k_1 e_1^2 - (k_2 - k_3|\Gamma|)e_2^2 + \frac{|\Gamma|\|\delta\|^2}{4k_3}\|e\|^2 \leq -\min\{k_1 - \frac{|\Gamma|\|\delta\|^2}{4k_3}, k_2 - k_3|\Gamma| - \frac{|\Gamma|\|\delta\|^2}{4k_3}\}\|e\|_2^2 \tag{5-39}$$

如果选择 $k_1 > 0$、$k_2 > 0$、$k_3 > 0$ 且满足 $k_1 - \frac{|\Gamma|\|\delta\|^2}{4k_3} > 0$、$k_2 - k_3|\Gamma| - \frac{|\Gamma|\|\delta\|^2}{4k_3} > 0$，那么系统[式（5-29）]是鲁棒指数稳定。

综合以上分析，可以得出控制器参数 k_1 和 k_2 的选择原则为：

1）根据对跟踪误差 e_1 的衰减率要求选择参数 k_1。

2）选择 $k_2 > 1$（如果可能，选择 $k_2 > k_1$ 且 e_3 的衰减要快于 e_1，才能保证整个误差系统收敛），并且所选的控制增益应该保证满足由式（5-37）计算的误差上界，同时控制器中微

分 D 的增益不能太大。

为了消除系统存在的静差,并且考虑到实际 PD 控制器很少被使用,引入积分项对控制律式(5-23)进行修正,对误差系统式(5-21)选取李雅普诺夫函数为 $V = \frac{k_0}{2}\chi^2 + \frac{1}{2}e_1^2 + \frac{1}{2}e_3^2$,其中 $\chi = \int e_1 dt$,参数 $k_0 > 0$,对 V 求导并将 $\dot{\chi}$、$\dot{e}_1$、$\dot{e}_2$ 代入,选择满足 $\dot{V}$ 负定的控制律 u_e 为

$$u_e = \frac{1+k_0+k_1k_2}{B(x)}e_1 + \frac{k_1+k_2+A(x)}{B(x)}\dot{e}_1 + \frac{k_0k_2}{B(x)}\int e_1 dt \tag{5-40}$$

则积分修正后的控制律为

$$u = u_s(x) + u_f(x, \dot{y}^*, \ddot{y}^*) + f_P(x)\,e_1 + f_I(x)\int e_1 dt + f_D(x)\,\dot{e}_1 \tag{5-41}$$

其中

$$f_P(x) = \frac{1+k_0+k_1k_2}{B(x)} \tag{5-42a}$$

$$f_I(x) = \frac{k_0k_2}{B(x)} \tag{5-42b}$$

$$f_D(x) = \frac{k_1+k_2+A(x)}{B(x)} \tag{5-42c}$$

稳态控制和参考动态前馈不变,反馈部分变为 PID 控制器,积分修正后系统的稳定性分析已经在文献[50]中给出,这里不再重复叙述。推导结果表明,闭环系统是输入-状态稳定的。

5.5 仿真验证与分析

计算机仿真技术能够给控制器开发提供初步的功能性验证,为后续开发减少错误。为了验证控制器的有效性,基于 AMESim 所搭建的 GDI 发动机高压燃油共轨系统的仿真模型如图 5-9 所示。该模型是根据实际物理系统的结构所搭建。

5.5.1 模型功能验证

在闭环仿真试验之前,首先要对所建立的仿真模型的合理性进行开环测试,不考虑发动机的起步和怠速阶段。假定在测功机模式下,设置发动机转速在 0.1s 从 2000r/min 上升到 4000 r/min,0.2s 从 4000 r/min 上升到 6000r/min。需要指出的是在实际车辆运行中,由于发动机受负载、惯性、执行机构的物理特性限制,转速不会发生突变,但这里这种设置的目的是为了测试系统的瞬态特性。喷油脉宽设定为 2.2 ms,根据不同的工况设置不同的压力控制阀占空比(工作周期由发动机转速决定),一个周期内的占空比最大为 50%。燃油共轨系统的状态响应结果如图 5-10(占空比 10%)和图 5-11(占空比 40%)所示,随着发动机转速的不断升高,高压泵泵油和喷油器的喷油周期变短,如图 5-10a、c 和图 5-11a、c 所示。

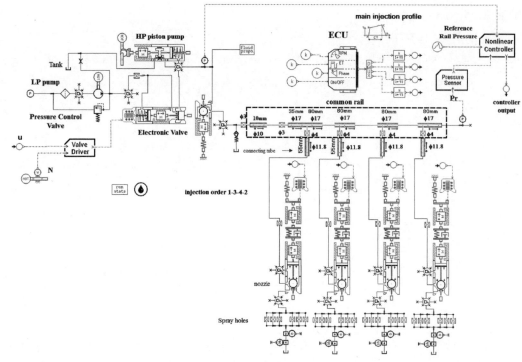

图 5-9 GDI 共轨系统 AMESim 仿真模型

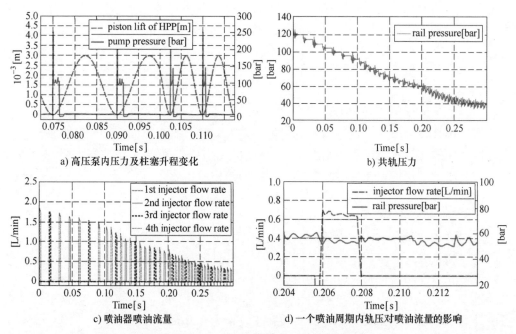

图 5-10 10%占空比给定下的开环测试

当压力控制阀的占空比较小时,表明泵油持续时间比较短,高压泵向共轨提供的油量减少,在喷油脉宽不变的情况下,必然导致共轨内压力下降;相反如果占空比较大,则泵油时间较长,共轨管内的压力上升,如图 5-10b 和图 5-11b 所示。随着轨压的变化,喷油器的喷油量也发生变化,如图 5-10c 和图 5-11c 所示;图 5-10d 和图 5-11d 是一个周期内轨压和喷油流量的放大曲线。可以看到,喷油过程中由于共轨管内的压力波动会造成喷油量的波动,这对于精确喷油是不利的,因此轨压控制在获得期望轨压的同时希望减小轨压波动。综上可知,所搭建的模型不仅能实现控制压力控制阀的关闭持续时间来明显调节轨压的功能,而且模型瞬态响应符合逻辑,具有合理性。

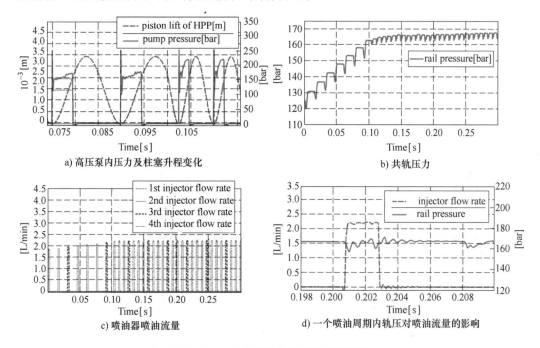

图 5-11 40%占空比给定下的开环测试

5.5.2 控制器性能验证

接下来给出控制性能的验证结果,参考轨压通过给定发动机转速和负荷获得。由于发动机的气缸和冲程个数并不影响控制器的设计,仅对高压泵、喷油器的正时有影响,所以这里仿真模型以四缸四冲程发动机为例,喷油顺序为 1—3—4—2。每个周期相应的高压泵凸轮转角是 90°,低压回路的压力一般为 3~6bar。仿真中所采用的控制器参数为:① $p_p \leqslant p_r$ 时,k_s =0.95;② $p_p > p_r$ 时,k_0 =15000,k_1 =1300,k_2 =1000。同时我们给出固定增益的 PI 控制器作为对比,其中 PI 控制器的增益为 $k_p = 1 \times 10^{-6}$ 和 $k_i = 5 \times 10^{-6}$。

下面给出两组仿真结果曲线,分别如图 5-12 和图 5-13 所示。其中,图 5-12 所示为稳态工况下的控制器的性能,所给定的发动机运行工况(发动机转速和相对充气量)如图 5-12a 所示。在实际中,发动机转速较大突变的情况一般不会出现,如此设定的目的主要是为了获得不同稳态工况下参考轨压的变化形式,如图 5-12b 中的虚线所示。图 5-13 则是考虑实际车辆运行工况多样,发动机转速和负荷总是连续变化的情况的一组仿真结果。所设定发动机转速和相对充气量随时间变化如图 5-13a 所示,开始设定的 0.4s 稳态工况是为了保证两个控制器运行在实际轨压基本相同的环境下,轨压的跟踪对比曲线如图 5-13b、c 所示。从以上仿真结果可以看出,在稳态工况下,PI 控制器(实线)的调节作用相对较慢,并不总能保证满足稳态跟踪误差小于 1bar 的性能要求,尤其是发动机在较高转速运行时,这主要是由于固定增益的 PI 控制律的调节能力有限,从压力控制阀的占空比输入(图 5-12d)也能说明这一点。在瞬态工况时,三步法和 PI 控制均能满足跟踪静差小于 5bar 的要求,但 PI 控制(实线)下的轨压波动要大于三步法的非线性控制结果(虚线)。这也表明,基于模型的非线性控制器对控制性能有所改善。

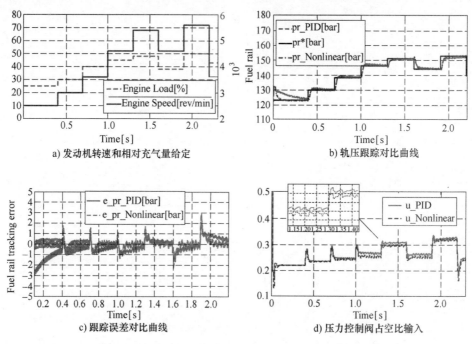

图 5-12 稳态工况三步法控制与 PI 控制的仿真结果对比

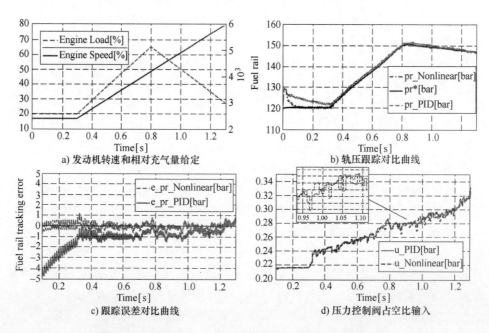

图 5-13 瞬态工况三步法控制与 PI 控制的仿真结果对比

第 6 章

汽油发动机冷却系统建模与温度跟踪控制算法设计

冷却液温度跟踪控制是目前热管理系统常用的控制策略,其控制精度影响发动机油耗。本章在已知目标冷却液温度下,以提高控制精度为主要目标,对冷却液温度进行跟踪控制。针对冷却系统中存在的冷却液传输延迟、模型误差等不可测扰动问题,提出温度跟踪控制器+史密斯预估器+扩张状态观测器的控制架构,该架构将延迟及不可测扰动的补偿与控制器的设计独立开,减小了控制器设计的难度;第 6.3 节针对配备电子风扇的单输入单输出(SISO)冷却系统中加热/散热/对流传热过程的非线性特性,提出了冷却液温度非线性三步跟踪控制方法,动态性能和稳态性能均优于工程中常用开关控制和 PI 控制;第 6.4 节针对配备电子风扇、水泵及节温器的多输入单输出(MISO)冷却系统的过驱动问题,提出了冷却液温度的滚动优化控制方法,通过引入冷却系统功耗作为优化变量限制控制律的自由度。

6.1 引言

通过冷却系统调节发动机热状态是传统内燃动力车辆主要的发动机热管理方式。发动机冷却系统的诞生之初是为了带走多余的发动机热量,保证其运行安全,但如今已不再以冷却发动机为唯一目标,而是兼顾车辆运行需求、排放法规及用户使用需求的综合性系统,影响着发动机的动力性、经济性、排放性、可靠性及乘员舱的温度及噪声。为了满足日益增长的发动机热管理需求,冷却系统结构也变得越来越复杂,如分体式冷却、多回路及多级冷却等,但是仍然依托于经典的冷却系统结构,主要组成为散热器、风扇、水泵、节温器。图 6-1 及图 6-2 所示分别为经典的发动机冷却系统实物图及结构示意图。

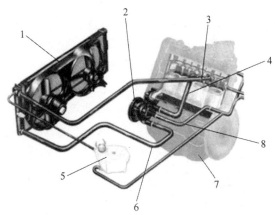

图 6-1 经典的发动机冷却系统实物图

1—风扇及散热器 2—水泵 3—节温器 4—小循环回流管路 5—膨胀水箱
6—大循环回流管路 7—发动机 8—其他循环回流管路

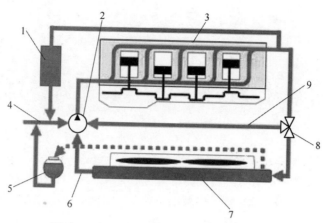

图6-2 经典的发动机冷却系统结构示意图
1—其他冷却 2—水泵 3—发动机 4—其他循环回流管路 5—膨胀水箱
6—大循环回流管路 7—风扇及散热器 8—节温器 9—小循环回流管路

风扇的作用是增加通过散热器的冷却风流量,促进冷却液的散热,分为离合器风扇、电子风扇及液压驱动风扇。离合器风扇分为硅油离合器和电磁离合器,由冷却液温度决定其开闭,其缺点是:离合器结合之后,风扇由曲轴驱动,其转速与曲轴转速成固定比例,无法灵活调节且安装位置受限。电子风扇不受发动机转速限制,能够灵活调节和独立布置,但受蓄电池放电功率约束,只能用于小型乘用车。液压驱动风扇兼顾了离合器风扇高功率和电子风扇灵活调节的优势,但其结构复杂且成本较高,主要用于重型商用车辆。水泵的作用是对冷却液加压,保证其在发动机与散热器间的循环流动。根据驱动方式不同,水泵可分为机械水泵和电子水泵。机械水泵由发动机曲轴(或凸轮轴)驱动,其转速与发动机转速成正比。电子水泵由调速电机驱动,其转速由发动机电子控制单元根据发动机工况进行连续调节。节温器是一个三通阀,其作用是根据冷却液温度分配冷却系统大循环及小循环的冷却液流量。节温器分为蜡式节温器、电蜡式节温器和电子节温器。蜡式节温器的阀门开度由内部石蜡的温度特性决定,无法主动控制。电蜡式节温器在蜡式节温器内嵌入电阻加热器,实现了主动控制,缺点是由于石蜡热惯性而使控制精度较低。电子节温器的开度通过伺服电机控制,能够实现快速且精确的开度调节。此外,膨胀水箱的作用是储存多余的冷却液,避免冷却液温升膨胀导致的系统压力升高,其他循环包括暖风、液压油冷却等。

发动机小型化趋势及增压技术普及给发动机的功率密度带来显著提升,同时也大幅增加了机体的热负荷。在一些热扩散受限的区域,热量的堆积会形成局部热点从而成为机体最脆弱的部分,如排气阀鼻梁区,为了避免过高的热负荷带来的灾难性后果,发动机冷却系统的设计需能够有效地吸收该区域的热量。因此,在传统的机械式冷却系统中,组件选型及参数设置都为保证热扩散受限区域在发动机最大功率下的安全,但也往往导致了在高转速低负荷时冷却系统提供超过需求流量的冷却液及冷却风,不仅造成冷却系统的能量损失,也造成发动机过冷却,使摩擦增大及燃烧边界条件变差。

针对上述问题,基于电气化冷却系统及先进控制算法的发动机热管理系统应运而生,通过将冷却系统组件与发动机曲轴解耦实现冷却系统的灵活控制。将冷却液温度作为反映机体温度的指标,调节冷却液温度到目标值是热管理系统常用的方法。发动机机体的安全约束是排气阀鼻梁区的最高允许温度,而在不同的发动机工况下,冷却液温度与排气阀鼻梁区温度不是一一对应的关系,因此,为了维持鼻梁区温度在安全工作范围内的最优值,冷却液温度的目标值需要根据发动机工况变化。热管理系统统筹考虑发动机摩擦损耗、冷却系统功耗、燃烧边界条件(燃烧室温度、冲量密度及温度)等多方面因素得到目标冷却液温度,从而保证在发动机安全温度的基础上提高燃油经济性。相比于传统机械式的冷却系统,电气化冷却系统拥有如下优势:

(1) 灵活控制发动机热状态

电气化冷却系统可由冷却液温度传感器、电气化执行器构成闭环控制回路,实现对冷却液温度的灵活调节。较高的发动机温度能够降低发动机摩擦、促进燃油气化,对发动机经济性及 CO、HC 排放均有所改善[51]。Rehman 将一台四缸汽油发动机的冷却系统改造为缸盖/缸体分别冷却的双循环冷却系统,台架试验表明:燃烧室壁面温度提高了 80~100℃,从而使发动机油耗降低 4%~6%,HC 排放减少 12%~15%。因此,灵活的冷却液温度跟踪能够实现最佳的性能指标。

(2) 快速暖机

发动机在冷机状态下(机油温度20℃)的摩擦损失约为充分暖机后的 2.5 倍;因此,暖机过程的发动机油耗及排放远高于充分暖机后,缩短暖机时间对于冷却系统的研究尤为重要[52],而电气化冷却系统相比机械式冷却系统能够明显缩短暖机时间的 18%~50%[53]。

(3) 降低系统功耗

冷却系统功率占发动机额定功率的 3%~6%,电气化冷却系统按需供给冷却液及冷却风,能够避免机械式冷却系统过度冷却造成的功率损失,从而改善发动机燃油经济性。Zhou 等设计的热管理系统在欧洲瞬态驾驶循环(ETC)下,相比机械式冷却系统中水泵和风扇的功耗分别降低 59%和 46.3%。此外,从机械结构来说,电子风扇与风罩、散热器刚性安装为一体,有更好的容积效率和机械效率,总效率由机械式的 0.3~0.5 提升至 0.78[54]。

(4) 减小系统尺寸

机械式冷却系统为了保证极端工况下的发动机散热,系统组件的选型往往偏大,占用了发动机舱宝贵的空间,也增加了整车重量。而电气化冷却系统可以通过增加冷却液及冷却风的流量来促进散热,能够保证同样散热能力的前提下减小散热器体积。Cho 等在 4.5L 柴油发动机上应用电子风扇,在城市道路循环(UDDS)驾驶工况下减小了 27%的散热器尺寸[55]。

6.1.1 冷却系统面向控制的模型

基于模型的发动机热管理控制需要冷却系统的热力学模型,一个理想的面向控制的模型可以充分发挥模型本身的潜力,使控制效果达到最佳。目前,发动机冷却系统的模型主要有 3 种:数据模型、半机理模型和机理模型。Zhou 等采用基于机理的模型,仅需要少量的稳态试验数据,避免了繁重的台架试验工作,且适用于大范围工况,但模型的精度在很大程度上依赖于对系统原理的认知程度[54]。

6.1.2 冷却系统层面的控制

冷却系统层面的发动机热管理控制研究主要有冷却液温度跟踪控制和冷却系统功耗最

优控制。冷却液温度跟踪控制通过控制冷却系统（包括风扇、水泵、节温器）实现发动机快速暖机及精确的温度调节。目标冷却液温度是基于工况的 MAP，通过在机体可承受的热负荷范围内，统筹考虑影响发动机性能的因素，包括发动机摩擦、冷却系统功耗、燃烧边界条件等，以改善某项性能或性能加权为目标离线标定得到。因此，通过跟踪目标冷却液温度能够间接地改善发动机性能。冷却系统功耗最优控制无需标定目标冷却液温度，而是将冷却液温度限制在一定范围内保证较小的发动机摩擦和较好的燃烧边界条件，优化得到使冷却系统功耗最小的冷却系统动作和冷却液温度轨迹，从而间接地改善发动机性能。

冷却液温度跟踪控制的常用方法有：开关控制、逻辑控制、PID 控制、模型预测控制及非线性控制。开关控制及逻辑控制无法连续地调节冷却系统，因此只能将冷却液温度维持在一定范围内，无法实现精确跟踪。鉴于此，基于模型的先进控制方法得以采用。文献[54]采用模型预测控制方法，以较少的调节参数实现较好的跟踪控制效果，但模型预测控制的缺点是计算时间较长，实际应用成本较高。

6.1.3 动力系统层面的控制

冷却系统层面的热管理策略将冷却系统当作被控对象，将发动机工况当作已知扰动，在设计控制器时不考虑冷却系统对发动机性能的影响，通过控制冷却系统间接地改善发动机性能。而动力系统层面的热管理策略将发动机和冷却系统整体作为被控对象，优化问题中包含冷却系统与发动机性能的定量关系，因此优化得到的冷却系统执行器动作能够直接地改善发动机性能。目前，动力系统层面热管理策略的研究主要集中在油电混合动力系统中，在传统能量管理基础上考虑了系统热状态对性能的影响，包括发动机温度、三效催化器温度、余能回收换热器温度等对油耗、机内排放、排放转化率、余能回收效率的影响，将混合动力系统的能量管理升级为集成能量及热量管理：在各部分温度约束、动力电池荷电状态（SOC）约束、系统物理约束、需求车速约束条件下，通过优化冷却系统执行器动作、发动机起停状态、发动机-电动机功率比、变速器档位等，使发动机系统油耗、排放、动力电池寿命、终端 SOC 等加权性能指标最优。目前，在插电混合动力系统的研究中，根据全局最优的距离-SOC 轨迹能够设计得到用于在线控制的规则控制器。而在非插电混合动力系统的研究中，仅是使用离线全局优化探索集成能量及热量管理相比于传统能量管理的节能潜力，没有实现实时的滚动时域优化控制。

6.2 汽油机冷却系统热力学建模

基于模型的控制是发动机热管理系统的研究热点和发展趋势。在热管理系统的跟踪控制中，面向控制的热力学模型能够提高冷却液温度的跟踪精度和响应速度；在优化控制中，又能作为控制变量和系统性能之间的桥梁。一个理想的面向控制的模型可以充分发挥模型本身的潜力，使控制效果达到最佳。其需要反映系统的主要动态特性，拥有较高的模型精度，同时还要有简单的形式和较低的阶次。然而，发动机冷却系统的建模较为困难，主要有如下原因：

1）系统中存在多个热量储存元，且有些热量储存元的温度分布极不均匀，每一个热量储存元都对应一个或多个热力学方程，造成较高的模型阶次，不便于控制器设计。因此，需要对热量储存元进行整合或忽略，以降低模型阶次。

2) 发动机燃烧室是冷却系统的唯一热源，其对缸壁的加热功率直接影响冷却液温度的稳态值。该加热过程包含燃烧产热及传热两个环节，并且燃烧做功是间歇性的，如何用平均值模型来描述这个复杂且非连续的过程是一个问题。

3) 发动机水套为不规则的管路，其与冷却液的传热功率直接影响冷却液温度的瞬态值。该传热过程的方式为管内强制对流传热，而复杂的管路结构使对流传热系数难以定量描述。

围绕上述问题，本章展开如下研究：首选，针对以部件划分温度区域的热力学模型阶次过高的问题，提出以介质（固体、液体、气体）划分温度区域的三阶热力学模型。然后，对热力学模型中描述产热/散热/对流传热过程的三个中间变量进行特征变量分析并建立回归模型，相比现有模型提高了精度。最后，忽略系统中不同介质的温度差异，进一步将三阶模型简化为一阶模型，该简化过程仅降低一定瞬态模型精度，而不改变稳态模型精度。与 GT-SUITE 模型对比结果显示，三阶模型及一阶模型均保证了正确的动态趋势且有较高的模型精度。相比三阶模型，一阶模型通过降低一定瞬态精度换取更低的模型阶次，更适用于实时控制器的设计。为了降低建模工作量，本章不考虑单个部件的热动态，而是对热量传递过程中依次经过的介质进行热动态建模。图 6-3 所示为发动机冷却系统传热示意图，热量从燃烧室到环境的传递过程依次经历的介质为固体-液体-固体，即缸壁、冷却液及外壁，将其视作三个温度区域进而提出一种三阶冷却系统热力学模型的建模方法，模型基于如下假设：

1) 忽略热惯性较小的介质，如燃烧废气等。此外，散热器是冷却液与环境的热传递过程中经过的固体介质，但其热容相比缸壁、外壁及冷却液较小，详见表 6-1。

2) 忽略同一介质的内部温差，将温度视作集中参数变量。

表 6-1 发动机冷却系统主要部件及介质的热容

部件/介质	质量	材料	比热容（温度）	热容
缸壁	15.76 kg	铸铁	505 J/(kg·K)（450 K）	7959 J/K
外壁	60.35 kg	铝合金	900 J/(kg·K)（350 K）	54315 J/K
冷却液	8.10 kg	50%乙二醇	3512 J/(kg·K)（350 K）	28447 J/K
散热器	2.18 kg	铝合金	900 J/(kg·K)（350 K）	1962 J/K

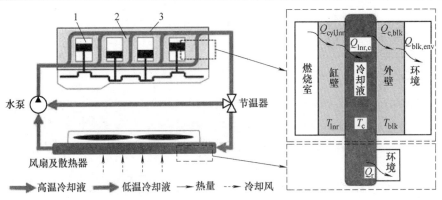

图 6-3 发动机冷却系统传热示意图（见彩插）

1—燃烧室　2—缸壁　3—外壁

在上述假设条件下，所提出的冷却系统三阶热力学模型结构如图 6-4 所示，由 3 个动态模型（蓝色模块）及 4 个静态模型（黄色模块）组成。本节将具体介绍动态模型的建立过程，静态模型的建立过程将在第 6.2.2~6.2.4 节中介绍。需要注意的是，由于冷却液传输延迟，风扇动作无法及时地反映到发动机出口冷却液温度，又因为热力学模型将冷却液温度视作集中参数变量，无法描述该延迟特性，故将其近似视作风扇输入延迟，放入冷却风流量模型中考虑。

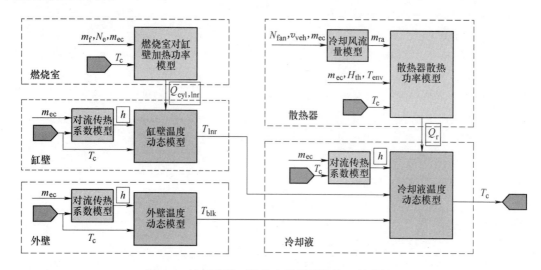

图 6-4　冷却系统三阶热力学模型结构（见彩插）

注：红色模块为信号发送/接收接口。

由图 6-4 可知，红色框所示的变量为动态模型的输入变量，包括燃烧室对缸壁加热功率 $Q_{cyl,lnr}$、缸壁/外壁与冷却液对流传热系数 h 及散热器散热功率 Q_r，故在建立动态模型时假设已知。

以缸壁为研究对象，其输入热量为燃烧室对缸壁的加热量 $W_{cyl,lnr}$，输出热量为缸壁对冷却液的加热量 $W_{lnr,c}$。根据能量守恒定律，在时间间隔 Δt 内，缸壁温度的变化量 ΔT_{lnr} 为

$$C_{lnr}\Delta T_{lnr} = W_{cyl,lnr} - W_{lnr,c} \tag{6-1}$$

将式（6-1）两边同除以 Δt，在 $\Delta t \to 0$ 时，得到缸壁温度的动态方程为

$$C_{lnr}\dot{T}_{lnr} = Q_{cyl,lnr} - Q_{lnr,c} \tag{6-2}$$

同理，外壁温度及冷却液温度动态方程为

$$C_{blk}\dot{T}_{blk} = Q_{c,blk} - Q_{blk,env} \tag{6-3a}$$

$$C_c\dot{T}_c = Q_{lnr,c} - Q_{c,blk} - Q_r \tag{6-3b}$$

其中，缸壁对冷却液的加热及冷却液对外壁的加热属于对流传热，其传热功率根据牛顿冷却公式描述为

$$Q_{\text{lnr,c}} = hA(T_{\text{lnr}} - T_{\text{c}}) \tag{6-4a}$$

$$Q_{\text{c,blk}} = hA(T_{\text{c}} - T_{\text{blk}}) \tag{6-4b}$$

式中，A 为对流传热面积。

外壁向环境散热功率 $Q_{\text{blk,env}}$ 较小，故将其忽略，则热力学模型总结为

$$C_{\text{lnr}}\dot{T}_{\text{lnr}} = Q_{\text{cyl,lnr}} - hA(T_{\text{lnr}} - T_{\text{c}}) \tag{6-5a}$$

$$C_{\text{blk}}\dot{T}_{\text{blk}} = hA(T_{\text{c}} - T_{\text{blk}}) \tag{6-5b}$$

$$C_{\text{c}}\dot{T}_{\text{c}} = hA(T_{\text{lnr}} + T_{\text{blk}} - 2T_{\text{c}}) - Q_{\text{r}} \tag{6-5c}$$

上述热力学模型中，输入变量 $Q_{\text{cyl,lnr}}$、Q_{r} 及 h 均假设为已知变量，但在实际系统中均是不可测变量。因此，需要对这三个变量进行建模，建立其与可测变量的函数关系，该建模过程将在第 6.2.1～6.2.4 节中详细介绍。

6.2.1 燃烧室对缸壁加热功率模型

燃烧室是冷却系统唯一的热源，如图 6-4 所示，燃烧室对缸壁加热功率 $Q_{\text{cyl,lnr}}$ 的精度直接影响到热力学模型输出的稳态值，同时，燃烧室内复杂的环境使该模型的建立较为困难。因此，本节将对燃烧室的产热及燃烧室对缸壁的加热过程进行机理分析，确定其相关特征变量并建立回归模型。

1. 模型总结

为了确定 $Q_{\text{cyl,lnr}}$ 的主要特征变量，首先对已有相关文献中的模型进行总结。

（1）Heywood 模型[56]

Heywood 针对传统化油器发动机的 $Q_{\text{cyl,lnr}}$ 建模，表示为

$$Q_{\text{cyl,lnr}} = bm_{\text{f}}^{n} \tag{6-6}$$

式中，b 和 n 为待估计参数；m_{f} 为发动机喷油量（g/s）。

该模型仅适用于喷油量及冷却液流量与发动机转速成固定关系的化油器发动机。

（2）Bova 模型[57]

电控发动机中电喷系统及电子水泵的应用使喷油量及冷却液流量不受发动机转速约束。因此，Bova 等将 Heywood 模型扩展为更通用的模型，表示为

$$Q_{\text{cyl,lnr}} = bm_{\text{f}}^{n_1} N_{\text{e}}^{n_2} m_{\text{ec}}^{n_3} \tag{6-7}$$

式中，b 及 $n_{\{1,2,3\}}$ 为待估计参数；N_{e} 为发动机转速（r/min）；m_{ec} 为发动机冷却液流量（g/s）。

（3）Zhou 模型[54]

Zhou 等根据试验数据将 $Q_{\text{cyl,lnr}}$ 近似总结为

$$Q_{\text{cyl,lnr}} = f(M_{\text{brk}}, N_{\text{e}}) \tag{6-8}$$

式中，M_{brk} 为发动机曲轴输出转矩（N·m）。

以上各种 $Q_{cyl,lnr}$ 的建模方法仅是根据工程经验确定相关的特征变量，并没有准确的传热原理分析，建模依据不够充分。为此，以下将结合传热学原理建立 $Q_{cyl,lnr}$ 模型：确定其独立且相关的特征变量，进而根据稳态试验数据建立回归模型。

2. 特征变量分析及回归模型建立

发动机燃烧室是一个复杂的环境，涉及气流运动、燃油蒸发、混合气燃烧及运动副摩擦等过程，每个过程都对 $Q_{cyl,lnr}$ 产生影响且难以通过机理进行准确描述。因此，通过 GT-SUITE 模型的仿真数据对 $Q_{cyl,lnr}$ 的组成进行研究。通过改变发动机工况，采集燃烧室内各个过程的产热及吸热量，通过数据分析可知：燃烧气体对缸壁加热功率 Q_{comb} 及活塞环与缸壁摩擦对缸壁加热功率 Q_{fric} 占燃烧室对缸壁加热功率 $Q_{cyl,lnr}$ 的比例超过 94%，如图 6-5 所示。因此，$Q_{cyl,lnr}$ 可近似表示为

$$Q_{cyl,lnr} = Q_{fric} + Q_{comb} \quad (6-9)$$

活塞环与缸壁摩擦为边界摩擦，摩擦热与发动机转速和机油温度相关，而冷却液温度略低于油温。因此，Q_{fric} 可近似表示为

$$Q_{fric} = f(N_e, T_c) \quad (6-10)$$

燃烧气体对缸壁的加热功率 Q_{comb} 由对流传热功率及辐射传热功率组成，其中，T_c 为冷却液温度（K），辐射传热功率用气体与黑体包壳间辐射传热近似计算，则 Q_{comb} 表示为

$$Q_{comb} = h_{cyl} A_{cyl}(T_{comb} - T_{lnr}) + A_{cyl} C_0 \left[\varepsilon(\frac{T_{comb}}{100})^4 - \zeta(\frac{T_{lnr}}{100})^4 \right] \quad (6-11)$$

式中，h_{cyl} 为燃烧气体与缸壁对流传热系数[J/（m²·K）]；A_{cyl} 为传热面积（m²）；T_{comb} 为燃烧气体温度（K）；C_0 为黑体辐射系数；ε 为燃烧气体发射率；ζ 为燃烧室壁面吸收比；T_{lnr} 为缸壁温度（K）。

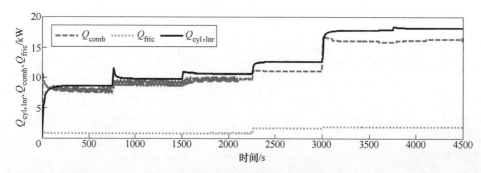

图 6-5 燃烧室对缸壁加热功率的组成

汽油发动机理想循环（等容加热循环）的 T–s 图（s 为燃烧气体比熵）如图 6-6 所示，

abcda 为一个循环过程：da 为压缩过程，ab 为等容加热过程，bc 为膨胀过程，cd 为换气过程。当发动机压缩比固定时，da 线位置和长度固定，ab 线及 cd 线位置固定，分别为活塞上止点及下止点时燃烧室容积的等容线。因此，只有当发动机压力升高比，即单位循环喷油量增加时，T–s 曲线才会发生变化，由 abcda 变为 ab'c'da。综上，T_{comb} 主要受发动机每循环喷油的影响，或者说单位时间喷油量 m_f 及转速 N_e 的影响，即

$$T_{\text{comb}} = f(m_f, N_e) \tag{6-12}$$

燃烧气体与缸壁对流传热系数 h_{cyl} 近似为燃烧气体温度 T_{comb} 及燃烧室内气体流速 v_{comb} 的函数（类似于第 6.2.2 节中 h 的推导），而受发动机喷油量 m_f 及转速 N_e 影响较大。因此，h_{cyl} 近似描述为

$$h_{\text{cyl}} = f(m_f, N_e) \tag{6-13}$$

将式（6-12）、式（6-13）代入式（6-11），并将式（6-10）、式（6-11）代入式（6-9）得

$$Q_{\text{cyl,lnr}} = f(m_f, N_e, T_{\text{lnr}}) \tag{6-14}$$

式中，T_{lnr} 通常无法测量，因此，继续对式（6-14）进行推导，使用可测变量代替 T_{lnr}。

将式（6-14）代入式（6-1）中的 $Q_{\text{cyl,lnr}}$，并令式（6-1）中 $\dot{T}_{\text{lnr}} = 0$（T_{lnr} 为慢变量），可得 T_{lnr} 相关变量，进而由式（6-14）得到

$$Q_{\text{cyl,lnr}} = f(m_f, N_e, m_{ec}, T_c) \tag{6-15}$$

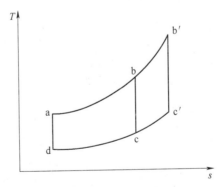

图 6-6　汽油发动机理想循环

确定 $Q_{\text{cyl,lnr}}$ 相关的特征变量后，通过分析 $Q_{\text{cyl,lnr}}$ 随各特征变量的变化趋势，并在边界条件 $Q_{\text{cyl,lnr}}|_{m_f=0} = 0$ 的约束下，总结出一种精度较高的回归模型形式

$$Q_{\text{cyl,lnr}} = c_1 m_f^{o_1} N_e^{o_2} m_{ec}^{o_3} T_c^{o_4} \tag{6-16}$$

为了拟合并验证上述模型，需要采集 GT-SUITE 模型中相关的发动机及冷却系统的运行数据。首先，截取 GT-SUITE 模型的发动机功能部分及发动机传热部分，在发动机冷却液入口

添加 EndEnvironment 模块，该模块的作用是设置进入发动机的冷却液流量和温度。然后，设置发动机及冷却系统的运行工况，并采集稳态下发动机出口冷却液温度。采样工况点设置为：喷油量$\{1, 2, \cdots, 5\}$；发动机转速$\{1000, 2000, \cdots, 5000\}$；冷却液流量$\{500, 1500, 2500, 3500\}$；发动机入口冷却液温度$\{300, 320, \cdots, 380\}$。最后，根据采集的数据计算得到出/入口单位时间焓差（等于$Q_{\text{cyl,lnr}}$），并随机选取其中70%工况点数据，使用最小二乘法估计得到式（6-16）的各参数值为$\{c_1 = 1.123 \times 10^5, o_1 = 0.6156, o_2 = 0.0569, o_3 = 0.2455, o_4 = -0.7087\}$。

为了验证上述$Q_{\text{cyl,lnr}}$模型的精度，将其与其他常用模型进行对比。对比指标采用均方根误差（Root-mean-square Error，RMSE）及归一化的均方根误差（Normalized Root-mean-square Error，NRMSE）。采用相同的工况点拟合其他常用模型，并采用剩余30%工况点进行模型验证，模型精度对比见表6-2，可见本章提出的$Q_{\text{cyl,lnr}}$模型相比其他常用模型显著提高了模型精度。本节建模所采集的GT-SUITE数据也用于第6.2.2节缸壁/外壁与冷却液对流传热系数模型的建立。

表6-2 $Q_{\text{cyl,lnr}}$模型精度对比

模型	RMSE/W	NRMSE（%）
Heywood模型	4102	10.4
Bova模型	1816	4.6
Zhou模型	3592	9.1
本章模型	1075	2.7

6.2.2 缸壁/外壁与冷却液对流传热系数模型

缸壁/外壁与冷却液对流传热系数h决定着各热量储存元之间的传热速率，进而影响热力学模型输出的瞬态值，但水套内不规则的几何形状限制了已有的相关对流传热系数模型的使用。因此，本节将对缸壁/外壁与冷却液对流传热过程进行机理分析及建模。本节建模及验模所使用的GT-SUITE数据与第6.2.1节相同。

1. 模型总结

对流传热过程的影响因素很多，流动动力、流动状态、换热表面几何形状及流体是否有相变等因素构成了多种类型的对流传热现象。在对流传热的研究方法中，基于相似原理的试验法是建立对流传热系数模型的主要途径。其步骤如下：

1）根据具体对流传热现象确定抽象的函数表达式，例如，单相强制对流传热为

$$h = f(u, l, \rho, \eta, \lambda, c_p) \tag{6-17}$$

2）通过相似原理或者量纲分析的方法，将抽象函数中较多的特征变量总结为较少的无量纲数Nu、Pr、Re等。

3）采集试验数据，并选用合理的拟合方式，对无量纲数的函数关系进行拟合。式（6-17）中，u为流体流速；l为传热特征长度；ρ为流体密度；η为动力黏度；λ为导热系数；c_p为比定压热容；Nu为努塞尔数，$Nu = hl/\lambda$；Pr为普朗特数，$Pr = c_p\eta/\lambda$；Re为雷诺数，

$Re = \rho u l / \eta$。

缸壁/外壁与冷却液对流传热方式为单相管内强制对流传热,目前描述该传热现象的对流传热系数模型有:

(1) Dittus-Boalter 模型

Bova 等采用 Dittus-Boalter 模型描述缸壁/外壁与冷却液的对流传热系数

$$h = 0.023 Re^{0.5} Pr^{0.4} \lambda / l \tag{6-18}$$

该模型为规则管的管内强制对流传热系数模型,而对于发动机水套这样形状复杂的管路,该模型偏差较大。图 6-7 所示为 Dittus-Boalter 模型验证结果,可见模型偏差达 65%。

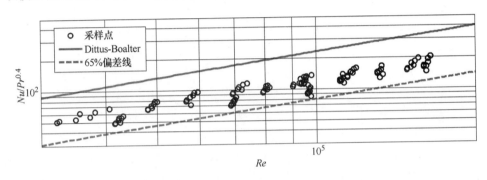

图 6-7 Dittus-Boalter 模型验证

(2) 拟合关联式模型

Cho 等采用 Dittus-Boalter 模型的推导方式确定无量纲数,即步骤1)和2),但采用了发动机水套与冷却液对流传热的数据对无量纲数的函数关系进行拟合,得到拟合关联式模型为

$$h = b Re^{n_1} Pr^{n_2} \lambda / l \tag{6-19}$$

式中,b 和 $n_{\{1,2\}}$ 为待估计参数。

采用与第 6.2.1 节中相同的 70%工况点数据估计得到参数 $\{b=0.0408,n_1=0.7326,n_2=0.1694\}$。图 6-8 所示为拟合关联式模型验证结果,可见模型最大偏差约 20%。

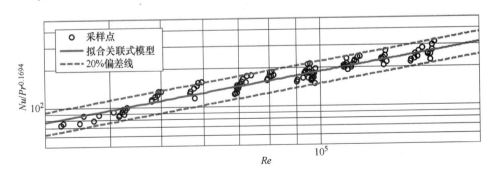

图 6-8 拟合关联式模型验证

综上所述,Dittus-Boalter 模型用于描述发动机水套与冷却液的对流传热系数时偏差过大;拟合关联式模型虽然有效地提高了模型精度,但仍需流体物性参数等信息,应用

并不方便。考虑到实际应用中冷却液牌号为已知,在冷却液温度确定时,其物性参数 ρ、η、λ、c_p 为常值,因此,水套与冷却液的对流传热系数模型存在一定的简化空间。

2. 特征变量分析及回归模型建立

水套与冷却液的对流传热方式为单相管内强制对流传热,其传热系数的抽象函数表达式为式(6-19),其中,冷却液流速 u 为流量 m_{ec} 和温度 T_c 的函数;传热特征长度 l 为常值;物性参数 ρ、η、λ、c_p 只依赖于冷却液温度 T_c,因此,对流传热系数可以总结为

$$h = f(m_{ec}, T_c) \tag{6-20}$$

通过分析 h 随特征变量的变化趋势,并在边界条件 $\{h|_{m_{ec}=0} \neq 0,\ h|_{T_c=0} \neq 0\}$ 的约束下,总结出一种精度较高的回归模型形式

$$h = c_2(m_{ec} - c_3)^{o_5}(T_c - c_4)^{o_6} \tag{6-21}$$

使用 GT-SUITE 的数据,并采集缸壁温度 T_{lnr},计算得到对流传热系数 h,估计得到式(6-21)的各参数值 $\{c_2 = 8.429,\ c_3 = -209.8,\ c_4 = -281.7,\ o_5 = 0.5781,\ o_6 = 0.3566\}$。图 6-9 所示为式(6-21)的验证结果,最大偏差约为 20%,模型精度对比见表 6-3。可以看出,本章提出的 h 模型的精度略优于拟合关联式模型,且本章模型的各变量物理意义明确且容易测量,极大地方便了工程应用。

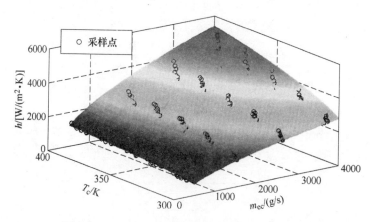

图 6-9 对流传热系数模型验证结果(见彩插)

表 6-3 h 模型精度对比

模型	RMSE/[W/(m²·K)]	NRMSE(%)
Dittus-Boalter 模型	1748	66.9
拟合关联式模型	302	11.6
本章模型	247	9.5

6.2.3 散热器散热功率模型

散热器是冷却系统与冷源(环境)的唯一通道(忽略外壁向环境散热),如图 6-4 所示,

其散热功率Q_r对热力学模型输出的稳态值影响较大。冷却液的热量经过散热器到环境需经历三个过程：冷却液与散热器对流传热、散热器内热传导、散热器与空气对流传热，本节将介绍一种简单且有效的散热器散热功率模型，描述该复杂的过程。

1. 模型总结

散热器散热功率Q_r的模型分为动态模型与静态模型：动态模型考虑了散热器温度的动态变化，即将冷却液给散热器的加热功率$Q_{rc,r}$和散热器向冷却风的散热功率$Q_{r,ra}$分开考虑，从而详细描述了热量从冷却液经散热器到冷却风的动态过程；静态模型忽略了散热器温度的动态变化，即认为$Q_{rc,r} = Q_{r,ra}$（统称为Q_r），从而得到Q_r与影响因素间的静态关系。相比静态模型，动态模型的优势是能够准确描述冷却液或冷却风的流量或温度变化瞬间冷却液的散热功率；劣势是增加了系统状态方程的阶次，从而使控制器设计变得复杂。为了选择合适的Q_r模型类型，需要评估散热器动态过程相比冷却系统动态过程的显著程度。

图6-10所示为散热器的冷却液流量变化及风扇转速变化时，散热器的热量输入$Q_{rc,r}$与热量输出$Q_{r,ra}$的对比。由能量守恒定律可知，$Q_{rc,r}$与$Q_{r,ra}$达到相同值所经历的时间为散热器动态过程时间，$Q_{rc,r}$与$Q_{r,ra}$达到稳态所经历的时间为冷却系统动态过程时间。如图6-10所示，在散热器冷却液流量变化后（500s处），散热器动态过程约为10s，冷却系统动态过程约为200s；在风扇转速变化后（1000s处），散热器动态过程小于5s，冷却系统动态过程约为200s，散热器动态过程远小于冷却系统动态过程。

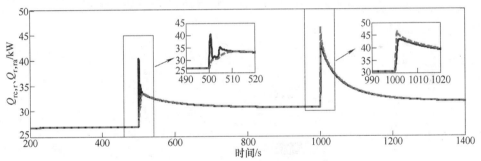

图6-10　冷却液给散热器加热功率$Q_{rc,r}$及散热器向环境散热功率$Q_{r,ra}$对比

综上所述，Q_r的动态模型虽然能够准确描述散热器动态过程，但其相比于冷却系统动态过程显得微不足道，并且增加了系统阶次，不利于控制器的设计。因此，本章统筹考虑模型的精度及控制器设计的复杂度，选择使用Q_r的静态模型，仅牺牲很小的瞬态下模型精度换取较低的模型阶次。

目前常用的Q_r静态模型为Cortona模型，其表达形式如下

$$Q_r = \alpha_r A_r (T_c - T_{env}) \tag{6-22a}$$

$$\alpha_r A_r = f(v_{ra}) \tag{6-22b}$$

式中，α_r为散热器的换热系数[kW/（K·m²）]；A_r为散热器的换热面积（m²）；T_{env}为环

境温度（K）；v_{ra} 为散热器的冷却风流速（m/s）。

为了验证 Cortona 模型的精度，截取 GT-SUITE 模型中散热器部分，并在冷却液/冷却风回路的散热器入口处分别添加 EndEnvironment 模块来设置入口冷却液/冷却风的流量和温度。采样工况点设置为：冷却液流量 $\{500,1500,2500,3500\}$；冷却液温度 $\{300,320,\cdots,380\}$；冷却风流量 $\{300,600,900,1200\}$；冷却风温度（环境温度）$\{260,275,290,305\}$；采集稳态下 Q_r 数据并采用二次多项式拟合得到函数 $f(v_{ra})$，如图 6-11 所示，可见 Cortona 模型的最大误差约为 50%。

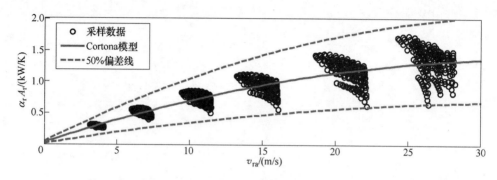

图 6-11　Cortona 模型验证

综上所述，散热器功率的静态模型能够兼顾模型的精度与复杂度，但目前已有的模型偏差较大，因此本节将对散热器功率的静态模型展开研究，提高其精度。

2. 特征变量分析及回归模型建立

根据牛顿冷却公式，冷却液与散热器换热功率 $Q_{rc,r}$ 和散热器与冷却风换热功率 $Q_{r,ra}$ 表示为

$$Q_{rc,r} = h_{rc,r}(m_{rc},\ T_c)\ A_r(T_c - T_r) \tag{6-23a}$$

$$Q_{r,ra} = h_{r,ra}(m_{ra},\ T_{ra})\ A_r(T_r - T_{ra}) \tag{6-23b}$$

式中，$h_{rc,r}$ 为散热器与冷却液对流传热系数；$h_{r,ra}$ 为散热器与冷却风对流传热系数；m_{rc} 为散热器冷却液的质量流量（g/s）；m_{ra} 为冷却风的质量流量（g/s）；T_{ra} 为散热器冷却风的温度（K）；T_r 为散热器温度（K）。

Q_r 静态模型的假设为 $Q_{rc,r} = Q_{r,ra}$（统称为 Q_r），根据式（6-23）可以总结得到

$$T_r = f(m_{rc},\ T_c,\ m_{ra},\ T_{ra}) \tag{6-24}$$

式中，T_{ra} 通常是不可测量，需对式（6-24）进行进一步推导。T_{ra} 可近似为

$$T_{ra} = (T_{room} + T_{env})/2 \tag{6-25}$$

式中，T_{room} 为发动机舱温度（K），根据能量守恒定律描述为

$$T_{room} = T_{env} + Q_r/(m_{ra}c_{pa}) \tag{6-26}$$

式中，c_{pa} 为空气比热容[J/（K·kg）]。

将式（6-26）代入式（6-25），并将式（6-24）及式（6-25）代入式（6-23），可得 Q_r 的最终特征变量为

$$Q_{rc,ra} = f(m_{rc}, T_c, m_{ra}, T_{env}) \tag{6-27}$$

确定 Q_r 相关的特征变量后，通过分析 Q_r 随各特征变量的变化趋势，并在边界条件 $\{Q_r|_{m_{rc}=0}=0, Q_r|_{T_c-T_{env}=0}=0, Q_r|_{m_{ra}=0}\neq 0\}$ 的约束下（当 $m_{ra}=0$ 时，仍存在自然对流使 $Q_r \neq 0$），总结出一种精度较高的回归模型形式

$$Q_r = c_5 m_{rc}^{o_7}(m_{ra}^{o_8} + c_6)(T_c - T_{env})^{o_9} \tag{6-28}$$

根据 GT-SUITE 模型的散热器冷却液流量及出入口冷却液温度，计算得到出入口单位时间焓差（等于 Q_r），进而通过估计得到式（6-28）中各个参数的数值为 $\{c_5 = 0.1116, c_6 = 0.2031, o_7 = 0.4659, o_8 = 0.5949, o_9 = 1.1651\}$。本章模型与 Cortona 模型的对比见表 6-4。

表 6-4 本章模型与 Cortona 模型的对比

模型	RMSE/W	NRMSE（%）
Cortona 模型	11936	23.6
本章模型	2704	6.4

式（6-28）中，散热器的冷却风流量 m_{ra} 可以描述为

$$m_{ra} = \sum_{i=0}^{2}\sum_{j=0}^{2} a_{i,j} N_{fan}^i (t-t_d) v_{veh}^j \tag{6-29}$$

式中，N_{fan} 为风扇转速（r/min）；$a_{i,j}$ 为相应参数，每一个参数的具体数值分别为 $\{a_{2,0} = 2.412\times 10^{-5}, a_{0,2} = 0.01715, a_{1,1} = -0.9485\times 10^{-3}, a_{1,0} = 0.1634, a_{0,1} = 3.064, a_{0,0} = 18.18\}$；$t_d$ 为风扇动作到发动机出口温度变化的延迟（s），近似为冷却液从散热器出口到发动机出口的传输时间，计算方法见式（6-30）。

$$t_d = \rho_c V_d / m_{ec} \tag{6-30}$$

式中，ρ_c 为冷却液密度（g/cm³）；V_d 为散热器出口到发动机出口的管路及水套容积（L）；m_{ec} 为发动机冷却液流量（g/s）。

散热器冷却液流量 m_{rc} 描述为

$$m_{rc} = m_{ec} H_{th}, \quad H_{th} \in [0,1] \tag{6-31}$$

式中，H_{th} 为节温器开度。

6.2.4 热力学模型简化及验证

1. 三阶热力学模型的总结

在第 6.2.1~6.2.3 节中，我们完成了对图 6-4 所示的模型框架下的每个子模块的建模。至此，三阶热力学模型构建完毕，总结为

$$C_{\text{lnr}}\dot{T}_{\text{lnr}} = Q_{\text{cyl,lnr}} - hA(T_{\text{lnr}} - T_{\text{c}}) \tag{6-32a}$$

$$C_{\text{blk}}\dot{T}_{\text{blk}} = hA(T_{\text{c}} - T_{\text{blk}}) \tag{6-32b}$$

$$C_{\text{c}}\dot{T}_{\text{c}} = hA(T_{\text{lnr}} + T_{\text{blk}} - 2T_{\text{c}}) - Q_{\text{r}} \tag{6-32c}$$

其中

$$Q_{\text{cyl,lnr}} = c_1 m_{\text{f}}^{o_1} N_{\text{e}}^{o_2} m_{\text{ec}}^{o_3} T_{\text{c}}^{o_4} \tag{6-33a}$$

$$h = c_2(m_{\text{ec}} - c_3)^{o_5}(T_{\text{c}} - c_4)^{o_6} \tag{6-33b}$$

$$Q_{\text{r}} = c_5 m_{\text{rc}}^{o_7}(m_{\text{ra}}^{o_8} + c_6)(T_{\text{c}} - T_{\text{env}})^{o_9} \tag{6-33c}$$

$$m_{\text{rc}} = m_{\text{ec}} H_{\text{th}} \tag{6-33d}$$

$$m_{\text{ra}} = \sum_{i=0}^{2}\sum_{j=0}^{2} a_{i,j} N_{\text{fan}}^{i}(t - t_{\text{d}}) v_{\text{veh}}^{j} \tag{6-33e}$$

$$t_{\text{d}} = \rho_{\text{c}} V_{\text{d}} / m_{\text{ec}} \tag{6-33f}$$

式中，v_{veh} 为车速（km/h）。

该三阶热力学模型忽略了热容较小部件/介质的温度动态，避免了其质量、比热容等物理参数的采集和不同部件/介质之间传热热阻的建模，降低了建模工作量。

2. 一阶热力学模型的建立

在三阶热力学模型的三个状态变量中，我们通常只关心冷却液温度 T_{c}，例如，在冷却系统跟踪控制中，冷却液温度往往作为跟踪目标；在冷却系统优化控制中，优化目标如发动机经济性及排放性，均是冷却液温度的函数。这是因为，在真实发动机中，冷却液温度为可测变量，同时又是影响发动机性能的主要变量；而缸壁温度 T_{lnr} 及外壁温度 T_{blk} 难以测量，并且其作用与冷却液温度类似，均用来刻画发动机整体的热状态。因此，本节为满足后续章节中优化控制的实时性需求，通过增加新的假设条件，进一步将三阶热力学模型简化为仅以冷却液温度为状态变量的一阶模型。

在建立三阶热力学模型时，我们以热量传递过程中依次经过的介质划分为三个温度区域，分别考虑温度动态变化。在此，为进一步降低模型阶次，我们忽略不同介质温度变化的差异，将发动机作为一个整体考虑其温度动态，即假设 $\dot{T}_{\text{c}} = \dot{T}_{\text{lnr}} = \dot{T}_{\text{blk}}$。将三阶模型式（6-32）等号两边相加，得到

$$C_{\text{e}}\dot{T}_{\text{c}} = Q_{\text{cyl,lnr}} - Q_{\text{r}} \tag{6-34}$$

式中，C_{e} 为发动机热容（J/K），$C_{\text{e}} = C_{\text{lnr}} + C_{\text{blk}} + C_{\text{c}}$。

$$Q_{\text{cyl,lnr}} = c_1 m_{\text{f}}^{o_1} N_{\text{e}}^{o_2} m_{\text{ec}}^{o_3} T_{\text{c}}^{o_4} \tag{6-35a}$$

$$Q_{\text{r}} = c_5 m_{\text{rc}}^{o_7} (m_{\text{ra}}^{o_8} + c_6)(T_{\text{c}} - T_{\text{env}})^{o_9} \tag{6-35b}$$

$$m_{\text{rc}} = m_{\text{ec}} H_{\text{th}} \tag{6-35c}$$

$$m_{\text{ra}} = \sum_{i=0}^{2} \sum_{j=0}^{2} a_{i,j} N_{\text{fan}}^{i}(t - t_{\text{d}}) \, v_{\text{veh}}^{j} \tag{6-35d}$$

$$t_{\text{d}} = \rho_c V_{\text{d}} / m_{\text{ec}} \tag{6-35e}$$

通过对热力学模型分析可知，三阶模型和一阶模型在稳态下输出完全相同，都为 $T_{\text{c}}|_{Q_{\text{cyl,lnr}} = Q_{\text{r}}}$。模型在如图 6-12 所示的瞬态工况下的输出结果如图 6-13 所示。由图 6-13 可知，三阶模型和一阶模型的动态特性与 GT-SUITE 模型基本保持一致，三阶模型的精度略高，模型精度对比见表 6-5。

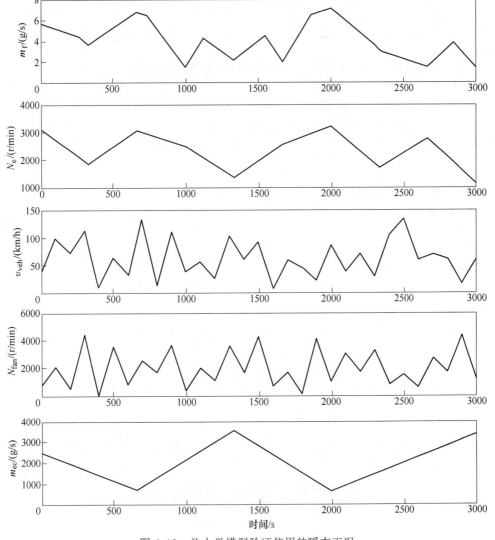

图 6-12　热力学模型验证使用的瞬态工况

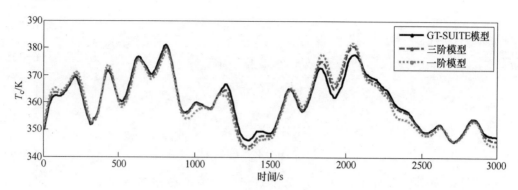

图 6-13　热力学模型输出结果

表 6-5　热力学模型精度对比

模型	RMSE/K	NRMSE（%）
三阶模型	1.46	0.40
一阶模型	2.65	0.73

6.3　基于单输入单输出模型的冷却液温度跟踪控制

本节将研究配备电子风扇的 SISO 冷却系统的冷却液温度跟踪控制，重点关注已知目标冷却液温度下的控制系统的设计，对目标冷却液温度的解析不做研究。目前，相关研究存在控制偏差较大、调节参数较多等问题，在第 6.1.1 节中已详细介绍。因此，本节以提高温度控制精度为目标展开研究，同时兼顾较少的调节参数及较好的实时性。

6.3.1　面向控制的模型建立

本节以配备电子风扇的 SISO 冷却系统为被控对象，如图 6-14 所示，其中，机械水泵与发动机曲轴刚性连接，其流量与发动机转速相关；蜡式节温器的开度由石蜡温度特性决定，如图 6-15 所示。冷却液温度控制器采集冷却液温度、发动机喷油量及转速的信号，同时，从整车控制单元接收车速及环境温度信号，计算出跟踪目标冷却液温度的风扇转速。

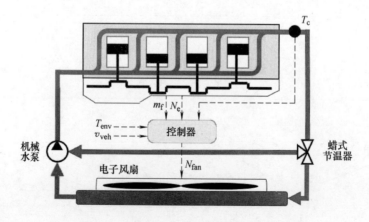

图 6-14　配备电子风扇的 SISO 冷却系统

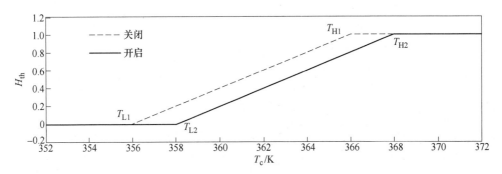

图 6-15 蜡式节温器温度特性

该系统的控制存在如下难点：①冷却液温度受多个扰动变量的影响，包括发动机喷油量、转速、车速及环境温度等；②系统产热/散热/对流传热过程存在较强非线性；③系统中存在时变的冷却液传输延迟；④系统老化等使用问题以及建模误差均会导致系统模型失配。针对以上控制问题，本节设计的控制系统如图 6-16 所示，采用三步法非线性控制器实现冷却液温度的跟踪控制；采用扰动观测器对模型失配等不可测扰动进行估计及实时补偿，提高跟踪控制精度；采用史密斯预估器用以补偿冷却液传输延迟，减小控制输出的波动。三步法控制器根据外部扰动 $\boldsymbol{d}_{work} = [m_f, N_e, v_{veh}, T_{env}]$、目标控制输出 T_c^{ref}、无延迟的输出偏差预估值 $\hat{\delta}$ 及模型失配扰动估计值 $\hat{d}$ 计算出控制输入 N_{fan} 并作用于冷却系统。扰动观测器根据控制输入 N_{fan}、外部扰动 $\boldsymbol{d}_{work}$ 及无延迟的控制输出预估值 $T_{c,p}$ 对系统的不可测扰动做出估计，并将扰动估计值 $\hat{d}$ 反馈给控制器。史密斯预估器根据控制输入 N_{fan}、外部扰动 $\boldsymbol{d}_{work}$ 及系统实际控制输出 T_c 计算得到无延迟的控制输出预估值 $T_{c,p}$，从而反馈给控制器。

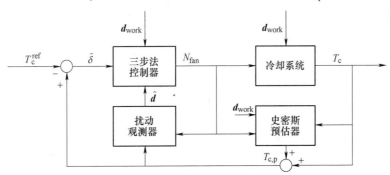

图 6-16 SISO 系统冷却液温度跟踪控制框图

为了便于非线性控制器的设计，将热力学模型在目标状态点对控制变量 $N_{fan}(t-t_d)$ 线性化，得到对控制变量为仿射形式的非线性模型

$$\dot{T}_c = f(T_c) + g(T_c) N_{fan}(t-t_d) \tag{6-36}$$

式中

$$f(T_c) = \frac{1}{C_e}\left\{Q_{cyl,lnr}(T_c) - Q_r[N_{fan,s}(t-t_d), T_c] + \frac{\partial Q_r[N_{fan,s}(t-t_d), T_c]}{\partial N_{fan}(t-t_d)}\bigg|_s N_{fan,s}(t-t_d)\right\} \tag{6-37a}$$

$$g(T_c) = -\frac{1}{C_e} \left. \frac{\partial Q_r[N_{\text{fan,s}}(t-t_d), T_c]}{\partial N_{\text{fan}}(t-t_d)} \right|_s \quad (6\text{-}37\text{b})$$

其中,角标"s"代表目标状态点,目标状态点的风扇转速 $N_{\text{fan,s}}(t-t_d)$ 可令式(6-34)中的 $\{\dot{T}_c = 0, T_c = T_c^{\text{ref}}\}$,通过数值求解得到。

由系统控制框图(图6-16)可知,扰动观测器及三步法控制器接收的反馈信号为无延迟水温预估值 $T_{c,p}$,假设史密斯预估器模型无误差,则 $T_{c,p}(t-t_d) = T_c(t)$,系统热力学模型式(6-36)则转化为无延迟形式

$$\dot{T}_{c,p} = f(T_{c,p}) + g(T_{c,p}) N_{\text{fan}} \quad (6\text{-}38)$$

定义系统状态变量为 $x = T_{c,p}$,控制变量为 $u = N_{\text{fan}}$ 并使用 d 表示不可测扰动,包括模型简化误差及未建模误差等,则式(6-38)可整理为

$$\dot{x} = f(x) + g(x)u + d \quad (6\text{-}39)$$

基于式(6-36),下面将设计扰动观测器及三步法控制器。

6.3.2 扰动观测器及史密斯预估器设计

1. 扰动观测器设计

用于控制器设计的仿射动态模型存在不可测扰动变量 d,包含了模型简化误差及系统老化造成的模型失配误差,对其进行有效的估计及补偿能够在一定程度上改善控制效果。本节采用自抗扰技术中的扩张状态观测器(Extend State Observer,ESO)在线估计不可测扰动变量 d,其优势是独立于控制器的设计,有较好的移植性。

将扰动 d 扩充成新的状态变量 x_2,记作 $\{x_2 = d, \dot{x}_2 = w\}$,则式(6-39)扩张成如下系统

$$\dot{x}_1 = x_2 + f(x_1) + g(x_1)u \quad (6\text{-}40\text{a})$$

$$\dot{x}_2 = w \quad (6\text{-}40\text{b})$$

记状态变量估计值为 $z = [z_1, z_2]^T = [\hat{x}_1, \hat{d}]^T$,状态变量估计值与实际状态变量误差为 $\gamma = z_1 - x_1$。对扩张后的系统设计状态观测器

$$\dot{z}_1 = z_2 + f(z_1) + g(z_1)u - l_1\gamma \quad (6\text{-}41\text{a})$$

$$\dot{z}_2 = -l_2\gamma \quad (6\text{-}41\text{b})$$

式中,l_1、l_2 为调节参数。

为了有效地抑制扰动的作用,提高状态跟踪效率,根据非线性反馈效应,采用非线性反馈形式,使式(6-41)变为

$$\dot{z}_1 = z_2 + f(z_1) + g(z_1)u - \beta_1\gamma \quad (6\text{-}42\text{a})$$

$$\dot{z}_2 = -\beta_2 fal(\gamma, \alpha, \delta) \quad (6\text{-}42\text{b})$$

其中,函数 $fal(\gamma, \alpha, \delta)$ 定义为

$$fal(\gamma, \alpha, \delta) = \begin{cases} |\gamma|^{\alpha} \text{sign}(\gamma) & |\gamma| > \delta \\ \dfrac{\gamma}{\delta^{1-\alpha}} & |\gamma| \leqslant \delta \end{cases} \quad (6\text{-}43)$$

式中，α、δ 为固定参数，$\alpha = 0.5$，$\delta = 0.01$。

根据经验，调节参数通常选取 $\beta_1 < \beta_2$，本研究中选取 $\beta_1 = 0.5$，$\beta_2 = 1$。状态观测器式（6-41）则能够实时地估计得到状态变量 x_2，即系统的扰动变量 d。

2. 史密斯预估器

上述扰动观测器及非线性控制器的设计基于反馈信号 $T_{c,p}$，是由史密斯预估器通过对延迟 t_d 的补偿得到，下面将进行史密斯预估器的设计。史密斯预估器是一种广泛应用于纯滞后对象补偿的控制方法，多以传递函数的形式用于线性定常系统，文献[59]将其扩展至状态空间形式并用于对控制变量仿射的非线性系统。由于史密斯预估器对于系统延迟的补偿效果在很大程度上依赖于模型精度，因此，本研究在文献[59]的基础上将史密斯预估器扩展至普通非线性系统，从而能够使用较为详细的三阶系统模型式（6-32）进行设计。

三阶系统模型式（6-32）总结为如下形式

$$\dot{X} = F[X, u(t - t_d)] \quad (6\text{-}44)$$

式中，$X = [T_{lnr}, T_{blk}, T_c]^T$；$u = N_{fan}$。

构造如下延迟非线性系统史密斯预估器

$$\dot{\bar{X}} = F_s[\bar{X}, u(t - \bar{t}_d)] \quad (6\text{-}45a)$$

$$\dot{\check{X}} = -F_s[\bar{X}, u(t - \bar{t}_d)] + F_s[\check{X} + \bar{X}, u(t)] \quad (6\text{-}45b)$$

式中，状态变量 $\bar{X}$ 是为了再现真实状态变量 X；状态变量 $\check{X}$ 是为了建立一个补偿量，以此抵消系统中的时间延迟；函数 F_s 是对真实系统 F 的数学描述。

史密斯预估值可以表示为

$$\tilde{X} = X + \check{X} \quad (6\text{-}46a)$$

$$y = C\tilde{X} \quad (6\text{-}46b)$$

式中，$C = [0, 0, 1]$，$y = T_c$。

若史密斯预估器模型与被控对象没有误差，即 $F = F_s$ 及 $t_d = \bar{t}_d$，则 $X = \bar{X}$，因此史密斯预估值变为

$$\tilde{X} = \bar{X} + \check{X} \quad (6\text{-}47)$$

对式（6-47）两端求导，整理得

$$\dot{\tilde{X}} = F[\tilde{X}, u(t)] \tag{6-48}$$

由对比分析可知，史密斯预估值 $\tilde{X}$ 将系统真实状态变量 X 提前了一个时间 t_d。

3. 输入-状态稳定性分析

下面将在输入-状态稳定性（Input-State Stable，ISS）框架下，对扰动观测器估计误差及史密斯预估器估计误差下的系统鲁棒性进行分析。控制系统中存在扰动观测器及史密斯预估器的估计误差，由式（6-49）可知，当 $T_\mathrm{c} = T_\mathrm{env}$ 时，估计误差对控制变量无影响；当 $T_\mathrm{c} > T_\mathrm{env}$ 时，由于估计误差的存在，控制变量实际为

$$u = \frac{1}{g(x)}[\dot{x}^* - k_1 \chi - f(x) - \hat{d} - k_2 \hat{\delta}] \tag{6-49}$$

对于实际的系统，扰动观测器及史密斯预估器的估计误差均是有界的扰动，将其统一考虑为有界的扰动 $\bar{d}$，并将式（6-49）代入式（6-61），得到闭环误差系统为

$$\dot{\chi} = \delta \tag{6-50a}$$

$$\dot{\delta} = -k_1 \chi - k_2 \delta + \bar{d} \tag{6-50b}$$

为了证明闭环系统对于误差 $\bar{d}$ 具有鲁棒稳定性，定义

$$V_\mathrm{d} = \frac{k_1}{2} \chi^2 + \frac{1}{2} \delta^2 \tag{6-51}$$

对式（6-51）两端求导，并将式（6-50）代入，整理可得

$$\dot{V}_\mathrm{d} = -k_2 \delta^2 + \delta \bar{d} \tag{6-52}$$

对式（6-52）右端使用 Young's 不等式，整理可得

$$\dot{V}_\mathrm{d} \leq -k_2 \delta^2 + \delta^2 + \frac{1}{4}\bar{d}^2 = -(k_2 - 1)\delta^2 + \frac{1}{4}\bar{d}^2 \tag{6-53}$$

因此，闭环误差系统式（6-50）对于扰动观测器及史密斯预估器引起的总误差 $\bar{d}$ 具有鲁棒稳定性。

6.3.3 冷却液温度非线性跟踪控制器设计

三步法是一种基于模型的非线性控制方法，其设计包括三个步骤：类稳态控制、参考动态前馈控制和误差反馈控制。其推导过程简单明了，所得控制律结构层次清晰且物理意义明确，同时，能够充分利用系统本身的 MAP 降低计算时间，较为适合工程应用。

本节的控制器设计只考虑 $T_\mathrm{c} \leq T_\mathrm{env}$ 的正常工况。当 $T_\mathrm{c} = T_\mathrm{env}$ 时，为保证冷却液快速升温，风扇应停转，即控制律为 $u = 0$。当 $T_\mathrm{c} > T_\mathrm{env}$ 时，控制律推导如下：

1. 类稳态控制

令式（6-39）中 $\dot{x} = 0$，得到类稳态控制律为

$$u_s = -\frac{f(x)+d}{g(x)} \tag{6-54}$$

2. 参考动态前馈控制

引入参考动态前馈控制律，则原控制律变为

$$u = u_s + u_f \tag{6-55}$$

代入式（6-39）得

$$\dot{x} = f(x) + g(x)(u_s + u_f) + d \tag{6-56}$$

为了得到控制律与参考动态的关系，令 $\dot{x} = \dot{x}^*$，得到参考动态前馈控制律为

$$u_f = \frac{\dot{x}^*}{g(x)} \tag{6-57}$$

3. 误差反馈控制

引入误差反馈控制律，则原控制律变为

$$u = u_s + u_f + u_e \tag{6-58}$$

定义系统的误差变量为 $\delta = x - x^*$，两端求导并将式（6-56）代入可得

$$\dot{\delta} = f(x) + g(x)u + d - \dot{x}^* \tag{6-59}$$

为了减小系统的稳态误差，引入误差积分变量

$$\chi = \int \delta \, dt \tag{6-60}$$

则误差系统状态方程为

$$\dot{\chi} = \delta \tag{6-61a}$$

$$\dot{\delta} = f(x) + g(x)u + d - \dot{x}^* \tag{6-61b}$$

将式（6-58）代入，整理为

$$\dot{\chi} = \delta \tag{6-62a}$$

$$\dot{\delta} = g(x)u_e \tag{6-62b}$$

定义系统的 Lyapunov 函数为

$$V = \frac{k_1}{2}\chi^2 + \frac{1}{2}\delta^2 \tag{6-63}$$

式中，$k_1 > 0$。

对式（6-63）两端求导，并将式（6-62）代入可得

$$\dot{V} = \delta[k_1\chi + g(x)\ u_e] \tag{6-64}$$

为了保证 Lyapunov 函数的导数是负定的，取

$$\delta[k_1\chi + g(x)\ u_e] = -k_2\delta^2, k_2 > 0 \tag{6-65}$$

则误差反馈控制律为

$$u_e = -\frac{k_2\delta + k_1\chi}{g(x)} \tag{6-66}$$

整理得到总控制律为

$$u = \begin{cases} 0, & T_c = T_{env} \\ \dfrac{1}{g(x)}[-f(x) - d + \dot{x}^* - k_2\delta - k_1\chi], & T_c > T_{env} \end{cases} \tag{6-67}$$

上述控制律中，$-f(x)/g(x)$ 的物理意义是状态变量 x 对应的稳态控制变量，若系统中已标定过该 MAP 图，则通过查表便可得到其值，而无需再通过式（6-37）的计算，从而在一定程度上节约 ECU 的计算资源。

6.3.4 仿真验证

对本节对所设计的冷却液温度跟踪控制器进行仿真验证，被控对象采用三阶热力学模型式（6-32）。对于控制器参数 k_1 和 k_2，通过分析控制输入和控制输出的数量级，确定 k_2 数量级为 0，此外，由式（6-53）可知，只有 $k_2 > 1$ 时，才能保证存在一个 $\tilde{\delta} \in R$，当 $\delta > \tilde{\delta}$ 时，有 $\dot{V}_d < 0$；积分系数 k_1 不宜过大，这是因为系统实际运行中工况变化频繁，k_1 过大会导致系统产生较大的输出波动。在上述分析基础上，通过大量的瞬态工况仿真，选取出让冷却液温度波动较低的一组参数：$k_1 = 0.02, k_2 = 2$。

1. 扰动观测器及史密斯预估器对系统的作用

该组仿真将验证扰动观测器对模型失配以及史密斯预估器对冷却液传输延迟的补偿效果，为更清楚地观察其对温度跟踪的改善效果，系统选取稳态工况。

扰动观测器对模型失配的补偿效果如图 6-17 所示。仿真中，控制器和史密斯预估器不做变动，仅增加或删除扰动观测器来对比冷却液温度。图 6-17b 和图 6-17c 所示分别为将被控对象中的散热器散热功率增大及减小 30% 时的控制效果，用来模拟散热器水锈沉积等使用问题所导致的散热器散热功率 Q_r 的模型失配扰动。仿真显示，扰动观测器在 Q_r 存在扰动时能够显著改善控制效果：当被控对象的 Q_r 减小时，扰动观测器能明显降低冷却液温度超调；当 Q_r 增大时，能明显提高调节速度。

史密斯预估器对冷却液传输延迟的补偿效果如图 6-18 所示。仿真中，控制器和扰动观测器不做变动，仅增加或删除史密斯预估器来对比输出冷却液温度。目标温度分别为 355 K，365 K，360 K，375 K。仿真结果显示：无史密斯预估器时，冷却液温度波动达 2.5 K；有史密斯预估器时，冷却液温度几乎无波动。

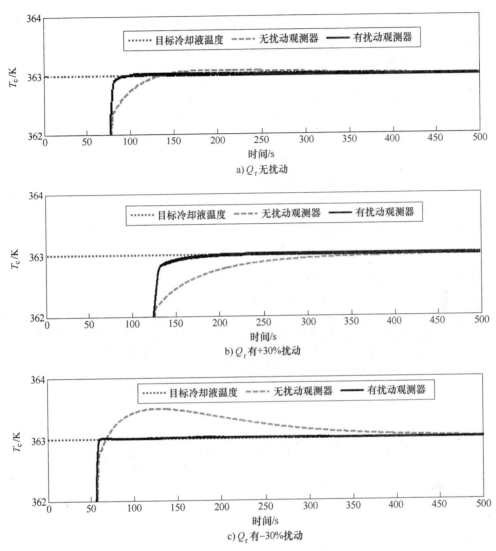

图 6-17　扰动观测器对模型失配的补偿效果

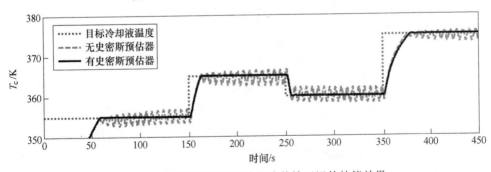

图 6-18　史密斯预估器对冷却液传输延迟的补偿效果

2. 控制系统验证及对比

当车辆在城市路况行驶时,发动机冷却系统工作在瞬态工况,对冷却液温度产生影响,因此，需要对瞬态工况下的控制系统进行仿真验证。目前，典型的驾驶循环工况主要是为了测试整车的油耗及排放，而对于测试发动机冷却系统的跟踪控制性能而言，这些工况变化较慢，难以验证冷却系统在苛刻的瞬态工况下的控制性能。因此，该组仿真使用图 6-19 所示的测试工况，该工况比典型的驾驶循环工况变化更快，并且加入了环境温度的变化，能够充分验证控制系统的跟踪性能。瞬态工况下的跟踪效果如图 6-20 所示，控制系统能够准确跟踪目标冷却液温度，波动小于 0.5K。史密斯预估器对模型精度较为敏感，在实际应用中，真实被控对象式（6-44）与史密斯预估器模型式（6-45）难免存在一定偏差，其中，延迟时间 t_d 的误差对系统温度的影响见表 6-6。图 6-21 所示为本节控制系统与开关控制、PI 控制的跟踪效果对比。其中，开关控制的开关阈值设置为目标水温±1 K，PI 控制采用抗积分饱和处理，在目标水温 8 K 范围内开启积分环节。仿真结果显示：开关控制的温度波动高达 4K；PI 控制的温度超调达 7.5 K，波动约 1.5 K；本节设计的控制系统的温度几乎无超调，温度波动小于 0.5 K。

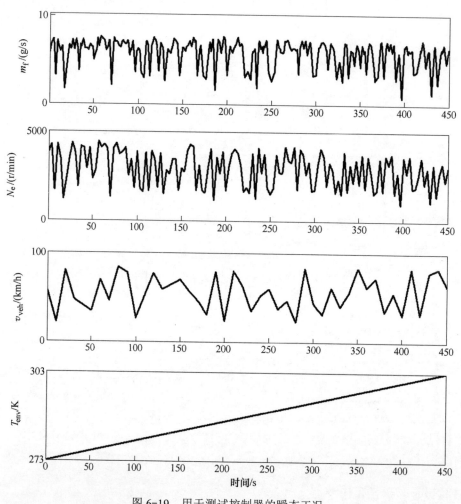

图 6-19 用于测试控制器的瞬态工况

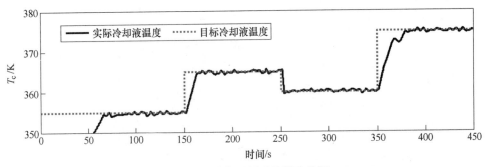

图 6-20　瞬态工况下的跟踪结果

表 6-6　史密斯预估器模型中延迟时间的误差对系统温度的影响

$\bar{t}_d - t_d$ /s	0	−1	−2	−3	−4	−5
RMSE/K	0.21	0.28	0.35	0.41	0.77	1.10
最大偏差/K	0.48	1.00	1.86	2.63	3.37	3.8

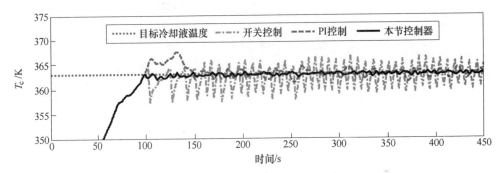

图 6-21　不同控制器的控制结果对比

6.4　基于多输入单输出模型的冷却液温度跟踪控制

发动机电气化水平的提高使冷却系统拥有更多的可控执行器，这给冷却系统的控制效果带来进一步的提高。本节将针对配备电子风扇、水泵及节温器的过驱动 MISO 冷却系统设计冷却液温度跟踪控制器。

6.4.1　控制问题描述

本节研究的配备电子风扇、水泵及节温器的 MISO 冷却系统如图 6-22 所示，其结构与 SISO 冷却系统一致，仅将水泵和节温器更换为电子组件。因此，该 MISO 系统同样存在 SISO 系统的控制难点：多扰动变量、产热/散热/对流传热过程的非线性、冷却液传输延迟及模型失配扰动，并且，还存在一个目标温度对应多个控制律的过驱动问题。

针对过驱动问题，采用模型预测控制器（Model Predictive Control，MPC）取代控制系统架构中的三步法控制器，通过引入冷却系统功耗作为优化目标对控制律的自由度加以限定，得到一个功耗最佳的控制律，从而实现过驱动冷却系统的温度跟踪控制。需要说明的是，MPC 本身能够处理控制输入的延迟，但其对延迟的补偿为控制间隔的整数倍，而史密斯预估器能够做到连续补偿。MISO 系统冷却液温度跟踪控制框图如图 6-23 所示，史密斯预估器的设计独立于控制器,有很好的移植性,无需在 MPC 设计中考虑系统延迟。

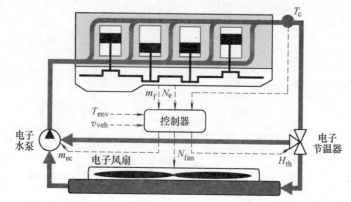

图 6-22 配备电子风扇、水泵及节温器的 MISO 冷却系统

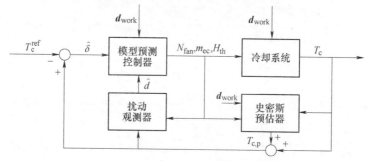

图 6-23 MISO 系统冷却液温度跟踪控制框图

6.4.2 基于模型预测控制的冷却液温度协调控制

为了构建优化问题的目标函数,首先建立冷却系统的功率模型。系统中电子节温器由伺服电机调节,相比于风扇与水泵使用的调速电机,其功耗可以忽略,则冷却系统功率为

$$P_{cs} = P_{fan} + P_{pump} \tag{6-68}$$

为了建立风扇功率 P_{fan} 的模型,采集 GT-SUITE 模型中不同风扇转速 N_{fan}、车速 v_{veh} 及环境温度 T_{env} 下的风扇功率,通过变量相关性分析及趋势分析,采用多项式拟合得到风扇功率模型为

$$P_{fan} = \sum_{i=0}^{3} p_i N_{fan}^i \tag{6-69}$$

式中,p_i 为模型参数,$\{p_1 = 1.115 \times 10^{-7}, p_2 = -1.160 \times 10^{-4}, p_3 = 1.395 \times 10^{-1}\}$。

经验证,P_{fan} 模型精度为:RMSE=73 W,NRMSE=6.7%。同理,在不同冷却液流量 m_{ec} 及冷却液温度 T_c 下采集水泵功率 P_{pump},通过变量相关性分析及趋势分析,采用多项式拟合得到水泵功率模型为

$$P_{pump} = \sum_{i=0}^{3} q_i m_{ec}^i \tag{6-70}$$

式中,q_i 为模型参数,$\{q_1 = 1.246 \times 10^{-8}, q_2 = -8.625 \times 10^{-6}, q_3 = 1.432 \times 10^{-2}, q_4 = -4.769\}$。

经验证，P_{pump} 模型精度为：RMSE=5.4 W，NRMSE=3.9%。P_{fan} 模型和 P_{pump} 模型的拟合结果如图 6-24 所示。

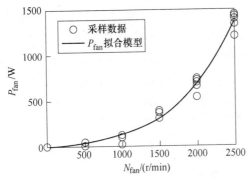
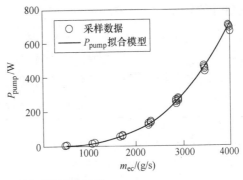

图 6-24　P_{fan} 模型和 P_{pump} 模型的拟合结果

优化问题描述为：在给定的扰动变量 $d_{work} \triangleq [m_f, N_e, v_{veh}, T_{env}]$ 条件下，对控制变量 $u \triangleq [N_{fan}, m_{ec}, H_{th}]$ 进行优化，满足状态变量 $x \triangleq T_c$ 的约束 $x = x^*$ 前提下，最小化系统功耗。为了避免等式约束下优化问题无解的情况，将等式约束用惩罚项的形式放入优化目标，则目标函数为

$$J = \int_{t_0}^{t_f} \{\tau [x(t) - x^*]^2 + P_{cs}[u(t)]\} dt \tag{6-71}$$

式中，τ 为调节参数；$[x(t) - x^*]^2$ 的作用为减小实际温度与目标温度的偏差；$P_{cs}[u(t)]$ 的作用为减小冷却系统的功耗。

此外，考虑到执行器的最大工作能力，还需满足控制变量约束 $\{0 \leq N_{fan} \leq N_{fan,max}, m_{ec,min} \leq m_{ec} \leq m_{ec,max}, 0 \leq H_{th} \leq 1\}$，其中，最小冷却液流量 $m_{ec,min}$ 是为了避免发动机出现热点。

为了便于数值求解优化问题，将状态方程及目标函数离散化，采用时间间隔 Δt 将预测时域 $[t_0, t_f]$ 划为 N_p 等份，得到非线性规划问题为

$$\min J = \sum_{k=0}^{N_p - 1} [(x_{k+1} - x^*)^2 + P_{cs}(u_k)] \tag{6-72a}$$

$$x_{k+1} = f(x_k, u_k, w_k) \tag{6-72b}$$

$$0 \leq N_{fan,k} \leq N_{fan,max} \tag{6-72c}$$

s.t. $\quad m_{ec,min} \leq m_{ec,k} \leq m_{ec,max} \tag{6-72d}$

$$0 \leq H_{th,k} \leq 1 \tag{6-72e}$$

$$d_{work,k} = d^*_{work,k} \tag{6-72f}$$

在冷却液温度跟踪问题中，扰动变量 d_{work} 的未来值是未知的，通常认为预测时域内的扰动变量 $d_{work,\{1,2,\cdots,N_p-1\}}$ 近似为当前测量值 $d_{work,0}$，因此预测步数 N_p 通常选取较小值。较小

的预测步数避免了优化算法中直接法的维度爆炸问题，给直接法提供了在线计算的前提，因此，本节采用一种直接优化方法——粒子群（Partical Swarm Optimization，PSO）算法求解 NLP 问题，即式（6-72）。粒子群算法是进化算法的一种，从随机解出发，通过迭代寻找最优解，并通过适应度来评价解的品质，但它比遗传算法等进化算法规则更为简单，仅通过追随当前搜索到的局部最优值来寻找全局最优。粒子群算法以其实现容易、精度高、收敛快、可并行计算等优点在解决实际问题中展示了其优越性，其计算逻辑见表 6-7。

表 6-7 粒子群优化算法求解逻辑

初始化
● 在控制变量约束内，随机初始化粒子的位置 $x_i = [x_{i1}, x_{i2}, \cdots]$ 和速度 $v_i = [v_{i1}, v_{i2}, \cdots]$（粒子位置为每个控制变量在每个时刻的值，粒子速度为每次迭代粒子位置的变化量，i 为粒子索引值）
● 令 $j=0$，将粒子位置 x_i 代入控制变量序列，计算得到目标函数值 $obj_{i,j}$，个体最优目标函数 $obj_i^* = obj_{i,j}$，个体最优位置 $x_{i,j}^* = x_i$，群体最优目标函数 $OBJ_j^* = \min(obj_i^*)$，群体最优位值 $X_j^* = \arg\min(obj_i^*)$（$j$ 为迭代数）
● 设 $j=1$，进入主程序
主程序
● 更新粒子速度，$v_i = w \cdot v_i + c_1 \cdot rand \cdot (x_{i,j-1}^* - x_i) + c_2 \cdot rand \cdot (X_{j-1}^* - x_i)$（$w$ 为惯性因子，c_1、c_2 为学习因子，$rand \in [0,1]$ 为随机值）；更新粒子位置，$x_i = x_i + v_i$
● 将粒子位置 x_i 代入控制变量序列，计算得到目标函数值 $obj_{i,j}$，更新个体最优目标函数及位置，$obj_i^* = \min(obj_{i,j-1}^*, obj_{i,j})$，$x_{i,j}^* = \arg\min(obj_{i,j-1}^*, obj_{i,j})$；更新群体最优目标函数及位置，$OBJ_j^* = \min(obj_i^*)$，$X_j^* = \arg\min(obj_i^*)$
● 判断是否满足迭代终止条件 $\{|OBJ_j^* - OBJ_{j-1}^*| < \epsilon \parallel j > D\}$（$\epsilon$ 为一个较小的正数，D 为最大迭代数）。若满足，则终止迭代，输出个体最优位置 $x_{i,j}^*$；若不满足，则转入第一步

6.4.3 仿真验证

基于 PSO 优化方法，在模型预测控制的框架下设计 MISO 冷却系统的冷却液温度跟踪控制器，预测步长 $N_p=1$，其与基于非线性方法跟踪控制下的 SISO 冷却系统对比如图 6-25 及图 6-26 所示。MISO 系统因为有更多的可控执行器，在暖机时间、跟踪精度及暖机后系统功耗方面均优于 SISO 系统，而在暖机过程的系统功耗不如 SISO 系统，详见表 6-8。如图 6-25 及图 6-26 所示，MISO 系统暖机较快的原因有两方面：①MISO 系统的电子节温器在冷却液温度接近目标值后开启，而 SISO 系统的蜡式节温器受石蜡温度特性限制而开启较早，在远离目标温度时便开始散热，减缓了冷却液的温升；②在节温器开启前，MISO 系统的水泵稳定工作在最大流量，快速吸收发动机热量，加快了冷却液升温，而 SISO 系统的水泵受发动机转速限制，流量较低，不利于冷却液的温升。MISO 系统跟踪精度更高，主要由于冷却液流量作为控制变量，其到冷却液温度没有延迟。MISO 系统暖机过程功耗较高，是因为冷却液温度远离目标温度时，温度跟踪惩罚项起主导作用，控制器为了快速暖机而将冷却液流量置于最大，导致水泵功耗较大；而暖机后功耗较低，是因为接近目标冷却液温度后，系统功耗惩罚项起主导作用，控制器选择了使系统功耗最小的控制变量组合。根据对比，给出如下工程设计的指导：

1）更多的电气化执行器能改善系统暖机时间、跟踪精度及暖机后系统功耗。

2）暖机过程中，增大冷却液流量能够增加发动机向冷却液的加热功率，从而缩短暖机时间，但也增大了水泵功耗。

3）一味追求缩短暖机时间（即减小热力链油耗）会浪费较大的冷却系统功耗，不利于发动机总油耗。

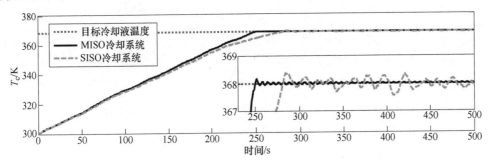

图 6-25　MISO 冷却系统与 SISO 冷却系统在瞬态工况下的控制结果对比（见彩插）

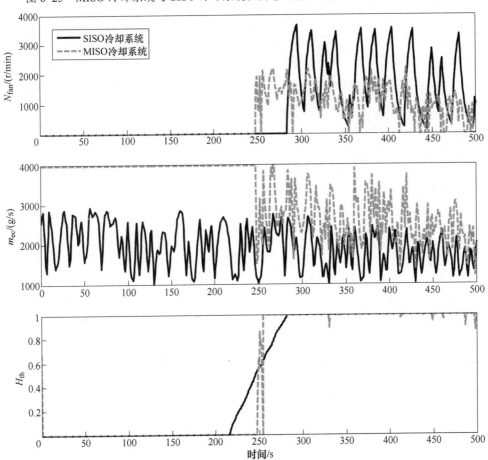

图 6-26　MISO 冷却系统与 SISO 冷却系统在瞬态工况下的控制律对比（见彩插）

表 6-8　SISO 冷却系统与 MISO 冷却系统性能对比

	暖机时间/s	跟踪精度/K	暖机过程功耗/kJ	暖机后功耗/kJ
SISO 冷却系统	282	0.5	32.21	232.82
MISO 冷却系统	248	0.05	200.39	94.15

第 7 章

基于统计特性的汽油机燃烧相位控制算法设计

燃烧相位是影响燃烧过程的最直接的参数之一,本章根据峰值压力位置(Location of Peak Pressure,LPP)统计数据,在稳态模型的基础上调整点火提前角(Spark Advance,SA),提出了一种基于统计模型的燃烧相位控制策略,包括统计假设检验模块、统计决策模块和点火提前角控制器。仿真对比表明,基于假设检验的控制器和基于移动平均的 PI 控制器在稳态工况下均具有相同的跟踪性能,这意味着 LPP 可以以很小的误差跟踪其参考值,并且分布不会恶化。如果使用循环控制策略,那么由于受 SA 调整过度的影响,LPP 的方差会增大。然而,当改变 LPP 的参考值时,只能通过所提出的方法来确保过渡性能,使用基于移动平均方法的控制性能会大大恶化,这是因为通过平均压力轨迹评估的 LPP 无法代表过渡过程中循环 LPP 的动力学。

7.1 引言

影响内燃机经济和排放的诸多因素中,燃烧相位是最有效和最直接的参数之一。对于火花点火(SI)汽油发动机,SA 直接控制燃烧的开始。因此,与其他控制变量相比,它相对独立,更适合于燃烧相位控制。

在 SI 汽油发动机控制单元(ECU)中,通常通过参考基于大量试验和校准获得的静态表来对燃烧阶段进行开环控制。但是,这种方法的问题是没有反馈信号可调节,在瞬态工况或存在干扰时,随着发动机系统的老化,发动机性能难以保证。为了实现闭环燃烧相位控制,文献[61]构造并辨识了一种用以实现点火提前角最佳正时控制方案的缸内压力曲线。

随着集成电子技术和测量技术的发展,离子电流传感器和缸压传感器(Cylinder Pressure Sensor,CPS)已经开始应用于实验室中[62],用于确保在发动机校准以及发动机参数估计和诊断等其他应用中实现最佳燃烧。由于 CPS 的成本已经达到了市场可以承受的成熟度,并且在发动机中具有较长的使用寿命,因此将 CPS 应用于实时内燃机控制成为进一步改进性能的安全途径。已有研究表明,在气缸压力分析中,平均指示有效压力(Indicated Mean Effective Pressure,IMEP)、燃烧质量分数为 50%的位置(MBF50,也称为 CA50)、LPP 以及缸内最大压力等指标适用于燃烧相位的最优调整。

然而,燃烧不稳定性是困扰所有类型燃烧系统的问题,一些研究已经集中在燃烧不稳定性的分析和控制方面。对于 SI 发动机,燃烧的循环可变性使燃烧相位控制具有挑战性。燃烧过程非常复杂和敏感,任何干扰或影响都会改变燃烧的开始时间和火焰的传播。研究表明,燃烧的周期性变化受诸多因素影响,如火花塞附近的流动情况、空燃比(Air Fuel Ratio,ARF)及排气再循环、压缩比和增压压力。而且周期性变化似乎是纯随机的,或者是随机和非线性动力学的混合。因而，燃烧相位在不同周期之间变化很大，并且燃烧相位指示器将相应地变化。

燃烧循环可变性会影响发动机性能，且仅靠 SA 控制方法很难消除这种变化。如果将测量的循环燃烧相位直接用于反馈控制，则可能会增加循环可变性并使火花正时控制系统发生变化的危险。为了排除燃烧循环可变的影响，大多数燃烧相位控制都基于平均循环压力来估计燃烧相位指标。文献[63]基于燃烧分析对 50~100 个发动机循环数据进行平均，并提出在线 SA 控制器响应控制器指令。Pipitone 根据四缸 SI 发动机在 20 个连续发动机循环中的移动平均压力曲线评估了每个指标[64]。文献[65]提出了一种移动平均控制方法来控制上止点（Top Dead Center，TDC）处的气缸压力，并提供了一个最小方差控制器来调节控制输出。尽管这个基于移动平均值的方法足以进行稳定的估计，但它也会减慢闭环系统的响应。

根据来自火花塞的离子电流测量结果，文献[66]采用电流信号获得 LPP，然后采用最小方差控制器的固定 PID 结构来调节平均 LPP 和减小 LPP 方差。尽管所提出的方法考虑了循环可变性的影响，但是其性能在很大程度上取决于 LPP 提取算法和所识别模型的准确性。为了限制燃烧相位的周期性变化，文献[67]提出了一种基于简单模型的统计燃烧阶段控制方法。本章基于文献[67]中的调查和讨论，提供了相比于已有论文初步结果更详尽的细节，还改进了 SA 调整策略以减少其闭环系统中的波动。本章还提出了一种实时燃烧相位控制算法，该算法与基于移动平均值的策略相比，可以消除循环变化的影响并具有更快的动力学响应。由于 LPP 适用于批量生产发动机市场上可用的低成本压力传感器，并且其估计需要有限的计算量，因此在本研究中使用 LPP 指示燃烧相位。

本章研究取得了两个方面的成果。一方面，将控制 LPP 以快速准确地跟踪其参考值。另一方面，在调整燃烧相位时，LPP 的方差不会变大。研究的主要贡献在于，首次将统计原理应用于燃烧相位控制。与周期控制相比，这可以大大减少 LPP 在稳态操作条件下的变化，并且与广泛使用的基于移动平均的策略相比，具有更快的响应和更好的过渡性能。

7.2 LPP 信号分析与模型辨识

7.2.1 LPP 信号分析

在研究中，试验中使用的是一台 6 缸 3.5L 丰田 SI 汽油发动机，测试台上发动机的规格见表 7-1。为了获得每个周期的 LPP 信号，需要对缸内压力进行取样并以曲轴转角为单位进行采样，LPP 测量和控制系统示意图如图 7-1 所示。通过在气缸壁侧面钻一个孔将气缸压力传感器安装到气缸中并测量实时压力，同时将编码器连接到曲轴，每个曲轴角度都会使该编码器产生一个脉冲信号，以此来检测曲轴转角。在试验台架中，发动机由 ECU 控制，ECU 与 dSPACE 实时控制系统相连并反馈存储的信息。基于缸内压力数据和对应的曲轴转角，可以计算出周期性的 LPP；相应的控制算法在 dSPACE 中实时运行，产生的点火提前角指令传递给 ECU 进行点火控制，在本章中所使用的参数符号对应的物理意义可参见表 7-2。

表 7-1 测试台上发动机的规格

描述	型号规格
车型	2GF-FSE（丰田汽车）
气缸数	6
燃油系统	进气道直接喷射
气缸容积	629.33mL
气缸排量	567.00mL
压缩比	11.8

表 7-2 燃烧相位控制参数物理意义

参数符号	物理意义	参数符号	物理意义
LPP	峰值压力的位置/（°）	ECU	发动机控制单元
IMEP	平均指示有效压力/bar	TDC	上止点/（°）
P_m	进气歧管压力/MPa	LPP_{ref}	LPP 参考值/（°）
σ	LPP 标准差/（°）	H_1	备择假设
$Z_{\zeta/2}$	相对于 ζ 的临界值	NCR	非关键区域
$LPP_{bod,u}$	LPP 标准差/（°）	SA	点火提前角/（°）
CPS	气缸压力传感器	MBF50	燃烧 50%燃料质量分数的位置/（°）
VTT	可变节气门正时	$\overline{LPP}$	LPP 的均值
μ	LPP 的期望/（°）	H_0	零假设
ζ	显著水平	CR	关键（或拒绝）区域
LPP_{bod}	NCR_1 的边界线/（°）	$LPP_{bod,l}$	NCR_1 的下边界线/（°）

汽油机试验台在测量缸内压力和曲轴转角的基础上，实现了一种最大寻优算法，其主要思想如下：

1）根据曲轴转角采集缸内压力数据。dSPACE 中的模拟-数字转换模块（DS2004）被激活，在每一个曲轴转角采样缸内压力数据，因此，每一个周期（两转）共采集 720 个压力数据点。

2）寻找燃烧冲程期间的缸内压力峰值点。当火花点火时，通过最大值搜寻算法开始搜索具有峰值压力的点，在曲轴角超过上止点 60°之后，燃烧结束。

3）根据峰值压力点计算 LPP。大多数情况下，在燃烧相位只有一个峰值压力点对应于 LPP。但是，当点火提前角延迟太多度或气缸压力非常低时，可能在上止点处出现两个峰值，在实际 LPP 处出现另一个峰值。当获得 LPP 时，它将一直保持到计算下一个周期的 LPP 为止。

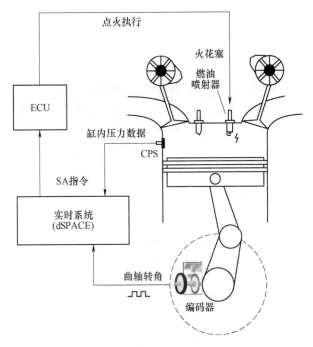

图 7-1　LPP 测量和控制系统示意图

基于测得的缸压数据和曲轴转角数据，设计最大值搜索算法计算 LPP，算法思路如下：为了分析稳态工况下 LPP 信号的特点，在测量过程中固定了发动机的所有输入，如节气门角度、发动机转速、可变气门正时（VVT）和点火提前角，因此 LPP 仅受燃烧稳定性和其他随机因素的影响。在收集试验数据之前，发动机已经得到充分预热，冷却液温度维持在 80℃。

图 7-2 所示为稳定工况下的 LPP 信号，工况设置为：发动机节气门开度为 5.7°、发动机转速为 1200 r/min、进气歧管压力为 0.45 MPa、VVT 为 0、SA 为 24°。从图 7-2 可以看出，尽管发动机在稳态工况下工作，所有的输入为常值，LPP 也不能稳定在一个定值，而是在其平均值附近波动。如果根据周期数收集 LPP 的统计信息，则可以识别某些特征。图 7-3 所示为 2000 个周期的统计结果。条形图表示位于相应范围内的 LPP 的百分比（概率），效果实线是最接近 LPP 统计量的正态分布。正态分布 $N(17.0, 1.7)$ 对 LPP 的分布有较好的拟合效果，其中 17.0 是平均值，1.7 是标准差。因此，稳态工况下，LPP 服从正态分布，在平均值附近波动。文献[68]与本节中的结果相似，也表明在假设正态分布时，其他的相位指示器（MFB50）将随机分布在平均值附近。该试验还验证了文献[69]中的结论，即受循环变化影响，LPP 似乎纯粹是随机稳态工作条件。由于本章使用点火提前角来控制燃烧相位，即 LPP，因此应通过数学公式清楚地描述从输入 SA 到输出 LPP 的模型和动力学。实际上，燃烧过程和火焰传播是非常复杂的，很难获取一个精确的面向控制的 LPP 模型。作为一种可行的解决方案，单输入单输出稳态模型是 LPP 控制器综合的理想选择。若能够发现 LPP 和 SA 之间的关系，则有可能设计出燃烧相位控制器。

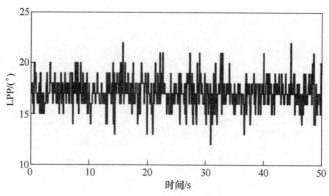

图 7-2 稳定工况下的 LPP 信号

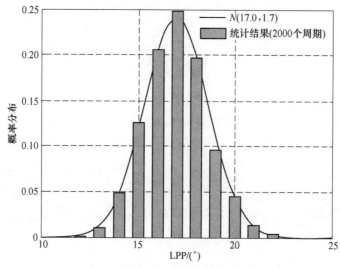

图 7-3 稳定工况下的 LPP 概率分布

7.2.2 模型辨识

在模型识别之前,应定义输入和输出的顺序。图 7-4 所示为缸内压力在一个循环中随着曲轴转角的变化曲线。在压缩冲程和燃烧冲程之间的上止点(Top Dead Center,TDC)处的曲轴转角被定义为零度。将 SA(k) 作为定义 TDC 之前点火正时的序列 k 的输入,输出 LPP($k+1$) 代表由输入 SA(k) 确定的计算得出的 LPP,通常位于 TDC 之后 10°~30°。基于定义的序列,首先分析循环相关性,然后在各种工况下检查 LPP 和 SA 之间的关系。

为了更详细地探索 LPP 的特性,绘制各种工作条件的返回图(Return maps)以检查循环相关性,如图 7-5 所示。横轴代表着在第 $i-1$ 个周期的 LPP,竖轴代表着第 i 个周期的 LPP。由于缸内压力是在每个曲轴转角上采样的,因此计算出的 LPP 是整数。即使一个图中显示了 2000 个循环的数据,LPP 的许多循环也会相互重叠。当使用 Pearson 相关系数 γ 来描述线性趋势时,γ 很小($|\gamma| \leqslant 0.06$),因此可以合理地假设 LPP 没有线性循环相关性。因此,试验结果说明对于 SI 发动机来讲,LPP 是周期性独立的。

第 7 章 基于统计特性的汽油机燃烧相位控制算法设计

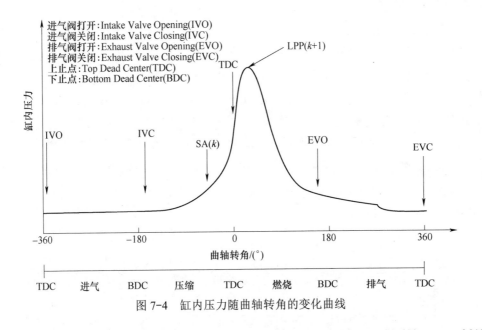

图 7-4 缸内压力随曲轴转角的变化曲线

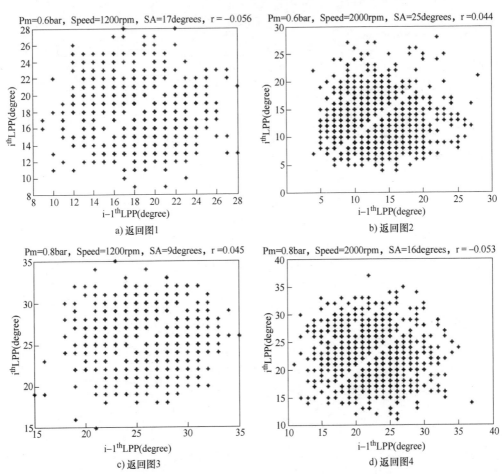

图 7-5 稳态工况下 LPP 的返回图：不同的进气歧管压力、空燃比和转速

进而，通过改变输入 SA 来检测 LPP 的响应。根据图 7-4 给出的顺序和上述 LPP 测量方法，SA 在 2°～25°之间进行调节。受爆燃和失火限制，在每种工况下，SA 的调节角度均应小于 15°。尽管测得的 LPP 受到随机因素的影响，但它始终在其均值附近变化并且周期性独立。因此，可以采用连续数千次 LPP 测量的平均方法来获得稳定均值 $\overline{\text{LPP}}$。在不同负载和发动机转速下进行试验，采集连续 2000 个周期的数据并取平均值，结果如图 7-6 所示。"○""□""◇"表示的数据是平均值后的测量值，而线是通过函数"polyfit"进行拟合的曲线。从试验中可以看出，在任何稳态工作条件下，$\overline{\text{LPP}}$ 和 SA 之间的关系都是仿射的。因此，可以使用以下仿射函数描述 $\overline{\text{LPP}}$ 和 SA 之间的关系，并且使用最小二乘法对参数 θ 和 β 进行估算。

$$\overline{\text{LPP}} = \theta \text{SA} + \beta \tag{7-1}$$

式中，θ 为 SA 的增益；β 为受发动机转速、负载、空燃比等因素影响的偏移量。

因为对常值输入下的连续 2000 个周期的数据取平均值，并且 LPP 是周期性独立的，基于式（7-1），LPP 的期望值 $E[\text{LPP}]$ 等价于

$$E[\text{LPP}] = \lim_{N \to \infty} \frac{1}{N} \sum_{j=1}^{N} \text{LPP}_j \approx \frac{1}{2000} \sum_{j=1}^{2000} \text{LPP}_j = \overline{\text{LPP}} \tag{7-2}$$

式中，LPP_j 为 LPP 的第 j 个采样值。

式（7-2）表明 LPP 的期望值等于 $\overline{\text{LPP}}$。假设当前 SA 定义为 $\text{SA}(k)$，则在 SA 调整之前，可以通过输入 $\text{SA}(k)$ 来计算 LPP 的期望值

$$E[\text{LPP}](k+1) = \theta \text{SA}(k) + \beta \tag{7-3}$$

当可以获取大量采样数据时，$E[\text{LPP}]$ 可以通过式（7-2）进行估计。因为周期性的 LPP 在其平均值附近随机变化，所以 LPP 可以描述为

$$\text{LPP} = E[\text{LPP}] + \omega \tag{7-4}$$

式中，ω 为一个服从正态分布 $N(0, \sigma)$（0 是平均值，σ 是标准差）的随机干扰。

考虑 LPP 的随机特性和式（7-4），LPP 的周期性动态可以描述为

$$\text{LPP}(k+1) = E[\text{LPP}](k+1) + \omega = \theta \text{SA}(k) + \beta + \omega \tag{7-5}$$

式中，$\text{LPP}(k+1)$ 为保持 $\text{SA}(k)$ 是常值时的周期性 LPP。

表 7-3 给出了使用对应于图 7-6 中试验的最小二乘法的曲线拟合结果。其中式（7-3）被视为模型，通过式（7-2）和 2000 个周期的统计量估计的 $E[\text{LPP}]$ 可以看出，代表斜率的增益 θ 变化不大，在各种工况下的差异很小，而偏移量 β 随工况而变化。在大的发动机工况范围内，LPP 的标准偏差 σ 没有太大变化，在 1.45～1.84 之间变化。

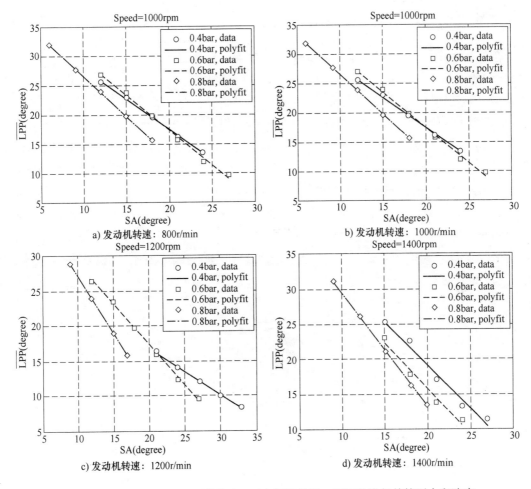

图 7-6 稳态工况下 LPP 平均值和 SA 之间的关系：不同的进气歧管压力和速度

表 7-3 模型的参数识别

进气歧管压力/bar		发动机转速/（r/min）			
		800	1000	1200	1400
0.4	θ	−1.05	−0.97	−0.91	−0.97
	β	34.23	36.30	35.07	36.88
	α	1.50	1.57	1.72	1.84
0.6	θ	−1.08	−0.95	−1.00	−0.95
	β	32.02	32.05	34.06	34.85
	α	1.53	1.45	1.73	1.76
0.8	θ	−1.20	−1.39	−1.12	−1.10
	β	32.14	35.17	35.02	36.35
	α	1.53	1.70	1.77	1.73

7.3 基于假设检验的 LPP 控制器设计

在第 7.2 节中,LPP 是周期性独立的并且在统计上服从一个正态分布。另外,式(7-4)中的 ω 由于其独立性和随机性的存在,在实际中不能被补偿。因此,确保 LPP 的均值跟踪上其期望值并保持最小的标准分布偏差,在开环控制中等价于 σ 可以获得最好的 LPP 控制性能。为了获取最优性能,控制输入 SA 需要补偿偏差 β,并应免受随机因素的影响。

本节将统计理论应用到燃烧相位控制。LPP 控制策略分为三个模块,如图 7-7 所示。第一模块为统计假设检验模块,旨在快速检测 LPP 的均值是否改变。如果无法快速检测 LPP 的当前均值,则将减小闭环 LPP 控制的带宽,将测量出的 LPP 传递给随机假设检验模块并周期更新,获得了 LPP 的平均值 $\overline{\mathrm{LPP}}$ 以及其相应的样本数 n。然后,根据第一个模块检测到的平均值和 n 以及给定的参考,在第二个模块(统计决策模块)中设计决策标准,确定是否应调整 SA 来调节 LPP,前两个模块都是用假设检验原则。最后一个模块为 SA 控制器,依据 SA 和 LPP 在稳态工况下的关系定量地调节 SA。一旦 SA 控制器被激活调整 SA,第一个模块就会被统计决策模块重置,相应的统计函数也会被重置。

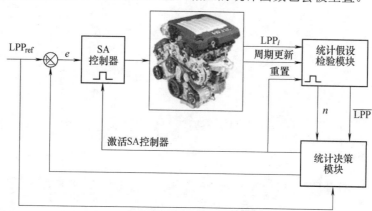

图 7-7 基于统计理论的 LPP 控制策略

7.3.1 统计假设检验模块

具体来讲,第一个模块根据式(7-1)计算 $\overline{\mathrm{LPP}}$。假设 LPP 的期望和标准差分别为 μ 和 σ_0,则相应的 LPP 概率密度函数可定义为

$$f(\mathrm{LPP}) = \frac{1}{\sqrt{2\pi}\sigma_0} \exp\left[-\frac{(\mathrm{LPP}-\mu)^2}{2\sigma_0^2}\right] \tag{7-6}$$

在大量数据服从相同分布的情况下,可使用总体均值和无偏差样本方差来估计 μ 和 σ_0

$$\hat{\mu} = \frac{1}{n}\sum_{j=1}^{n}\mathrm{LPP}_j, \quad \hat{\sigma}_0 = \sqrt{\frac{1}{n-1}\sum_{j=1}^{n}(\mathrm{LPP}_j - \hat{\mu})^2} \tag{7-7}$$

式中,$\hat{\mu}$ 和 $\hat{\sigma}_0$ 分别为 μ 和 σ_0 的估计值。

但是，式（7-7）适合具有统一正态分布的样本数据。如果发动机工况被改变，LPP 的分布将同时进行改变。因此，当使用式（7-7）进行参数估计时，需要判断收到的数据是否像之前一样保持相同的分布。如果概率分布改变了，采样数据也应该更新，从而得到令人满意的计算动力学平均值。

为了解决上述数据分布特性判断的问题，假设标准差 σ_0 已知，因为 σ_0 可以通过采集大量数据进行离线辨识并存储在计算机中。由于 μ 的平均值会因不同的发动机工况和扰动而变化，因此采用称为二样本 Z 检验的假设检验算法来检查 LPP 序列的统计特性是否已更改。定义有两个假设：零假设 H_0（新序列的均值等于前一个序列的均值）和备择假设 H_1（新序列的均值已更改），它们可以描述为

$$\begin{cases} H_0 : \mu_1 = \mu_0 \\ H_1 : \mu_1 \neq \mu_0 \end{cases}$$

式中，μ_0 和 μ_1 分别为 LPP 序列过去和现在的期望。

然后，在假设检验中基于样本数据做出以下两个决策之一

$$\begin{cases} \text{I} : \text{reject } H_0, \text{ and accept } H_1 \\ \text{II} : \text{do not reject } H_0 \end{cases}$$

其中，有两个类型的误差：I 型误差和 II 型误差。当零假设是真的而被拒绝时将产生 I 型误差，而当 H_0 不被拒绝但 H_0 实际上为假时，将发生 II 型错误。通常情况下，用 ζ 表示 I 型误差的可能性，也称为显著性水平，可描述为

$$\zeta = P\{\text{type I error}\} = P\{H_0 \text{ is rejected} | H_0 \text{ is true}\}$$

如果零假设 H_0 是真的，则已知归一化统计量 Z 服从标准正态分布，即

$$Z = \frac{\overline{X}_1 - \overline{X}_0}{\sigma_0 \sqrt{\dfrac{1}{n_r} + \dfrac{1}{n-n_r}}} \sim N(0,1) \tag{7-8}$$

式中，n_r 为新序列中的数据个数；$\overline{X}$ 为最近 n_r 个周期采样值的平均值；$\overline{X}_0$ 为上个序列采样值的平均值。

具体来说，$\overline{X}_1$ 和 $\overline{X}_0$ 可通过下式求出

$$\overline{X}_1 = \frac{1}{n_r} \sum_{i=n-n_r+1}^{n} \text{LPP}_i, \quad \overline{X}_0 = \frac{1}{n-n_r} \sum_{i=1}^{n-n_r} \text{LPP}_i \tag{7-9}$$

由于使用了双尾检验，因此可以通过下式计算出与显著性水平 ζ 有关的临界值 $Z_{\zeta/2}$

$$1 - \zeta = \int_{-Z_{\zeta/2}}^{Z_{\zeta/2}} \frac{1}{\sqrt{2\pi}} \exp\left(-\frac{Z^2}{2}\right) dZ \tag{7-10}$$

注意，式（7-8）中的正态分布等价于 $\bar{X}_1 \sim N\left(\bar{X}_0, \sigma_0\sqrt{\dfrac{1}{n_r}+\dfrac{1}{n-n_r}}\right)$；因此，由式（7-10）可知，关键（或拒绝）区域（CR）和非关键区域（NCR）如下

$$CR = (-\infty, \bar{X}_0 - \bar{\sigma}_0 Z_{\zeta/2}) \cup (\bar{X}_0 + \bar{\sigma}_0 Z_{\zeta/2}, +\infty)$$
$$NCR = [\bar{X}_0 - \bar{\sigma}_0 Z_{\zeta/2}, \bar{X}_0 + \bar{\sigma}_0 Z_{\zeta/2}]$$

其中

$$\bar{\sigma}_0 = \sigma_0 \sqrt{\dfrac{1}{n_r}+\dfrac{1}{n-n_r}}$$

给定显著性水平 ζ 可以计算出相应的 CR 和 NCR，并且如果平均值 $\bar{X}_1$ 落在关键区域，则 H_0 将被拒绝，H_1 被接受。有关假设检验的更多详细信息，请参阅文献[70]。最后，可以得出

$$\begin{cases} H_0: \bar{X}_1 \in NCR \\ H_1: \bar{X}_1 \in CR \end{cases} \quad (7-11)$$

如果 H_0 为真，则表示样本数据服从统一的正态分布，且 $\bar{X}_0$ 需要使用所有采样数据进一步更新。否则，最近的 n_r 个样本数据代表一个新的分布，可得出"当前 LPP 的平均值已从 $\bar{X}_0$ 变为 $\bar{X}_1$"的结论。此外，为了增强统计假设检验块的动态性，在算法中使用了变量 n_r，提出的算法描述如下：定义一个最大值参数 N_r 和显著性参数 ζ，若 σ_0 已知，则临界值 $Z_{\zeta/2}$ 可以由以下算法计算得出

$$\overline{LPP} = \dfrac{1}{n}\sum_{n}^{j=1} LPP_j;$$
FOR $n_r = 1:1:N_r$
Apply Eqs.(7-8) ～ （7-11）
IF H_0 is true
{
null
}
ELSE（H_1 is true）
{
$\overline{LPP} = \bar{X}_1;$
$n = n_r;$
break;
}
END

可以看出，通过使用假设检验，上述算法1提供了服从最近分布的LPP和循环数。如果H_0始终为真，则在这种情况下，根据中心极限定理，当循环数n趋于无穷大时，LPP可以收敛到式（7-6）中的实数μ。否则，限n为$n_r \leqslant N_r$。由于循环次数n_r不同，CR和NCR也有很大不同。H_0只有在$\bar{X}_1 \in$ NCR时才成立，可以重新描述为

$$\left| \bar{X}_1 - \bar{X}_0 \right| \leqslant \bar{\sigma}_0 Z_{\zeta/2} \qquad (7\text{-}12)$$

这种关系确保当一个周期LPP突然偏离均值时，应假定这是受随机因素影响的偶然事件。然而，如果LPP在多个周期都偏离于先前的采样序列，则可以确定最近n_r个周期的LPP已更改。由于这种灵活的平均方法，最终可获得更快的动力学性能。一旦偏移量β发生改变，如果选择了适当的ζ和变量N_r，则计算出的$\bar{X}_0$将迅速做出反应。

此外，值得注意的是，理论上也可以接受小的变量N_r。如果样本数大于30，则Z检验有效。但是，数据的分布不必是正态的；如果样本数小于30，则当分布为正态时，它也可以工作。由于第7.2节中的试验分析表明LPP是正态分布且周期性独立，因此即使$n_r<30$，Z检验在研究中的应用也是合理可行的。

7.3.2 统计决策模块

实际中，n不可能是无限的，即使它可能非常大。因此如果$\overline{\text{LPP}}$不等于LPP的参考值LPP_{ref}，则不能做出需要对LPP进行调整的决定。特别是，当激活SA来调节LPP时，应放弃先前的数据并收集新的数据，然后将n重置为1。因此，除非有必要，否则不应调整SA。在本章中，基于中心极限定理，采用单样本Z检验来确定是否应调整SA。如果最近n个周期的LPP服从相同的分布，并且其期望值与LPP_{ref}相等，则Z_1为

$$Z_1 = \frac{\overline{\text{LPP}} - \text{LPP}_{\text{ref}}}{\sigma_0 / \sqrt{n}} \sim N(0,1)$$

然后，定义一个新的显著性参数ζ_1，使用式（7-10）计算新的临界值$Z_{\zeta_1/2}$，相应的关键区域CR_1和非关键区域NCR_1可通过下式计算

$$\text{CR}_1 = \left(-\infty,\ \text{LPP}_{\text{ref}} - \frac{\sigma_0 Z_{\zeta_1/2}}{\sqrt{n}} \right) \cup \left(\text{LPP}_{\text{ref}} - \frac{\sigma_0 Z_{\zeta_1/2}}{\sqrt{n}}, +\infty \right)$$

$$\text{NCR}_1 = \left[\text{LPP}_{\text{ref}} - \frac{\sigma_0 Z_{\zeta_1/2}}{\sqrt{n}},\ \text{LPP}_{\text{ref}} + \frac{\sigma_0 Z_{\zeta_1/2}}{\sqrt{n}} \right]$$

最后，给出SA调节的概率决策准则如下

$$\begin{cases} \overline{LPP} \in CR_1, & \text{Active SA adjustment} \\ \overline{LPP} \in NCR_1, & \text{Rest SA adjustment} \end{cases} \qquad (7\text{-}13)$$

其中，$\overline{LPP} \in CR_1$ 表示根据最近 n 个周期的 LPP 平均值可知，LPP 的期望值不等于 LPP_{ref}；因此，应该调整 SA 以调节 LPP。$\overline{LPP} \in NCR_1$ 表示 LPP 的期望值等于 LPP_{ref}，置信度为 $1 \sim \zeta_1$，没有必要调节 SA。图 7-8 所示为当 n 达到无穷大时基于式（7-13）的可接受方差 $(\overline{LPP} - LPP_{ref})/\sigma_0$，其中两个虚线表示 CR_1 和 NCR_1 之间的边界。可以看出，当 n 较小时，可以接受较大的误差；而当 n 较大时，仅可以接受较小的误差。

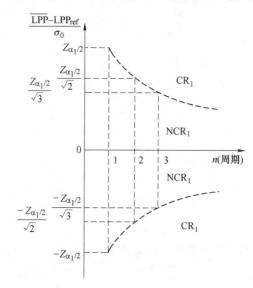

图 7-8　LPP 基于 Z 检验的统计决策

以上内容使用假设检验描述了前两个统计模块。尽管两个模块使用的是相似的检验方法，它们的目的却是不同且相互独立的。第一模块可以统计地检测 LPP 的变化，并利用动态参数 n_r 来加宽其带宽。第二模块确定 LPP 的新分布，从而决定何时调整 LPP。

7.3.3　点火提前角控制器

在实际应用中，限制 SA 的调节才能确保燃烧的安全性和稳定性，因此在激活第三模块（SA 控制器）时要控制 SA 的增量。使用增量式控制器，定义 $u(k) = SA(k) - SA(k-1)$，由式（7-3）可推出模型 $E[LPP](k+1) = E[LPP](k) + \theta u(k)$，该式可描述当 SA 进行调整时 LPP 期望值的变化。在之前的研究中，一旦统计决策模块决定调整 LPP，由假设检验模块得出的 $\overline{LPP}$ 将被视为 LPP 的期望值 $E[LPP]$。然后，设计基于模型的控制律在接下来的循环中跟踪 LPP_{ref}。当循环数 n 很大时，该策略是合理的，因为 $\overline{LPP}$ 几乎是 LPP 的真正期望值，但是当 n 较小时情况并非如此，在这种情况下 $\overline{LPP}$ 可能与 LPP 的真实期望略有距离。通过此策略，如果激活了 SA 控制器，则 SA 有时会以极大的幅度进行调整。作为此策略的改进，可以通过最小的 SA 调整将 LPP 控制在 NCR_1 范围内。根据以下等式，可以计算 NCR_1 的边界线 $\mathrm{LPP}_{\mathrm{bod}}$。

$$\frac{|\mathrm{LPP}_{\mathrm{bod}} - \mathrm{LPP}_{\mathrm{ref}}|}{\sigma_0 / \sqrt{n}} = Z_{\zeta_{1/2}}$$

$$\mathrm{LPP}_{\mathrm{bod,u}} = \mathrm{LPP}_{\mathrm{ref}} + \frac{Z_{\zeta_{1/2}} \sigma_0}{\sqrt{n}}, \quad \mathrm{LPP}_{\mathrm{bod,l}} = \mathrm{LPP}_{\mathrm{ref}} - \frac{Z_{\zeta_{1/2}} \sigma_0}{\sqrt{n}}$$

(7-14)

式中，$\mathrm{LPP}_{\mathrm{bod,u}}$ 和 $\mathrm{LPP}_{\mathrm{bod,l}}$ 分别为 NCR_1 的上界和下界。

如果 LPP 的跟踪误差定义为

$$e = E[\mathrm{LPP}] - \mathrm{LPP}_{\mathrm{ref}} \approx \overline{\mathrm{LPP}} - \mathrm{LPP}_{\mathrm{ref,d}}$$

其中，$\overline{\mathrm{LPP}}$ 由统计假设检验模块计算得出，另外

$$\begin{cases} \mathrm{LPP}_{\mathrm{ref,d}} = \mathrm{LPP}_{\mathrm{bod,u}}, & \overline{\mathrm{LPP}} > \mathrm{LPP}_{\mathrm{ref}} \\ \mathrm{LPP}_{\mathrm{ref,d}} = \mathrm{LPP}_{\mathrm{bod,l}}, & \overline{\mathrm{LPP}} < \mathrm{LPP}_{\mathrm{ref}} \end{cases}$$

那么可以得出

$$e(k+1) = e(k) + \theta u(k)$$

为了使跟踪误差 e 收敛到 0，设计控制为

$$u(k+1) = -\frac{e(k)}{\overline{\theta}}$$

(7-15)

式中，$\overline{\theta}$ 为设计的控制器增益。

然后，可以得到闭环系统模型为

$$e(k+1) = \left(1 - \frac{\theta}{\overline{\theta}}\right) e(k)$$

(7-16)

为了保证系统的稳定性，需要满足以下不等式

$$\left|1 - \frac{\theta}{\overline{\theta}}\right| < 1$$

由表 7-3 可知，因为 θ 是负的，上述约束需进一步等价为 $\overline{\theta} < \frac{\theta}{2} < 0$。如果已经提前知道了精确的 θ，则 $\overline{\theta}$ 可以选择与 θ 相等，进而能够在随后的循环中将 LPP 调节为 $\mathrm{LPP}_{\mathrm{ref,d}}$。如果 SA 控制器在长时间内不能调整 SA，那么 n 将单调增加，这意味着没有干扰改变 LPP 的分布，并且统计上也没有出现跟踪误差。根据式（7-14），此时 $\mathrm{LPP}_{\mathrm{bod}}$ 一定要非常接近期望值 $\mathrm{LPP}_{\mathrm{ref}}$。因此，通过提出的 SA 调整方法，可以最终对 LPP 进行调整以跟踪 $\mathrm{LPP}_{\mathrm{ref}}$。

因为已经在各种工况下测定了基于大量采样数据的 SA 与 $\overline{\mathrm{LPP}}$ 的关系，所以可以计算

$\beta(k)$ 并将其用于基于静态图的控制中。在稳态工况下，可以合理地假设，对于除了 SA 以外的所有输入来说，β 都是恒定的，并且发动机参数是恒定的或随时间变化的。因此，在本研究中，使用式（7-15）表示合成 SA 控制器时，忽略 β 的变化，而输入 u 将在实际中补偿偏移量 β 的变化。

根据以上对控制策略的描述，值得注意的是，在图 7-9a 中计算出 LPP 的情况下，当 LPP 的平均值在统计上等于其参考值（虚线）时，将不会调整 SA，但是 LPP 在每个循环（实点）处可能没有位于期望位置。当发现 LPP 的平均值已发生变化并与参考值有统计学差异时，将基于统计分析对 SA 进行调整以调节 LPP 的平均值。图 7-9a 标记了违反先前统计标准分布的三个组（用○表示的点）——A、B 和 C。可以推断出，如果像 A 组这样的新数据不服从先前的分布，而是接近先前分布的平均值，则提出的统计标准需要大量数据来检测此变化。当新数据与先前的平均值相距较远时，它需要更少的数据来检测像 B 组这样的变化，即使它在 LPP 偏离过大时像 C 组一样立即做出响应。预期的控制性能如图 7-9b 所示。在任何稳态工作条件下，LPP 的均值都应跟踪其参考值，而 LPP 的标准偏差应尽可能小。

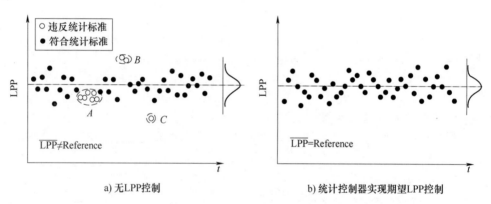

a) 无 LPP 控制   b) 统计控制器实现期望 LPP 控制

图 7-9　LPP 控制器的理论特点

7.3.4　试验验证分析

在一台 6 缸 3.5L 丰田 SI 汽油发动机上对 LPP 控制策略进行测试，试验台架如图 7-10 所示。发动机连接有涡流测功机，用于提供发动机负载。dSPACE（DS1006）是数据收集、算法实现以及通过向测功机控制器发送命令远程设置测功机模式的核心设备。在试验台上使用 CPS（AVL GU12P）和编码器传感器（Kistler 2613B）对燃烧相位进行检测。CPS 插入第五缸并实时测量缸压，编码器连接到曲轴，在设计了统计 LPP 控制器后，可在 Matlab/Simulink 中对该策略进行编程，然后将其编译为机器语言并下载到 DS1006 中。通过旁路技术的应用，dSPACE 系统可以将 SA 命令发送到 ECU，并在每个周期执行该命令。

图 7-3 显示，当发动机在 1200 r/min 和进气歧管压力为 0.45MPa 的稳态工况下运行时，分布的标准偏差 σ_0 约为 1.7°。根据统计假设检验标准，在试验中假设样本数据位于平均值附近 $3\sigma_0$ 的范围内是可以接受的。根据均匀正态分布函数可知，此假设的概率高达

99.73%,而Ⅰ型错误的概率约为0.27%。

对于图7-7中的统计假设检验模块,参数设置如下

$$\sigma_0 = 1.7, \zeta = 0.27\%, Z_{\zeta/2} = 3$$

另外,统计决策模块的参数设置如下

$$\zeta_1 = 10\%, Z_{\zeta_1} = 1.65$$

其中,显著性水平ζ_1稍大于ζ,因为即使SA经常被控制器调整,其幅度仍然受到很好的限制。针对控制器增益$\bar{\theta}$,从表7-3中可以看出,θ在-1.39~-0.91之间的较大工作范围内变化很小。基于控制器增益设计的约束,θ必须满足以下条件

$$\bar{\theta} < \frac{\theta}{2} < -\frac{1.39}{2} = -0.695$$

设置$\bar{\theta} = -1.0$。

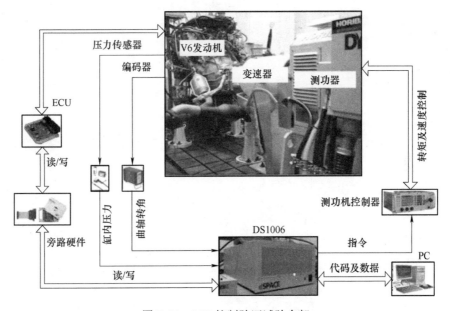

图7-10 LPP控制验证试验台架

由于该方法的主要目标是抑制LPP的随机特性,因此为假设检验算法定义了较小的ζ和ζ_1。这种小的显著性水平定义将确保SA在大多数情况下不会响应由某些随机因素引起的LPP的周期性变化。在以下部分中,将使用该LPP控制策略来实施试验。另外,还与循环控制策略和基于移动平均的PI控制方法进行了比较。

(1)稳态工况

图7-11所示为所提出控制器的控制结果。在测试中,发动机在稳态工况下运行,除SA之外的所有其他输入均由商用ECU控制。与图7-3中的工况相同,发动机转速为

1200r/min，节气门角度为 5.7°，LPP_{ref} 是 15°。根据给定的策略，应在统计决策块启用控制器时偶尔激活 SA 控制器。试验结果表明，测得的 LPP 在其平均值附近随机变化，但假设检验的输出要平滑得多。不过在某些周期，测得的 LPP 偏离平均值。由于试验是在稳态工作条件下进行的，因此可以合理地假设 β 的变化很小。因此，当 LPP 达到参考值时，应将所设计的 SA 调整为低频。使用 2000 个周期的 LPP 统计数据表明，LPP 的闭环平均值为 14.7°，接近其参考值。此外，标准偏差也接近于图 7-3 中给出的开环系统中的标准偏差。结果表明，LPP 可以跟踪其参考值，并且标准偏差可以同时得到约束。

从试验结果中的参数 n 可以看出，n 最多可以达到 300 个循环以上。根据提出的策略可知，如果试验中没有 SA 调节，n 将会单调增加。一旦 n 被重置，就意味着违反了统计标准，进而将激活 SA 控制器。从式（7-5）可知，如果 SA 可以补偿偏移量 β 并获得所需的 LPP，则应避免对随机影响采取任何过度行动。因为多数时候它会判断 LPP 的分布不变，所以 SA 在假设检验标准的影响下不是逐周期调整，它应该位于一个稳定的小范围内并且在几个周期内偏离它。图 7-11 的最后一个子图显示了试验中 SA 的分布情况，这与分析结果一致。大多数情况下，SA 位于一个小范围内，偶尔会因违反统计标准而进行调整。

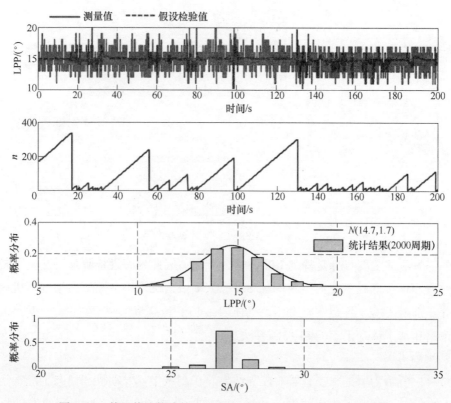

图 7-11 基于统计策略的 LPP 控制结果（稳态工况）（见彩插）

表 7-4 不同显著性水平 ζ 下的控制性能

控制性能	显著性水平 ζ				
	0.5%	1%	2%	5%	10%
临界值 $Z_{\zeta/2}$	2.81	2.58	2.33	1.96	1.65
LPP 的平均值	14.9	14.7	14.8	14.9	14.8
LPP 的标准差	1.73	1.79	1.79	1.79	1.85

不同显著性水平 ζ 下的控制性能见表 7-4。值得注意的是，当 ζ 从 0.5% 增加到 10%，LPP 的平均值可以一直调节到接近参考值，LPP 的标准差从 1.73 到 1.85，几乎没有增加。因此，试验结果表明在稳态运行条件下，较小的 ζ 是首选，因为 LPP 的变化主要是由燃烧过程的随机因素引起的，并且当 ζ 较小时，控制性能对 ζ 的值更敏感。此外，根据式（7-12），已知假设 H_0 和 H_1 之间的边界为 $\bar{\sigma}_0 Z_{\zeta/2}$，这取决于开环标准偏差 σ、循环数 n 和 n_r 以及临界值。由于试验表明，大范围的 $Z_{\zeta/2}$ 保证了一个模糊性能，因此即使在所提出的算法中使用 σ 不太准确，也可以保证令人满意的 LPP 控制结果。

图 7-11 所示的试验结果验证了设计的基于统计策略的 LPP 控制性能。为了进一步检验统计准则的效果，采用循环控制策略进行比较，结果如图 7-12 所示。在执行循环控制策略时，为了保证闭环系统的稳定性，使用了与式（7-15）中所提方法相同的 SA 控制器，与所提方法的区别在于没有统计准则来判断 SA 是否应该进行调整，而是根据 LPP 和 LPP_{ref} 之间的误差对 SA 进行周期性调整。因此，在比较中循环控制策略的结果就是没有这两个统计模块的控制性能。一旦循环中的 LPP 不等于 LPP_{ref}，则必须调整 SA 来补偿这一偏差。通过比较，可以看出假设检验准则在该方法中的效果。统计结果表明，虽然循环控制策略可以调节 LPP 以跟踪其参考值，但其标准差增加到 2.3。在循环控制策略下，受 LPP 循环变化的影响，SA 需要在每个周期进行几度的调整。然而，由于这些周期性变化是由诸如燃烧可变性、传感器噪声和容差之类的随机因素引起的，因此在实践中没有必要对它们进行响应。由于这种周期性控制策略，LPP 的分布将因这些过度动作而变差，因此，与所提出的控制器相比，循环控制策略无法约束周期性方差，这使得 LPP 的均值在较大范围内变化。

为了改进循环控制策略，应尽量减小作为反馈信号的 LPP 的方差。因此，燃烧相位控制通常考虑采用基于移动平均的方法。在这项研究中，使用 20 个周期对压力曲线进行平均，然后根据平均压力曲线评估用于控制器设计的 LPP。然后将 PI 控制器调优并应用于试验中，其中增益设为

$$K_I = 0.08, K_p = 2.5$$

式中，K_I 为积分增益；K_p 为比例增益。

值得注意的是，以上控制器基于移动平均的燃烧相位系统工作，并且当更改平均循环次数时，应再次调整增益。此外，如果没有移动平均窗口来滤波 LPP，那么即使增益 K_I 和 K_p 被用来设计稳定闭环控制系统，也只是另一种循环控制策略，将获得与图 7-12 所示的相同性能。

图 7-13 所示为使用基于移动平均的 PI 控制器的 LPP 控制结果。采用了 20 个连续周期的移动平均窗口的一个低通滤波器，可以去除 LPP 上的部分噪声；因此，尽管仍然逐周期调整 SA，但周期性 SA 调整的幅度应小于周期性控制策略，这也导致了较小的周期性 LPP 方差。从结果可以观察到 LPP 的平均值等于参考值，标准偏差为 1.8，小于图 7-12 中的值，并且与本节提出的控制器结果几乎相同。

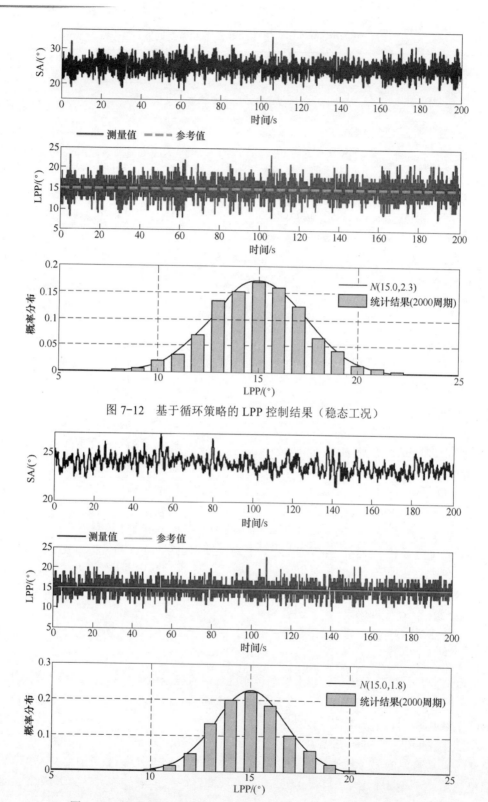

图 7-12 基于循环策略的 LPP 控制结果（稳态工况）

图 7-13 基于移动平均的 PI 控制器的 LPP 控制结果（稳态工况）

根据上述比较可知，当发动机在稳态工况下运行且参考值恒定时，提出的基于假设检验的方法和基于移动平均的 PI 方法都可以获得更好的控制性能。当使用循环控制策略和基于移动平均的 PI 控制器时，LPP 的均值更接近 LPP$_{ref}$。这是因为当采用本章中的统计 LPP 控制方法时，除了 I 类错误之外，还存在由 ζ 和 ζ_1 确定的 II 类错误，即存在应该调整 SA 而实际未启用 SA 控制器的可能性。但是，可以看出，图 7-11 和表 7-3 中的这种统计跟踪误差小于 0.3°，所提出的方法仍然能够获得最佳性能，因为它保持了最小的循环方差。

（2）阶跃参考输入跟踪性能

众所周知，通常通过延迟和提前 SA 来调节燃烧相位，以快速调节发动机转矩和其他性能，因此，有时应更改 LPP$_{ref}$ 以匹配发动机控制需求，并且 LPP 应该快速准确地跟踪 LPP$_{ref}$，为了验证所提出的统计控制器的瞬态 LPP 参考值跟踪性能，在以下试验中采用了阶跃参考输入，并且与基于移动平均值的 PI 控制器的性能进行了比较。

当参考值在 15°～20°之间变动时，控制性能如图 7-14 所示。一旦 LPP$_{ref}$ 发生改变，比如在第 4s 时，从 15°变为 20°，然后在 10s 左右变回 15°，SA 控制器可以启用，并在几个周期内采取行动来跟踪 LPP$_{ref}$。此外，与文献[67]中的初步工作相比，值得注意的是，在本研究中，对 SA 的调整更加牢固和保守，因此它比以前的结果更平滑。即使在此过渡期间 LPP 发生很大变化，SA 也不发生波动。这种改进可以减少过度的 SA 调节并提高燃烧稳定性。

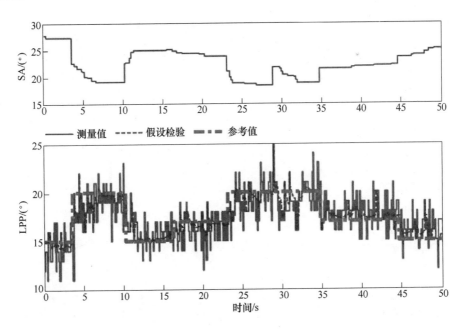

图 7-14　基于统计策略的 LPP 控制结果（阶跃参考输入）（见彩插）

当使用基于移动平均的 PI 控制器时，它还可以调节 LPP 来跟踪可变参考，但是转换性能不如图 7-14 中的结果。如图 7-15 所示，当更改参考时，应该对 SA 进行较大的调整，以使 LPP 平均值跟踪参考输入。然而，LPP 平均值（虚线）无法跟踪参考输入，更糟糕的是，此策略会导致过渡期间的 LPP 循环超调（实线中用虚线椭圆标记的部分）。进一步分析导致这些超调的原因可以发现，基于移动平均的策略即使能够计算出更平稳的燃烧相位指标也具有一定的缺点。在研究中，由于使用包含 20 个连续周期的移动平均窗口来过滤 LPP，因此平均 LPP 由过去 20 个周期确定，无法准确预测当前 LPP。因此，如果控制器是基于移动平均动力学合成的，则无法直接考虑循环性能。可以看出，在改变参考输出的过渡时期中，循环 LPP 已经超调，但是 LPP 平均值仍然不能跟随参考输入。为了改善循环瞬态响应，应忍受较低的移动平均动力学。但是，如何基于移动平均动力学来确保循环控制性能需要更多的讨论和分析。因此，该比较表明，当 LPP_{ref} 更改时，即使这两个控制器在稳态工作条件下具有相同的性能，所提出的控制器也具有更好的过渡性能。

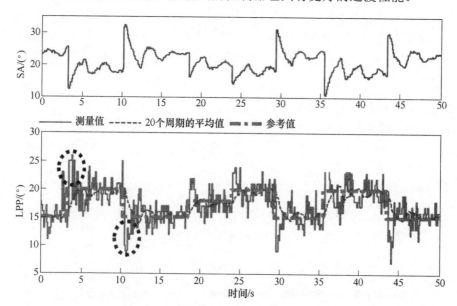

图 7-15 基于移动平均的 PI 控制器的 LPP 控制结果（阶跃参考输入）（见彩插）

参 考 文 献

[1] ISERMANN R. Mechatronic systems innovative products with embedded control[J]. Control Engineering Practice, 2008, 16(1): 14–29.

[2] MAXFIELD C, GOYAL K. EDA: Where electronics begins[Z]. 2001.

[3] YANIK P. Migration from simulation to verification with modelsim[Z]. 2004.

[4] BRENNAN S, BUCKLAND J, CHRISTEN U, et al. Editorial: Special issue on control applications in automotive engineering[J]. IEEE Transactions on Control Systems Technology, 2007, 3(15): 403–405.

[5] CHEN H, GAO B Z. Nonlinear estimation and control of automotive drive- trains[M]. New York: Springer and Science Press, 2014.

[6] 陈虹. 模型预测控制[M]. 北京：科学出版社，2013.

[7] 郭露露. 面向智能节能的汽车实时优化控制及实车验证[D]. 长春：吉林大学，2019.

[8] LIVSHIZ M, KAO M, WILL A, et al. Engine torque control variation analysis[C]//SAE 2008 World Congress. [S. l.: s. n.], 2008.

[9] HEINTZ N, MEWS M, STIER G, et al. An approach to torque-based engine management systems[C]//SAE 2001 World Congress. [S. l.: s. n.], 2001.

[10] LEROY T, CHAUVIN J, PETIT N, et al. Motion planning for experimental airpath control of avariable-valve-timing spark ignition engine[J]. Control Engineering Practice, 2009, 17: 1432-1439.

[11] KARNIK A Y, BUCKLAND J H, FREUDENBERG J S. Electronic throttle and wastegate control for turbocharged gasoline engines[C]//Proceedings of the 2005, American Control Conference. NYC: IEEE, 2005: 4434-4439.

[12] NGUYEN T A T, LAUBER J, DAMBRINE M. Switching fuzzy control of the air system of a turbocharged gasoline engine[C]//2012 IEEE International Conference on Fuzzy Systems. NYC: IEEE, 2012: 1-7.

[13] QIU Z, SUN J, JANKOVIC M, et al. Nonlinear internal model controller design for wastegate control of a turbocharged gasoline engine[J]. Control Engineering Practice, 2016, 46: 105-114.

[14] SANTILLO M, KARNIK A. Model predictive controller design for throttle and wastegate control of a turbocharged engine[C]//2013 American Control Conference. NYC: IEEE, 2013: 2183-2188.

[15] COLIN G, CHAMAILLARD Y, BLOCH G, et al. Exact and linearized neural predictive control. A turbocharged si engine example[C]// International Conference on Knowledge-based Intelligent & Engineering Systems. Berlin: Springer, 2007.

[16] 李殿璞. 非线性控制系统[M]. 西安：西北工业大学出版社，2009.

[17] ZHENG Q, GAO L Q, GAO Z. On validation of extended state observer through analysis and experimentation[J]. Journal of Dynamic Systems, Measurement, and Control, 2012, 134(2): 024505.

[18] PAN H, SUN W, GAO H, et al. Nonlinear tracking control based on extended state observer for vehicle active suspensions with performance constraints[J]. Mechatronics, 2015, 30: 363-370.

[19] SANDOU G, OLARU S. Particle swarm optimization based NMPC: An application to district heating networks[M]. Berlin: Springer, 2009: 551-559.

[20] CLERC M, KENNEDY J. The particle swarm-explosion, stability, and convergence in a multidimensional complex space[J]. IEEE transactions on Evolutionary Computation, 2002, 6(1): 58-73.

[21] MA F, WANG Y, LIU H, et al. Experimental study on thermal efficiency and emission characteristics of a lean burn hydrogen enriched natural gas engine[J].International Journal of Hydrogen Energy, 2007, 32(18): 5067–5075.

[22] JOBSON E. Future challenges in automotive emission control[J].Topics in Catalysis, 2004, 28(1): 191–199.

[23] 马志豪，康宁，高定伟，等．过量空气系数与废气再循环率耦合对汽油机性能的影响[J]．农业工程学报，2014，30（1）：34–39．

[24] 朱棣，侯圣智，刘斌，等．直喷汽油机EGR与稀薄燃烧的协同作用[J]．汽车工程，2017，39（6）：615–620．

[25] JANKOVIC M, MAGNER S W. Air-charge estimation and prediction in spark ignition internal combustion engines[C]// Proceedings of the 1999 American Control Conference (Cat. No. 99CH36251). [S. l.: s. n.], 1999, (1): 217–221.

[26] XU S, WANG Z, PRUCKA R, et al. Physical model for real-time simultaneous estimation of intake mass and cylinder pressure in an SI engine[J]. ASME 2016 Internal Combustion Engine Division Fall Technical Conference, 2016, 5:7-15.

[27] 谢辉，黄雪峰．低温燃烧汽油机瞬态空燃比主动抗扰控制[J]．天津大学学报（自然科学与工程技术版），2016，49（2）：198–205．

[28] EBRAHIMI B, TAFRESHI R, MOHAMMADPOUR J, et al. Second-order sliding mode strategy for air-fuel ratio control of lean-burn SI engines[J]. IEEE Transactions on Control Systems Technology, 2014, 22(4): 1374–1384.

[29] XUE W, BAI W, YANG S, et al. ADRC with adaptive extended state observer and its application to air-fuel ratio control in gasoline engines[J]. IEEE Transactions on Industrial Electronics, 2015, 62(9): 5847–5857.

[30] 徐东辉，李岳林，雷鸣，等．基于混沌时序最小二乘支持向量机的汽油机瞬态空燃比预测模型研究[J]．车用发动机，2015（2）：13–17，22．

[31] ERIKSSON L, NIELSEN L. Modeling and control of engines and drivelines[M]. [S. l.]: John Wiley & Sons, 2014.

[32] GUZZELLA L, ONDER C. Introduction to modeling and control of internal combustion engine systems [M]. Berlin: Springer Science & Business Media, 2009.

[33] WARWICK K, REES D. Industrial digital control systems (No. 37) [M]. [S. l.]: IET, 1988.

[34] KWAKERNAAK H, SIVAN R. Linear optimal control systems [M]. New York: Wiley-interscience, 1972.

[35] HROVAT D, BODENHEIMER B. Robust automotive idle speed control design based on μ-synthesis [C]// American Control Conference. NYC: IEEE, 1993: 1778-1783.

[36] 胡云峰. 汽油发动机中若干非线性估计与控制问题研究[D]. 长春：吉林大学，2012.

[37] GONG X, CHEN H, FAN Y, et al. Idle speed control for SI engine using triple-step nonlinear method [C]//Proceeding of the 11th World Congress on Intelligent Control and Automation. NYC: IEEE, 2014: 2005-2010.

[38] CHEN H, GONG X, LIU Q, et al. Triple-step method to design non-linear controller for rail pressure of gasoline direct injection engines [J]. IET Control Theory & Applications, 2014, 8(11): 948-959.

[39] HU Y, LIU Q, SUN P, et al. Design of an ADRC-based electronic throttle controller [C]//Proceedings of the 30th Chinese Control Conference. NYC: IEEE, 2011: 6340-6344.

[40] GONG X, LIU Q, HU Y, et al. Idle speed controller design for SI engine based on ADRC [C]//2012 IEEE International Conference on Control Applications. NYC: IEEE, 2012: 376-381.

[41] 李骏，曲卫东，高巍. 汽车动力总成节能环保先进技术分析[J]. 汽车技术，2009，5: 1-7.

[42] 耿文娟，袁银南，居钰生. 汽油机缸内直喷技术探析[J]. 小型内燃机与摩托车，2010，39(3): 23-28.

[43] CHATLATANAGULCHAI W, AROONSRISOPON T, WANNATONG K. Robust common rail ressure control for a diesel dual fuel engine using QFT-based controller [C]//SAE Technical Paper. NYC: SAE 2009.

[44] BALLUCHI A, BICCHI A, MAZZI E, et al. Hybrid modelling and control of the common rail injection system [J]. Hybrid Systems: Computation and Control, 2006, 3927: 79–92.

[45] MONTANARO U, GAETA A, GIGLIO V. An MRAC approach for tracking and ripple attenuation of the common rail pressure for GDI engines [C]//Proceedings of the 18th IFAC World Congress, Milano: [s. n.] 2011: 4173–4180.

[46] 欣白宇. GDI 发动机的轨压控制研究[D]. 长春：吉林大学，2012.

[47] GAO B Z, CHEN H, LIU Q F, et al. Position control of electric clutch actuator using a triple-step nonlinear method [J]. IEEE Transactions on Industrial Electronics, 2014, 61(12): 6995–7003.

[48] LIU Q F, CHEN H, GAO B Z, et al. Shift control of dual clutch transmission using triple-step nonlinear method [C]// The 19th IFAC World Congress. Cape Town: [s. n.], 2014: 5884–5889.

[49] ZHAO H Y, GAO B Z, REN B T, et al. Integrated control of in wheel motor electric vehicles using a triple-step nonlinear method [J].Journal of the Franklin Institute, 2014, 352(2): 519-540.

[50] 刘奇芳. 非线性控制方法研究及其在汽车动力总成系统中的应用[D]. 长春：吉林大学，2014.

[51] REHMAN A, SARVIYA R M, DIXIT S, et al. Influence of coolant temperature on the performance of a four stroke spark ignition engine employing a dual circuit cooling system[J]. Agricultural Engineering International: CIGR Journal, 2010, 12(1):1682-1130.

[52] ROBERTS A, BROOKS R, SHIPWAY P. Internal combustion engine cold-start efficiency: A review of the problem, causes and potential solutions[J]. Energy Conversion and Management, 2014, 82(1): 327-350.

[53] KIM K B, CHOI K W, LEE K H, et al. Active coolant control strategies in automotive engines[J]. International Journal of Automotive Technology, 2010, 11(6): 767-772.

[54] ZHOU B, LAN X D, XU X H, et al. Numerical model and control strategies for the advanced thermal management system of diesel engine[J]. Applied Thermal Engineering, 2015, 82: 368-379.

[55] CHO H, JUNG D, ASSANIS D N. Control strategy of electric coolant pumps for fuel economy improvement[J]. International Journal of Automotive Technology, 2005, 6(3): 269-275.

[56] 杨世铭. 传热学基础[M]. 北京：高等教育出版社，1991.

[57] BOVA S, CASTIGLIONE T, PICCIONE R, et al. A dynamic nucleate-boiling model for CO_2 reduction in internal combustion engines[J]. Applied Energy, 2015, 143: 271-282.

[58] HEYWOOD J B. Internal combustion engine fundamentals[M]. [S. l.]: McGraw-Hill Education, 2018.

[59] 宾洋. 车辆走停巡航系统的非线性控制研究[D]. 北京：清华大学，2006.

[60] 潘峰，李位星，高琪. 粒子群优化算法与多目标优化[M]. 北京：北京理工大学出版社，2013.

[61] SARASWATI S, AGARWAL P, CHAND S. Neural networks and fuzzy logic-based spark advance control of SI engines[J]. Expert Systems with Applications, 2011, 38(6): 6916-6925.

[62] LUJÁN J, GUARDIOLA C, PLA B, et al. Estimation of trapped mass by in-cylinder pressure resonance in HCCI engines[J]. Mechanical Systems & Signal Processing, 2016, 66: 862-874.

[63] CORTI E, FORTE C. Spark advance real-time optimization based on combustion analysis[J]. Journal of Engineering for Gas Turbines and Power, 2011, 133(9): 1-8.

[64] EMILIANO P. Spark ignition feedback control by means of combustion phase indicators on steady and transient operation. Journal of Dynamic Systems[J]. Measurement and Control, 2014, 136(5): 1-10.

[65] LI P, SHEN T, KAKO J, et al. Cyclic moving average control approach to cylinder pressure and its experimental validation[J]. Journal of Control Theory and Applications, 2009, 7(4) : 345-351.

[66] RIVARA N, DICKINSON P, SHENTON A. Peak pressure position control of four cylinders through the ion current method[C]// SAE Technical Paper. NYC: SAE, 2009.

[67] GAO J, WU Y, SHEN T. Combustion phase control of SI gasoline engines using hypothesis test[J]. IFAC-Papers Online, 2015, 48(15) : 153-158.

[68] XIAO B. Adaptive model based combustion phasing control for multi fuel spark ignition engines[D]. South Carolina : The doctoral dissertation of Clemson University, 2013.

[69] DAW C, KENNEL M, FINNEY C, et al. Observing and modeling nonlinear dynamics in an internal combustion engine[J]. Physical Review E, 1998, 57(3) : 2811-2819.

[70] GARTHWAITE P, JOLLIFFE I, JONES B. Statistical inference[J]. The Mathematical Gazette, 2003, 87(509) : 401-403.

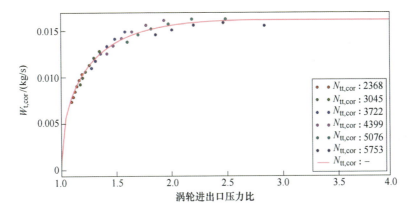

图 2-12　校正后的通过涡轮的废气质量流量 MAP 图

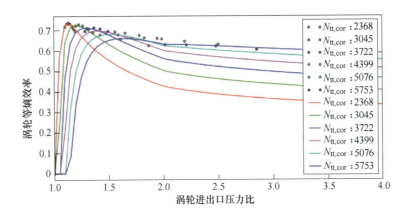

图 2-13　校正后的涡轮等熵效率 MAP 图

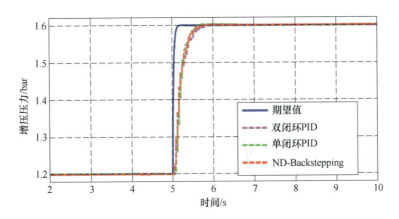

图 2-20　增压压力控制阶跃响应性能—3000r/min：增压压力跟踪曲线

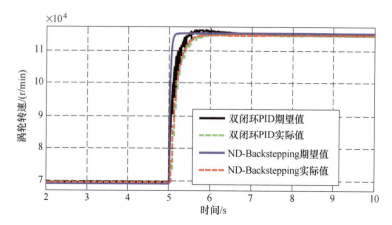

图 2-21 增压压力控制阶跃响应性能—3000r/min：涡轮转速跟踪曲线

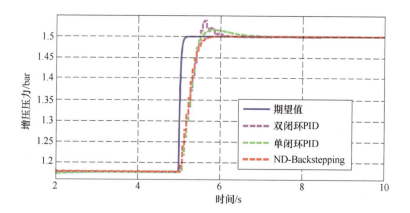

图 2-22 增压压力控制阶跃响应性能—2500r/min：增压压力跟踪曲线

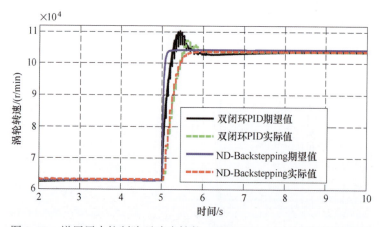

图 2-23 增压压力控制阶跃响应性能—2500r/min：涡轮转速跟踪曲线

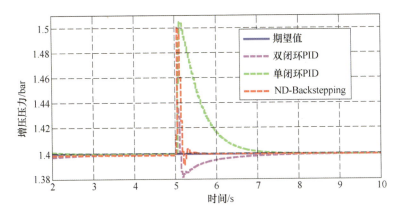

图 2-24 增压压力控制抗发动机转速干扰性能：增压压力跟踪曲线

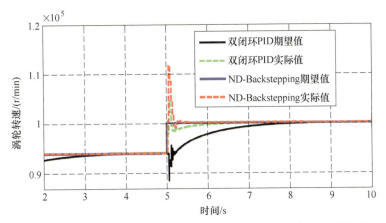

图 2-25 增压压力控制抗发动机转速干扰性能：涡轮转速跟踪曲线

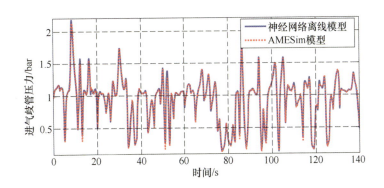

图 2-37 动态过程：进气歧管压力对比曲线

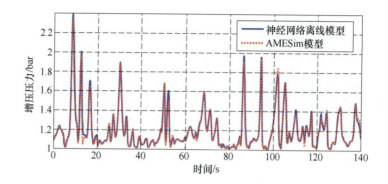

图 2-38 动态过程：增压压力对比曲线

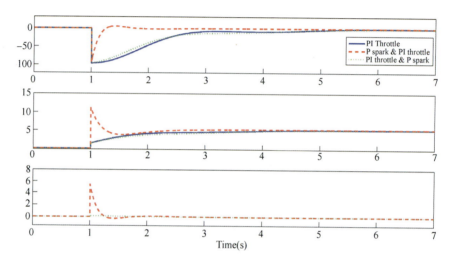

图 4-12 汽油发动机怠速控制仿真对比曲线

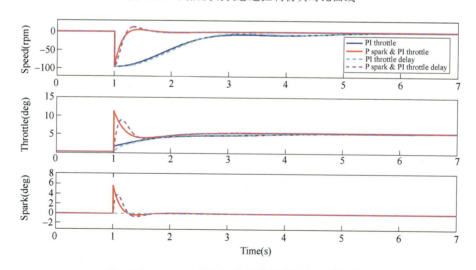

图 4-13 汽油发动机怠速控制对比曲线：考虑延迟

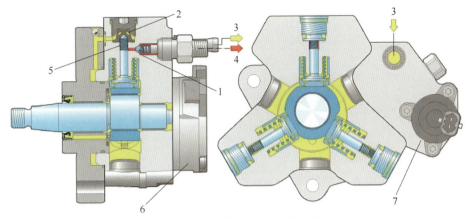

图 5-2 径向柱塞式共轨高压泵

1—低压阀 2—进油阀 3—低压油路(黄色) 4—高压油路(红色) 5—泵室 6—传输泵 7—燃油计量阀

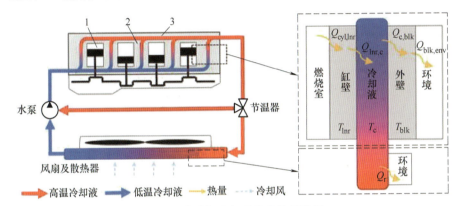

图 6-3 发动机冷却系统传热示意图

1—燃烧室 2—缸壁 3—外壁

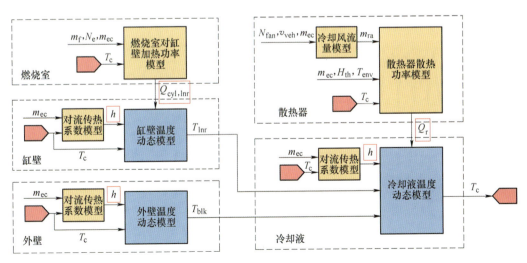

图 6-4 冷却系统三阶热力学模型结构

注:红色模块为信号发送/接收接口。

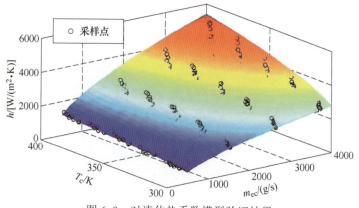

图 6-9 对流传热系数模型验证结果

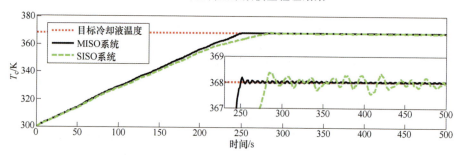

图 6-25 MISO 冷却系统与 SISO 冷却系统在瞬态工况下的控制结果对比

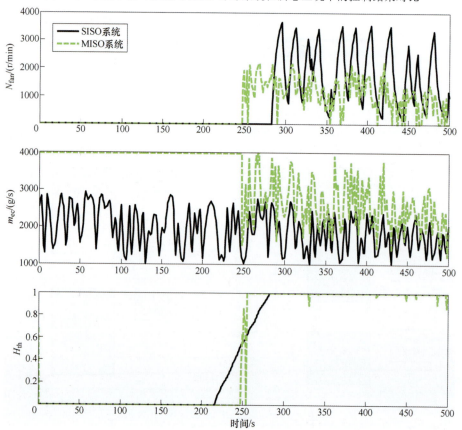

图 6-26 MISO 冷却系统与 SISO 冷却系统在瞬态工况下的控制律对比

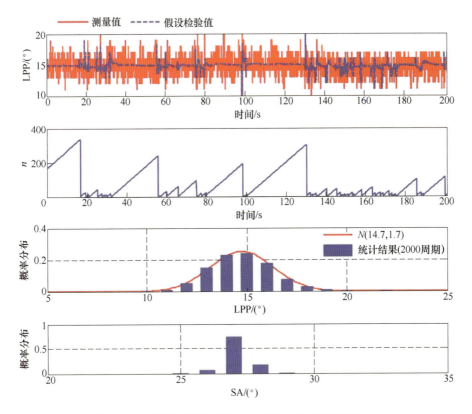

图 7-11 基于统计策略的 LPP 控制结果（稳态工况）

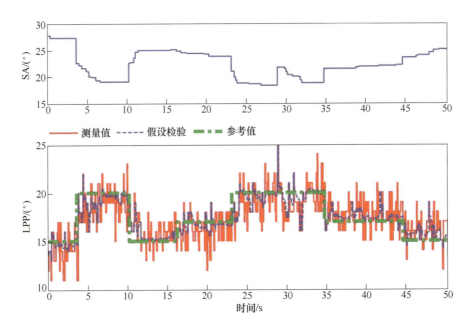

图 7-14 基于统计策略的 LPP 控制结果（阶跃参考输入）

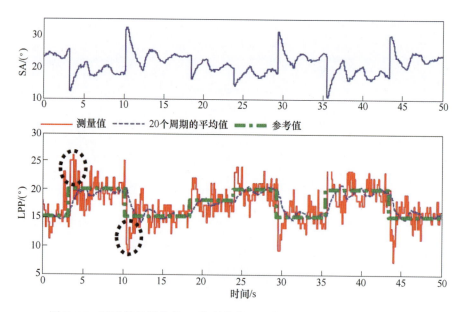

图 7-15 基于移动平均的 PI 控制器的 LPP 控制结果（阶跃参考输入）